대한민국의 근본을 바로세우고 미래를 향해 나아가라!

대통령을 꿈꾼 농부의 진리

대통령을 꿈꾼 농부의 진리

발행일 2016년 1월 25일

지은이 윤 상 문
펴낸이 손 형 국
펴낸곳 (주)북랩
편집인 선일영
디자인 이현수, 신혜림, 윤미리내, 임혜수
마케팅 김회란, 박진관, 김아름
편집 김향인, 서대종, 권유선, 김성신
제작 박기성, 황동현, 구성우
출판등록 2004. 12. 1(제2012-000051호)
주소 서울시 금천구 가산디지털 1로 168, 우림라이온스밸리 B동 B113, 114호
홈페이지 www.book.co.kr
전화번호 (02)2026-5777 팩스 (02)2026-5747

ISBN 979-11-5585-893-6 03110(종이책) 979-11-5585-894-3 05110(전자책)

이 도서의 국립중앙도서관 출판예정도서목록(CIP)은 서지정보유통지원시스템 홈페이지(http://seoji.nl.go.kr)와 국가자료공동목록시스템(http://www.nl.go.kr/kolisnet)에서 이용하실 수 있습니다.
(CIP제어번호 : CIP2016001800)

대통령을 꿈꾼 농부의 진리

대한민국의 근본을 바로세우고
미래를 향해 나아가라!

윤상문 지음

북랩 book Lab

머 리 말

저는 농사를 짓는 농부로서 만물이 존재할 수 있는 근본을 토대로 대한민국의 근본을 바르게 파악하여 지구촌에서 대한민국이 태양과 같은 민족이 될 수 있기를 바라면서 이 글을 쓰기 시작하였습니다.

만물이 존재할 수 있는 근본이 양과 음의 이치일 것이며 양과 음은 봉과 황의 형상일 것입니다.

또한 양이 태극이며 음이 무극이니 세상만사 모든 만물이 태극, 무극 아닌 것이 없을 것입니다.

태극(양) 무극(음)의 근본을 바르게 파악하여 대한민국이 태극기 형국의 민족, 태극기체의 나라가 만들어지기를 기대하면서 이 글을 썼습니다.

양이 봉이며 음이 황이니 봉황의 근본을 바르게 파악하여 봉황체의 나라가 만들어지기를 기대하면서 이 글을 썼습니다.

태극이 봉이며 무극이 황이니 태극 형국의 계룡산 태극 양을 바르게 활용할 수 있기를 바라면서 이 글을 썼습니다.

미래를 위한 대한민국을 만들기 위해선 동, 서, 남, 북으로 분열된 지리를 통합하고 정치와 행정을 통합하고 이념과 사상과 철학을 통합하여야 합니다. 그리하여 사람이 주체인 세상, 사람판 사람띠의 세상, 신격화 우상화가 모조리 사라지고 백성이 주체인 세상이 만들어져야 합니다.

대한민국의 정신문화를 통합할 수 있는 근본을 바르게 파악할 수 있어야만 지구촌에서 태양과 같은 민족, 미래를 위한 새로운 대한민국이 만들어질 것입니다. 그러한 대한민국을 혁신과 혁명을 통하여 만들 수 있기를 기대하면서 이 글을 열겠습니다.

차 례

제2장 예와 도덕으로의 통합 ………… 53

제3장 새로운 풍수지리판으로 ………… 87

제6장 새로운 시대의 판으로 ………… 377

제1장
대한민국의 미래

대통령을 꿈꾼 농부의 진리

대통령은 권력과 권위의 상징이며,
나라의 지도자로서 백성을 대표하는 사람으로서
백성을 대표하는 지도자로서 대통령의 권한과 권위 속에서
백성들은 법에 의한 법 조항에 의해 살아가고 있는
법치주의 정치와 행정 속에서 살아가고 있으며,

남북으로 분열된 정치와 행정 속에서 살아가고 있으며,
동서로 분열된 정치와 행정 속에서 백성은 살아가고 있으며,
백성을 대표하는 대통령은 남북으로 분열된 지리와
동서로 분열된 지리를 통합할 수 있는 정치철학이 없었으며,
항상 백성 위에 존재하는 권력자일 뿐이었으며,
백성의 분열된 정신문화를 통합할 수 있는
바른 대통령은 없었으며,

백성의 정신문화를 통합하기 위해
태극기를 활용하는 바른 대통령은 없었으며,
백성의 정신문화를 통합하기 위해
봉황을 활용하는 바른 대통령은 없었으며,
남북으로 분열된 지리와 동서로 분열된 지리를
바르게 조종한 대통령은 없었으며,

대한민국 속에 존재하는 온갖 정신문화와 온갖 사상과 철학과

온갖 종교와 신도문화를 바르게 조종한 대통령은 없었으며,
백성을 대표하는 지도자인 대통령은 동물의 탈을 쓴
동물판 동물띠의 영역 속에서 살고 있는 백성을
사람판 사람띠 사람이 주체인 세상으로
바르게 조종한 대통령은 없었으며,

생산원가를 유리처럼 투명하게 모조리 바르게 밝혀
투명한 경제로서 백성을 이롭게 한 대통령은 없었으며,
100km 제한속도 고속도로에서 모든 운전자가 100km 이상
달리는 차와 같은 것이 법에 의한 법 조항에 의한
법치주의 정치행정과 같은 이치이며,
백성은 법 조항에 맞추어 살아가도록 정치와 행정이
법, 법, 법, 법 속에서 백성은 법에 의해
법이 백성을 조종하도록 한 법치주의 대통령뿐이었으며,

법이 필요 없는 정치 대통령이 도덕정치를 하지 못하기 때문에
고속도로에서 백성은 100km 이상 모조리 누구나 할 것 없이
달리면서 위법하는 이치와 같은 이치이며,
대한민국이 지구촌에서 태양과 같은 민족이 되기 위해선
법에 의한 정치가 아니라 도덕정치가 최고일 것이며,
지금까지 대통령은 백성의 정신문화를 통합할 수 있는
사상이 없었으며 철학이 없었으며,
대한민국의 근본을 바르게 파악하여 조종한 대통령은 없었으며,

태극기 형국의 지리구조로

대한민국 지리형국을 조종할 수 있는 대통령이 없었으며,
계룡산 태극지리를 바르게 활용할 수 있는 대통령이 없었으며,
정치를 위한 대통령만 존재하였으며,
대한민국 국조가 봉황이지만 봉황이란 신격화하는 형상이며,
신도판 봉황과 사람판 봉황을 바르게 구분하여
봉황을 조종할 수 있어야 하는 이치이며,

봉황의 근본을 바르게 이야기할 수 있는 대통령은 없었으며,
봉황을 바르게 활용해야만
대한민국이 봉황체의 나라가 될 수 있는 이치이며,
봉황체 지리형국으로 지리를 조종할 수 있는 대통령은 없었으며,
봉황체 사상과 철학으로
백성을 통합할 수 있는 대통령은 없었으며,

태극기체의 나라가 봉황체의 나라이며,
봉황체의 나라가 태극기체의 나라이며,
대한민국 속에 존재하는 신도판 온갖 종교와
신도판 온갖 사상과 철학과 이념과 신도판 예와 도덕과
성경과 경전이 백성의 정신문화를 통합하지 못하고
분열과 대립 속에서 살고 있는 백성을
태극기와 봉황을 활용하여 신도판 온갖 종교, 교주판,
하나님, 부처, 온갖 미륵, 마왕, 대왕, 용왕, 온갖 신명,
신장, 천왕, 천황, 황제, 상제, 지옥, 극락, 천당, 영혼,
제사, 칠성, 삼신, 산신 등등을
유리처럼 투명하게 모조리 바르게 헛터 잡아

백성의 정신문화를 통합한 대통령은 없었으며,

미래를 위한 새로운 대한민국을
만들 수 있는 대통령이 없었으며,
미래를 위한 지구촌에 태양과 같은
민족이 될 수 있도록 한 대통령은 없었으며,
대한민국 지리의 근본은 양과 음이며,
만물이 존재할 수 있는 근본이 양과 음이며,
사람이 존재할 수 있는 근본이 양과 음이며,
양과 음이란 천지이며, 양과 음이란 봉과 황이며,
양과 음이란 태극과 무극이며,
양이 있는 곳에 음이 있으며,
음이 있는 곳에 양이 있으며,
양이 없는 음이란 무용지물이며,
음이 없는 양이란 무용지물이며,
대한민국 전국 도의 지리경계를 폐지하고
천지, 양과 음, 봉과 황, 태극과 무극, 통일을 향한
천지인의 지리형국으로 수만 년 내려갈
새로운 대한민국을 만들 수 있는 지리를
조종할 수 있는 대통령이 없었으며,

정치와 행정 또한 끼리끼리 뭉치는 패거리 정치와
정당정치를 폐지하고 양과 음이 도와 덕이며,
봉과 황이 도와 덕이며 태극과 무극이 도와 덕이며,
양과 음, 봉과 황, 태극과 무극을 활용하는

도덕정치를 만들 수 있는 사상과 철학이 없었으며,
백성의 분열된 온갖 정신문화를
통합할 수 있는 대통령은 없었으며,
지구촌에 존재하는 온갖 사상과 철학을 통합하여
백성을 이롭게 한 대통령은 없었으며,

태극기 속에 무극기가 있으며,
무극기 속에 태극기가 있으며,
태극기 속에서 무극기의 근본을 이야기할 수 있어야만
태극과 무극, 양과 음, 천지, 봉과 황을 활용한 태극기체의 나라,
봉황체의 대한민국을 만들어
백성의 분열된 정신문화를 통합할 수 있어야 하며,
미래를 향한 새로운 대한민국을 만들 수 있는 근본은
태극기 형국의 지리구조로 조종할 수 있어야 하며,
태극기 형국의 행정구조로 조종할 수 있어야 하며,
태극기 형국의 정치구조로 조종할 수 있어야 하며,
태극기 형국의 사상과 철학으로 통합을 이루어야 하며,
태극기 형국의 이념으로 통합을 이루어야 하며,

태극기를 활용하여 온갖 종교를 통합하고
태극기를 활용하여 온갖 신도를 통합하고
태극기를 활용하여 온갖 정신문화를 통합하고
태극기를 활용하여 신도의 동물띠 영역에서 벗어나
사람띠 사람이 주체인 세상을 만들 수 있을 때
대한민국은 지구촌에서 태양과 같은 민족이 될 수 있을 것이며,

태양과 같은 민족이 될 수 있을 때 통일도
이루어질 수 있을 것이며,
정치를 위한 대통령만 존재했지
태극기를 활용하여 백성을 통합한 대통령은 없었으며,
대통령을 꿈꾼 농부의 지리와 정치와 행정과
사상과 철학과 이념이 있지만 가난한 농부라

언젠가는
백성을 이롭게 할 수 있는 꿈이 이루어지기를
기대하면서…….

대한민국의 미래

태양과 같은 대한민국을 만들어야 하는 것이
대한민국의 미래일 것이며,
태양이란 모든 만물이 존재하는 근본이며,
태양이란 천지의 근본이며,
태양이란 양과 음의 근본이며,
태양이란 봉과 황의 근본이며,
태양이란 태극과 무극의 근본이며,
태양이란 청룡과 백호의 근본이며,
태양이란 태극기의 근본이며,

태양은 태양이며, 태양은 태양일 뿐이며,
태양이란 태양이며, 태양이 우상화 신격화되어선 안 될 것이며,
천지가 우상화 신격화되어선 안 될 것이며,
봉과 황이 태극과 무극이 우상화 신격화 종교화되어선 안 될 것이며,
태양은 만물이 존재하는 근본일 뿐이며,
천지를 이용하여 성인화되어선 안 될 것이며,
천지는 천지일 뿐이며,
사람은 사람일 뿐이며,

만백성 앞에 사람이 우상화, 신격화, 성인화, 종교화, 하나님화,
미륵화, 상제화, 부처화되어선 안 될 것이며,
천지가 신도를 이용하여 사람을 조종해선 안 될 것이며,
대한민국의 미래란 대한민국 속에 존재하는 수입된
온갖 이념과 사상과 철학과 종교판과 정치, 행정판을
모조리 바르게 조종하여 미래를 향한
새로운 대한민국을 만들 수 있어야 하는 이치이며,

세상 사이에 존재하는 온갖 판을 유리처럼 투명하게
모조리 바르게 밝혀 새로운 대한민국을 만들 수 있어야 하는
이치이며,
대한민국의 미래란 지구촌에 태양과 같은 대한민국을
만들 수 있어야 하는 이치이며,
권력과 권위가 사라지고 사람이 주체인 시대
만백성이 주체인 시대가 만들어질 때
새로운 대한민국이 만들어질 수 있는 이치이며,

천지 봉황체의 근본은 법에 의해 살아가는 시대가 아니며,
법이 필요한 시대가 아니며, 법을 이용하는 시대가 아니며,
법치정치 문화시대가 아니며,
천지 봉황체 나라의 근본은 도덕정치 도덕시대 도덕문화이며,
법에 의해 살고 법이 필요하고 법을 이용하는 시대가 아니며,

대한민국의 미래란 법치정치 문화에서 벗어나
도덕정치 문화시대를 만들 수 있어야 하는 이치이며,
대한민국의 미래란 천지, 양과 음, 봉황체를 활용하여
분열과 대립 속에 있는 대한민국의 모든 지리와 행정과
사상과 철학과 종교관과 신도관을 통합하여
봉황체의 나라, 법이 필요 없는 도덕문화를
만들 수 있어야 하는 이치이며,

세상 사이에 존재하는 온갖 성경과 경전과 예와 도덕과
윤리를 이용하여 성인을 우상화, 신격화, 종교화해서는 안될 것이며,
사람을 이롭게 하고 만백성을 이롭게 하는
글과 예와 도덕만을 활용하여 법보다 도덕시대를
만들 수 있어야 하는 것이 대한민국의 미래일 것이며,

대한민국의 근본을 바르게 파악하지 못하는 지도자는
봉황을 바르게 활용하지 못할 것이며,
대한민국의 근본은 봉황을 활용하는 봉황체의 나라이며,

언젠가는 누군가가

봉황을 활용하는 도덕시대가 만들어지기를
기대하면서…….

태극기의 근본

태극기란 대한민국의 상징이며,
태극기의 근본으로 대한민국의 지리와 행정과 이념과 사상과
철학으로 정신문화를 통합할 수 있어야 하는 이치이며,
태극이란 양을 뜻하는 이치이며,
태극 속에 양의 모든 이치를 바르게 조종할 수 있어야 하는 이치이며,

태극기를 통하여 양과 음의 이치 속에
양의 흐름을 바르게 파악할 수 있어야 하며,
천지의 근본은 양과 음의 이치이며,
양과 음이란 태극과 무극이며,
태극과 무극의 이치 속에 태극이란 양의 이치로서 태극을 뜻하며,
무극이란 음의 이치로서 무극을 뜻하며,

태극과 무극이란 양과 음으로서 봉과 황의 이치와도 같은 뜻이며,
태극과 무극의 이치를 바르게 파악할 수 있어야만
태극기의 근본을 파악할 수 있을 것이며,
양과 음의 이치로서 태극이 있는 곳에 무극이 있으며,
무극이 있는 곳에 태극이 있으며,

이러한 이치 속에 태극기의 근본이 있는 것이며,
태극기 속에 무극기의 근본이 있을 것이며,
무극기 속에 태극기의 근본이 있을 것이며,
태극기의 진리가 무극기이며,
무극기의 진리가 태극기이며,
태극기 속에 태극, 무극기의 근본이 있으니,

태극, 무극의 근본이 양과 음이며,
양과 음의 형상이 봉과 황이며,
봉과 황이 태극과 무극이며,
봉황체의 나라가 태극기체의 나라이며,
태극기체의 나라가 봉황체의 나라이며,
청룡과 백호 또한 양과 음을 뜻하는 이치이며,
태극만 가지고서 이루어질 수 없는 이치이며,
무극만 가지고서 이루어질 수 없는 이치이며,
무극 없는 태극이란 무용지물이며,
태극 없는 무극이란 무용지물이며,

태극과 무극의 이치로 대한민국의 지리와 행정과 이념과
사상과 철학과 정신문화를 통합할 수 있어야 하는 근본이
태극기의 근본이며,
태극기의 근본이 무극기의 진리이며,
무극기의 근본이 태극기의 진리이며,
태극기가 무극기이며,
무극기가 태극기이며,

태극, 무극 있는 곳에 대한민국의 진리가 있는 것이며,

이러한 이치 속에 태극기의 근본이 대한민국의 근본이며,
태극의 근본을 바르게 파악할 때
계룡산 태극을 활용할 수 있는 이치이며,
계룡산 태극을 바르게 활용할 수 있을 때
무극을 바르게 활용할 수 있는 이치이며,
태극기의 근본을 바르게 파악하여
계룡산 태극을 활용할 수 있어야 하는 이치이며,

대한민국 지리의 근본은 백두산 천지 양이며,
한라산이 백록 음이며,
백두산이 태극이며,
한라산이 무극이며,
백두산과 한라산이 봉과 황의 이치이며,
봉과 황이란 양과 음의 형상이며,

대한민국은 남북과 동서의 대립과 분열된 모든 형국을
양과 음의 지리형국으로 통합하고
봉과 황의 행정으로 통합하고
태극과 무극의 사상과 철학으로 통합하여
새로운 혁신과 혁명을 통하여
태극기체의 나라 봉황체의 나라 양과 음을 근본으로
새로운 대한민국을 만들 수 있어야 할 것이며,

언젠가는 누군가가
태극기를 근본으로 봉황체의 나라를 만들 수 있기를
기대하면서…….

국회의 정당정치

입법부의 권한으로 대한민국 국회의 정당제도란
국민으로부터 선택받은 국회의원이 법을 만들 수 있는 권한으로
정당제도를 통하여 당과 당이 화합하지 못하고
언제나 늘 대립과 분열로 당파싸움만 하는 곳으로
변해버린 형국이며,

정당과 정당은 항상 화합하지 못하고 대립만 하는 형국이며,
정당제도를 통하여 만백성까지 화합하지 못하고
대립하는 형국이며,
정당제도를 통하여 지역간 분열과 당원간 대립과
만백성의 정신문화까지 지역간 당원간 화합하지 못하고
대립과 분열된 형국이며,

당내에서도 무슨 파 무슨 파, 무슨 계 무슨 계, 계파 간에
분열과 대립 속에서 국민을 화합하게 만들지 못하고
만백성까지 계파간 분열과 대립된 형국 속에서
대한민국은 정당제도에서 벗어나지 못하고

만백성의 정신문화까지 대립과 분열된 형국이며,

대한민국은 정당제도를 폐지할 수 있는 철학이 있어야 하는 이치이며,
정당제도를 통하여 만백성까지 지역간 당원간 계파간 대립과
분열된 국회의 정당정치 제도는 구시대의 유물로
영원히 사라져야 할 것이며,
국회의 정당정치 제도를 폐지하고
만백성까지 화합할 수 있는 이념과 사상과 철학이
만들어져야 할 것이며,
국회를 통하여 만백성까지 화합하고 통합할 수 있는
철학이 있어야 하는 이치이며,

대한민국 지리의 근본이 백두산 천지이며,
대한민국 사상의 근본이 백두산 천지이며,
대한민국 철학의 근본이 백두산 천지이며,

대한민국 국회를 백두산 천지판 사상과 철학으로
만백성의 정신문화까지 통합할 수 있어야 할 것이며,

천지란 양과 음이며 봉과 황이며 태극과 무극이며
청룡과 백호이며 청군과 백군이며 건과 곤이며
백두산과 한라산이며,
천지이며 백록이며,
계룡산이며, 황매산이며,
음이 없는 양이란 무용지물이며,

양이 없는 음이란 무용지물이며,
태극 속에 무극이 있으며
무극 속에 태극이 있으며,
봉이 없는 황이란 무용지물이며
황이 없는 봉이란 무용지물이며,
봉황정치의 근본이 대한민국이며,

국회의 근본이 봉황정치이며
정당정치가 되어선 안 될 것이며
봉이 청군이며 황이 백군이며
청군 없는 백군이란 무용지물이며
백군 없는 청군이란 무용지물이며
청군만 가지고서 발전할 수 없으며
백군만 가지고서 발전할 수 없으며,

양과 음이 화합해야만 영원히 존재할 수 있는 이치이며,
대한민국 국회는 양과 음이란 철학으로 혁신해야 될 것이며,
대한민국 철학의 근본이 천지, 양과 음이며
국회의 근본 또한 양과 음이란 철학으로 혁신해야 될 것이며,
구시대 정당정치는 영원히 사라지고
봉황정치로 통합하여 만백성의 정신문화까지
화합할 수 있어야 하는 이치이며,

언젠가는 누군가가
이러한 이치로 새로운 국회가 만들어지기를

기대하면서…….

농부의 진리

농부의 진리란 변함이 없어야 하는 이치이며,
이념과 사상과 철학을 논한 농부의 진리는
글 제목이 수십, 수백 가지라 한들 이념과 사상과 철학과 진리는
하나의 진리로 통합하여 변함이 없어야 하는 이치이며,
글 제목에 따라 사상과 철학에
변함이 없어야 하는 이치이며,
대한민국의 근본을 바르게 파악하여
진리에 변함이 없어야 하며,
대한민국 지리의 근본을 바르게 파악하여
진리에 변함이 없어야 하며,
대한민국 봉황의 근본을 바르게 파악하여
진리에 변함이 없어야 하며,
대한민국 태극기의 근본을 바르게 파악하여
진리에 변함이 없어야 하며,

신도를 통하여 만들어진 온갖 종교, 교주, 하나님, 부처, 미륵,
각종 상제, 신도를 통한 온갖 신명, 신장 등등을 바르게 파악하여
진리에 변함이 없어야 하는 이치이며,
대한민국의 진리를 바르게 파악하여 만백성의 사상과 철학과

이념과 진리는 변함이 없어야 하는 이치이며,
온갖 이념과 사상과 철학과 온갖 진리를 통하여
이념이 분열되고 사상이 분열되고 철학이 분열되고
진리가 분열되고 지리가 분열되고 행정이 분열되고 정치가 분열되고
만백성이 대립과 분열된 형국 속에서 살고 있는 이치이며,

말뿐인 통합과 혁신은 진리가 없는 혁신과 통합이며,
미래를 향한 대한민국의 진리를 바르게 파악하여
만백성을 통합할 수 있는 지리판과 행정판과 정치판과 이념과
사상과 철학이 있어야 하는 이치이며,
글 제목이 아무리 많은들 진리에 변함이 없어야 하며,
콩 심은 데 콩이 나야 하는 농부의 진리이며,

대한민국은 대한민국의 진리로 지구촌에
태양과 같은 민족이 될 수 있어야 하는 것이 농부의 진리이며,
봉황의 근본을 바르게 파악하여 봉황체의 나라로
통합해야 하는 것이 농부의 진리이며,

언젠가는
대한민국의 진리가 통합될 수 있기를
기대하면서…….

성인의 근본

성인의 근본을 바르게 파악하여 현 시대에 있어 성인판을
유리처럼 투명하게 밝혀 구시대에 만들어진 성인분들의
모든 이치가 현시대에 맞는지 유리처럼 투명하게 밝혀야 할 것이며,
성인의 이치로 만들어진 모든 예와 도덕과 성경과 경전과
염불과 기도와 치성과 신도와 신통력이
현 시대에 맞는 사상과 철학인지 바르게 밝혀야 할 것이며,

구시대의 모든 성인판은
성인이 만백성 위에 존재하는 성인판이었으며,
예와 도덕과 성경과 경전과 신도와 신통력을 이용하여
만백성 앞에 존경받고 기도 받고 절 받고
우상화 교주화 종교화 하나님화 부처화 미륵화 상제화 천황화하여
신격화시켰으며, 성인의 근본이 신격화였으며,

지구촌에 존재하는 모든 성인판은 우상화 교주화 종교화
하나님 부처 미륵 상제화하여 만백성으로부터 기도 받고 절 받고
제사상 받고 치성상 받고 염불 받고 성경과 경전이 우상화되고
수천 년 수백 년 동안 만백성 위에 존재하였으며,

구시대의 모든 성인의 근본은
만백성 앞에 신격화 존재가 되는 것이었으며,
모든 예와 도덕 앞장으로 나를 우상화 교주화 종교화하였으며,

모든 사상과 철학이 백성이 주체가 아니라
주체사상의 존재가 신격화 존재였으며,
만백성은 신격화 존재 앞에 기도하고 절하고 염불하고
치성상 차려 바쳤으며,

성인의 근본이 신도와 신통력을 사용한 성인을 통하여
사람 백성이 주체인 세상이 아니라 신도와 신통력 앞에
복종하는 신도가 주체인 세상으로 성인이 만들었으며,
세상 사이에 존재하는 모든 성인이 눈에 보이지 않는 천당,
극락, 지옥 등등을 만들어 만백성이 신도에 복종하도록 만들었으며,
신도를 이용하여 성인이 만들어 놓은 권력과 권위는
만백성이 신도 신통력 앞에 복종하도록 성인이 만들어 놓은 이치이며,

성인 신도를 통하여 사람 영혼이 있는 모든 이치는
성인과 신도의 작품이며,
사주팔자, 오행, 궁합, 택일, 12지간 동물띠, 풍수지리,
산신, 칠성신, 삼신, 온갖 신장, 신명 등등은
모조리 성인과 신도의 작품이며,
사람이 성인과 신도에 복종하는 작품이며,

예와 도덕 앞장으로 성인을 신격화하는 모든 사상은
사람이 주체가 될 수 없는 사상이며,
신격화, 교주화, 종교화하도록 만들어놓은
잘못된 구시대의 성인판은 모조리 사라져야 할 것이며,
신도가 주체인 사람이 신도에 복종하는 구시대 성인판은

지구촌에서 모조리 사라져야 할 것이며,

예와 도덕이란 말과 행동이 예와 도덕일 뿐
예와 도덕 앞장으로 나를 신격화, 우상화, 종교화하는
모든 성인판은 지구촌에서 모조리 사라져야 할 것이며,
대한민국의 근본을 바르게 깨우치지 못하는
모든 구시대의 성인판은 모조리 사라져야 할 것이며,

대한민국의 근본은 봉황체의 나라이며,
봉황이란 눈에 보이지 않는 양과 음의 신도이며,
사람이 봉황 신도를 바르게 헛터 잡아
사주팔자, 오행이 필요 없는
사람이 주체인 세상을 만들어야 하는 이치가
현 시대 책임자의 근본이며,
동물띠가 필요 없는 시대, 풍수지리가 필요 없는 시대를
만들어야 하는 이치가 현 시대 책임자의 근본이며,
천당, 극락, 지옥 등등이 필요 없는 시대를
만들어야 하는 이치가 현 시대 책임자의 근본이며,
성인이 우상화되어선 안 될 것이며,
성인이 신격화되어선 안 될 것이며,
성인이 종교화되어선 안 될 것이며,
성인이 하나님화, 부처화, 미륵화,
상제화, 교주화되어선 안 될 것이며,

성인을 이용하여 온갖 말세, 말운론, 대겁, 병겁, 종말론,

개벽 등등등을 사용하는 성인은 이 지구촌에서
모조리 사라져야 할 것이며,
현 시대 책임자의 근본은 나를 우상화, 신격화,
교주화하는 것이 아니라 만백성을 이롭게 하고
즐겁게 할 수 있어야 하는 이치이며,

현 시대 책임자의 근본은
사람이 신도에 복종하는 것이 아니라
사람이 신도를 헛터 잡아 신도가 사람에게 복종하도록 만들어
사람이 주체인 세상을 만들 수 있어야 하는 이치가
대한민국의 근본이며,
사람이 닭을 금계로 보는 닭의 경지에서 벗어나
봉황의 경지에 도달하여 봉황신도에 복종하는 것이 아니라
봉황신도를 바르게 헛터 잡을 수 있어야 하는 이치가
현 시대 대한민국 책임자의 근본이며,

대한민국의 근본을 바르게 알지 못하면
계룡산 태극을 바르게 활용하지 못할 것이며,
만백성을 통합할 수 있는
새로운 지리형국이 만들어져야 할 것이며,
만백성을 통합할 수 있는
새로운 행정이 만들어져야 할 것이며,
만백성을 통합할 수 있는
새로운 사상과 철학이 만들어져야 할 것이며,
만백성을 통합할 수 있는

새로운 정신문화가 만들어져야 할 것이며,
대한민국 통합의 근본은 봉황 속에 있으며,
봉황체의 나라를 만들어 지구촌에 태양과 같은
민족이 될 수 있어야 하는 이치가
현 시대 책임자의 근본이며,
언젠가는 누군가가
성인의 근본을 바르게 파악할 수 있기를
기대하면서…….

대통령의 근본

백두산 천지는 천지이며,
한라산 백록은 백록이며,
백두산과 한라산은 양과 음이며,
천지와 백록은 양과 음이며,
백두산이 봉이며, 한라산이 황이며,
백두산이 태극이며, 한라산이 무극이며,

대한민국 대통령의 근본은
봉황의 근본을 바르게 파악할 수 있어야 하는 이치이며,
사람이 살아가는 근본과 모든 만물과 생명체의 근본을
바르게 파악할 수 있어야 하는 이치이며,
대한민국 지리의 근본을 바르게 파악할 수 있어야 하는 이치이며,

계룡산 태극지리를 바르게 활용할 수 있어야 하는 이치이며,
대한민국 지리를 봉황체의 지리판으로
통합할 수 있어야 하는 이치이며,
봉이 있는 곳에 황이 있으며,
황이 있는 곳에 봉이 있으며,
정치와 행정의 근본 또한 봉과 황의 이치로 통합하여
백성을 이롭게 할 수 있어야 하는 이치이며,
계룡산 태극을 바르게 활용하여 정치와 행정을
봉황체의 행정구조로 통합할 수 있어야 하는 이치이며,
봉황의 근본을 바르게 파악해야만
봉황체의 나라가 만들어질 수 있는 이치이며,

봉황체의 근본은 바르게 사는 사회를 만들어야 하는 이치이며,
봉황을 이용하여 정신문화를 통합하고
지리와 정치와 행정과 이념과 사상과 철학을
통합할 수 있어야 하는 이치이며,
대통령의 근본은 세상 사이에 존재하는 수많은 문화를
바르게 조종하여 백성을 이롭게 할 수 있어야 하는 이치이며,

유리처럼 투명하게 모든 이치를 바르게 밝혀
바른 세상을 만들어야 할 것이며,
분열된 수많은 온갖 종교 교주판을
통합할 수 있는 근본 또한 봉황판이며,
하느님을 유리처럼 투명하게 밝혀
봉황의 이치로 통합해야 할 것이며,

온갖 부처, 보살, 미륵, 온갖 상제, 천지신명, 등등등을
유리처럼 투명하게 모조리 밝혀
봉황의 이치로 통합해야 할 것이며,

천당, 지옥, 극락, 영혼, 제사판 등등을
유리처럼 투명하게 모조리 밝혀 봉황의 이치로 통합하여
백성을 이롭게 해야 할 것이며,
대통령의 근본을 바르게 파악하여
지구촌에 태양과 같은 민족이 될 수 있어야만 하는 이치이며,
봉황을 활용하지 못하는 대통령은 권력자일 뿐이며,
봉황을 활용하지 못하는 종교는 권력자일 뿐이며,
태극기를 활용하지 못하는 대통령은 권력자일 뿐이며,

대통령의 근본은 남북과 동서로 분열과 대립된 지리형국을
통합할 수 있어야 하는 이치이며,
태극기와 봉황은 같은 이치이며,
태극 속에 봉이 있으며 무극 속에 황이 있으며,
태극기의 모든 이치는 양과 음, 봉과 황, 태극과 무극,
천과 지, 천지인, 봉황, 청룡, 백호…….

모든 만물의 근본이 태극기 속에 있으며,
태극기를 활용하여 분열된 지리를 통합하고
태극기를 활용하여 분열된 정치와 행정을 통합하고
태극기를 활용하여 분열된 이념을 통합하고
태극기를 활용하여 분열된 사상과 철학을 통합하고

태극기를 활용하여 분열된 정신문화를 통합하고
태극기를 활용하여 분열된 온갖 종교를 통합하여

백성을 이롭게 할 수 있어야만
지구촌에 태양과 같은 민족이 될 수 있는 이치이며,
대한민국의 근본을 바르게 파악하지 못하는 대통령은
권력자일 뿐이며,
대통령의 권력이 사라져야 하며,
정치, 행정의 권력이 사라져야 하며,
종교, 교주, 성인의 신격화하는 권력과 권위가 사라져야 하며,
절 받고, 기도 받고, 염불 받고,
제사상 받고 하는 모든 이치는 사라져야 하며,
대한민국의 근본은 사람이 주체인 세상, 백성이 주체인 세상을
만들 수 있어야만 지구촌에 태양과 같은
민족이 될 수 있는 이치이며,

신도가 주체인 동물의 탈을 쓴 동물띠판이 사라지고
사람이 주체인 사람띠판 세상을
만들어야 하는 이치가 대통령의 근본이며,
백성을 이롭게 해야 할 책임자의 근본이며,
천의 이치로 백성 위에 존재하는 권력자가 되어선 안 될 것이며,
하늘 신도의 이치로 예와 도덕을 앞장세워
백성 위에 존재하는 신격화 존재가 되어선 안 될 것이며,
지의 이치로 백성 위에 존재하는 권력자가 되어선 안 될 것이며,
땅, 명당 발복이란 이치로 백성 위에 존재하는

신격화 존재가 되어선 안 될 것이며,
인의 이치로 백성 위에 존재하는
신격화 권력자가 되어선 안 될 것이며,

사람의 이치로 성인, 교주, 하나님, 부처, 미륵,
상제 등등등의 이치로 예와 도덕과 성경과 경전을 앞장세워
만백성 앞에 기도 받고, 절 받고, 염불 받고, 치성상 받고 하는
신격화 존재가 되어선 안 될 것이며,
잘못된 천, 지, 인을 바르게 헛터 잡아
만백성을 이롭게 할 수 있어야 하는 이치가 대통령의 근본이며,

천의 이치로 바른 도덕시대를 만들어야 할 것이며,
지의 이치로 바른 도덕시대를 만들어야 할 것이며,
인의 이치로 바른 도덕시대를 만들어야 할 것이며,
새로운 천, 지, 인의 이치로 사람이 주체인
사람띠의 시대 만백성이 주체인 투명한 도덕시대를
만들 수 있어야 하는 것이 대통령의 근본이며,

혁신과 혁명을 통하여
만백성을 통합할 수 있는 근본이
책임자의 근본이며,
대통령, 총리, 장관, 국회의원 등등이란 이치로
백성 위에 존재하는 권력자의 시대는 사라지고
대한민국판 새로운 지리판과 행정판과 정치판과 새로운 이념과
사상과 철학으로 봉황체의 나라, 태극기체의 나라를

만들어야 하는 것이 만백성을 이롭게 하는 책임자의 근본이며,

언젠가는 대통령시대가 사라지고
사람 봉황 사람이 주체인 청룡 사람이 주체인 백호를 활용하고
청룡이 양이며 봉이며 백호가 음이며 황이니
새로운 봉황시대를 만들 수 있어야 하는 이치가
대통령이 해야 할 근본이며,
봉이 양이며 태극이며,
황이 음이며 무극이니
계룡산 태극을 활용하는 근본을
바르게 파악할 수 있어야 하는 이치이니

언젠가는 누군가가
계룡산 태극을 바르게 활용하여
봉황체의 나라가 만들어지기를
기대하면서…….

정신문화의 통합

긴긴 세월 동안 수많은 다문화 속에서 살아온 이치이며,
지구촌에 존재하는 수많은 문화는
사람의 정신문화를 주도하여 왔으며,
사람은 어떤 지도자 어떤 교주 어떤 종교 어떤 권력자에 의하여

정신문화가 만들어져 생활 속에 자리를 차지하면서
지나온 세월이었으며,

수천 년 전에 만들어진 정신문화는 현 시대에까지
변함없이 사람의 정신문화로 이어져 가고 있는 현실이며,
세상 사이에 존재하는 온갖 정신문화의 근본은
신도가 주체인 정신문화였으며,
대한민국 또한 생활 속에 차지했던 정신문화의 근본은
모조리 신도판 정신문화였으며,

산에 들면 산신 물에 들면 용왕신 하늘에 들면 온갖 천신들
신명 천지신명 여러 가지 온갖 칠성신 온갖 하느님 부처 보살
온갖 미륵 온갖 상제 구천 천왕 천황 천당 극락 지옥 등등등
땅에 들면 온갖 지신들 돌에 가 빌고 기도하고 염불하고
젯상 차리고 등등등 집에 들면 성주신 조앙신 뒷간신(화장실)
조상신 등등등 사회생활 속에 들면 신도를 통하여 만들어진
온갖 교주와 온갖 종교 등등등
사람에 들면 오행 사주팔자 궁합 택일 동물띠
사방 위 풍수지리 등등등

모조리 신도가 주체인 정신문화이며,
긴긴 세월 동안 사람이 살아온 정신문화의 근본은
사람이 주체가 아닌 신도가 주체인 세월 속에서
사람은 신도에 복종하는 형국이었으며,
내가 최고가 되기 위한 최고의 길은 신통력이었으며,

신통력을 통하여 예와 도덕 앞장으로
최고의 신격화 존재가 되려고 한 이치이며,
신통력을 통하여 내가 하나님 하느님 신통력을 통하여
내가 부처 신통력을 통하여 내가 미륵 신통력을 통하여
내가 상제 신통력을 통하여 내가 메시아 등등등
신통력을 통하여 백성으로부터 최고의 신격화 존재가 되어
절 받고 기도 받고 염불 받고 하는 모든 이치는
신도가 주체인 정신문화 속에서 살아온 이치였으며,

지구촌에 존재하는 온갖 문화 또한
신도가 주체인 문화 속에서 살아온 이치였으며,
수천 년 전에 만들어진 신도문화가 현 시대에도
사람의 정신문화로 이어져오고 있는 이치이며,
사람은 진화와 문명의 발달과 상공업의 발전 속에서
사람의 정신문화 또한 새로운 정신문화로
진도가 나갈 수 있어야 하는 이치이며,

이 시대의 문명은 급속도로 발전하지만 사람의 정신문화는
신도판 속에서 벗어나지 못하고 있는 현실이며,
혁신과 혁명을 통하여 사람의 정신문화도
발전할 수 있어야 하는 이치이며,
혁신과 혁명을 통하여 동물띠의 영역에서
벗어날 수 있어야 하는 이치이며,
동물띠의 영역에서 벗어나지 못하기 때문에
사람은 온갖 부정부패와 권력과 권위 속에서

벗어나지 못한 이치이며,
사람이 사람다워야 사람띠가 될 수 있는 이치이며,

사람띠의 근본은 도덕이며,
도와 덕이란 양과 음의 이치이며,
양과 음이란 천지이며,
천지란 태극과 무극이며,
태극과 무극이란 봉황이며,
봉황이란 양과 음이며,
천지 속에 사람이 주체인 시대를 만들어
새로운 천, 지, 인판으로 새로운 도덕시대를 만들 수 있어야만
대한민국이 지구촌에 태양과 같은 민족이 될 수 있을 것이며,
지구촌에 태양과 같은 민족이 될 수 있어야만
통일도 이루어질 수 있는 이치이며,

지구촌에 존재하는 온갖 정신문화를 양과 음의 이치로
통합할 수 있어야 하는 이치가 대한민국의 근본이며,
남한에 있는 남북도 양과 음의 이치로
통합할 수 있는 정신문화가 만들어질 수 있어야 하는 이치이며,
이러한 이치 속에서 계룡산 태극 양을
활용할 수 있어야 하는 이치이며,

무극 없는 태극이란 무용지물이며,
태극 없는 무극이란 무용지물이며,
무극 음이 없는 계룡산 태극 양이란 무용지물이며,

계룡산 태극 양이 없는 무극 음이란 무용지물이며,

계룡산 태극 양을 바르게 활용하여 세상 사이에 존재하는
온갖 정신문화를 통합할 수 있어야 하는 이치가
대한민국의 근본이며,
지구촌에 존재하는 온갖 정신문화를 통합하여
신격화하는 사람이나 신도를 위한 예와 도덕은
모조리 사라지고 사람을 이롭게 하고 백성을 이롭게 하는
예와 도덕을 통하여 만백성의 정신문화를
통합할 수 있어야 하는 이치가 대한민국의 근본일 것이며,

언젠가는 누군가가
만백성의 정신문화를
통합할 수 있기를…….

미래를 향한 복지란

백성은 정치의 조종에 의하여 살아왔으며,
백성은 신도의 조종에 의하여 살아왔으며,
대한민국의 정치문화와 신도문화는
백성 위에 존재하기 위한 내가 최고가 되기 위한
권위판 문화 속에서 백성은 경제활동을 통하여 살아가고 있으며,
수입산 정치문화를 통하여 복지를 만들어 왔으며,

수입산 신도문화와 민속문화를 통하여 복지를 만들어 왔으며,

만백성은 온갖 이념과 사상과 철학의 분열된 이치 속에서
대립과 경쟁의 복지 속에서 살아온 이치이며,
이념이 분열된 복지 속에서 백성을 조종한 이치이며,
대한민국 천지판을 바르게 파악하여
미래를 향한 복지판을 만들 수 있어야 할 것이며,
대한민국이 지구촌에 태양과 같은 민족이 되기 위한
복지판을 만들 수 있어야 할 것이며,
온갖 이념과 사상과 철학으로
분열과 대립판을 통합할 수 있는 복지가 아니면
분열과 대립 속에서 살아가야 할 것이며,

미래를 향한 복지의 근본은
정신문화를 통합할 수 있는 복지여야 할 것이며,
동, 서와 남, 북으로 분열된 지리문화를
통합할 수 있는 복지가 필요할 때이며,
대한민국 미래복지의 근본은
분열된 지리를 통합할 수 있는 복지판이 필요할 때이며,
동, 서와 남, 북으로 분열된 행정문화를
통합할 수 있는 복지가 필요할 때이며,

대한민국 미래복지의 근본은
분열된 행정을 통합할 수 있는 복지가 필요할 때이며,
온갖 이념과 사상과 철학과 신도판과 종교판을

통합할 수 있는 복지가 필요할 때이며,
대한민국 미래복지의 근본은
분열된 종교판과 신도판과 분열된 이념과 사상과 철학을
통합할 수 있는 복지판이 필요할 때이며,

만백성의 정신문화를 통합하지 못하는 복지란
정치를 위한 복지이며,
권력과 권위를 위한 복지이며
미래를 향한 복지의 근본을 바르게 파악하여야 할 것이며,
정치를 위한 복지, 권력과 권위를 위한 복지는
한순간은 백성을 이롭게 할 수는 있지만
미래를 향한 복지는 될 수 없을 것이며
수입산 복지가 아닌 대한민국판 복지의 이념과 사상과 철학으로
지구촌에 태양과 같은 민족이 될 수 있을 때
남북통일도 이루어질 수 있을 것이며,

복지의 근본은 만백성을 이롭게 하고
즐겁게 할 수 있어야 할 것이며,
정치의 권위에 복종하는 복지는 사라져야 할 것이며,
신도의 권위에 복종하는 복지는 사라져야 할 것이며,
복지의 근본은 백성이 주체여야 할 것이며,
미래를 향한 대한민국 복지의 근본은
만백성이 주체여야 할 것이며,

언젠가는 누군가가

미래를 향한 복지의 근본을 바르게 파악하여
지구촌에 태양과 같은 민족이 될 수 있기를
기대하면서…….

투명한 경제

사람은 경제활동을 통하여 문화를 만들어가고 있는 현실이며,
정치권이 만들어가는 경제의 이념과 철학이
백성을 이롭게 하고 즐겁게 할 수 있어야 하는 이치이며,
정치와 경제는 유착을 통하여 상부상조한 현실이었으며,
경제의 이념과 철학이 경제를 위한 경제인지
백성을 이롭게 하기 위한 경제인지
구분할 수 있어야 하는 이치이며,
경제의 근본을 바르게 파악하여
백성을 즐겁게 할 수 있어야 하는 이치이며,
사람이 살아가는 데 필요한 모든 만물이 갖추어진 현실 속에서
사람은 욕심을 버리지 못하고
권력과 권위를 향하여 욕심을 부리기도 할 것이며,

정치권이 만들어가는 경제의 이념이
경제가 주체가 되어선 안 될 것이며,
정치권이 만들어가는 경제의 이념이 백성이 주체여야 할 것이며,
백성이 주체인 경제의 근본을 바르게 파악하여

백성을 즐겁게 할 수 있어야 할 것이며,
정치를 위한 경제인지 백성을 위한 경제인지
바르게 파악할 수 있어야 하는 이치이며,
이 지구촌에 사람이 살아가는 백성이 주체인 세상을
만들기 위해서 모든 이념과 사상과 철학을
유리처럼 투명하게 밝혀
백성이 주체인 세상을 만들 수 있어야 하는 이치이며,

천, 지, 인판을 유리처럼 투명하게 밝혀
백성이 주체인 천, 지, 인판을 만들 수 있어야 할 것이며,
백성을 이롭게 해야 할 경제의 근본 또한
모든 예산의 흐름과 집행과정을
유리처럼 투명하게 밝혀야 할 것이며,
모든 만물 또한 생산원가를 유리처럼 투명하게 밝혀
백성을 즐겁게 할 수 있어야 할 것이며,
경제의 근본이 정치를 위한 경제가 되어선 안 될 것이며,
경제의 근본이 백성을 위한 경제문화를 만들어야 할 것이며,
투명한 경제가 아니면 부익부가 만들어질 것이며,

세상 사이에 존재하는 모든 이념과 사상과 철학을
유리처럼 투명하게 밝혀 만백성이 주체인 세상을 만들 수 있을 때
도덕시대, 도덕세계, 도덕정치가 만들어질 수 있는 이치이며,
신도를 이용한 경제 또한 모조리 바르게 밝혀야 할 것이며,
신도 앞장 신통력을 유리처럼 투명하게 밝혀
신통력이 주체가 아닌 시대를 만들어야 할 것이며,

하나님, 온갖 미륵, 부처, 하느님, 대왕, 천황, 상제, 천지신명,
각종 칠성신, 삼신, 산신, 조앙신, 온갖 신장 신명, 영혼, 천국, 천당,
극락, 지옥 등등을 모조리 유리처럼 투명하게 밝혀야 할 것이며,
신도를 이용하여 만들어진 온갖 제사판 경제까지
바르게 밝혀야 할 것이며,
신도를 이용한 경제까지 투명하게 밝혀
만백성이 주체인 투명한 경제를 만들어야 하는 이치가
대한민국의 근본이며,
대한민국 경제의 근본은 투명한 경제이며,
대한민국은 투명한 경제가 아니면
지구촌에 태양과 같은 민족이 될 수 없을 것이며,

언젠가는 누군가가
만백성이 주체인 경제문화를
만들 수 있기를
기대하면서…….

도덕정치

긴긴 세월 동안 온갖 판의 이치로
권력과 권위 속에서 살아온 이치였으며,
백성 위에 존재하는 권력과 권위에 복종하는 형국 속에서
사람은 온갖 권위의 권력자 앞에 복종하는 형국이었으며,

정치의 권위자와 신도의 권위자는 같은 권력자의 형국이었으며,

신도를 바로잡지 못하면 정치도 바로잡지 못할 것이며,
정치를 바로잡지 못하면 신도도 바로잡지 못할 것이며,
신도를 통합하지 못하면 정치도
당파싸움에서 통합하지 못할 것이며,
정치도 통합하지 못하면 신도 또한
종파싸움에서 통합하지 못할 것이며,

만백성 위에 권력과 권위자로서
백성을 조종해온 정치판과 신도판을 통합할 수 있는
이념과 사상과 철학이 있어야 하는 이치이며,
만물의 근본은 태양이며, 신도의 근본은 태양신이며,
태양신이 온갖 신도판의 이치로
사람을 조종해온 긴긴 세월 속에서
동물의 탈을 쓴 동물띠판 사람으로
신도에 복종하는 형국이었으며,
세상 사이에 존재하는 모든 악의 근본은 신도이며,
세상 사이에 존재하는 모든 선의 근본 또한 신도이며,
만백성을 이롭게 하고 즐겁게 하기 위하여
태양신을 바르게 헛터 잡을 수 있어야만
도덕정치가 만들어질 수 있는 이치이며,

오행과 사주팔자를 이용하여 사람의 정신세계까지 헛터 잡아온
신도판을 바르게 헛터 잡을 수 있어야만

도덕정치가 만들어질 수 있는 이치이며,
세상 사이에 존재하는 온갖 이념과 사상과 철학을
도와 덕의 이치로 통합할 수 있을 때
도덕정치가 만들어질 수 있는 이치이며,
도덕정치의 이념과 사상과 철학의 근본은 양과 음의 이치이며,
양과 음의 이치란 봉과 황의 이치이며,
도덕정치의 근본은 봉황정치이며,
봉황이란 눈에 보이지 않는 신도이며,
봉황이 사람을 조종하는 것이 아니라
사람이 봉황을 조종하는 이치이며,
신도가 사람을 조종하는 모든 이치는
모조리 사라져야 할 것이며,

양과 음이란 봉과 황이며,
봉과 황이란 태극과 무극이며,
태극과 무극이란 도와 덕이며,
태극을 활용하는 근본이 계룡산이며,
도덕정치의 근본은 양과 음이며,
도덕정치의 근본은 봉과 황이며,
도덕정치의 근본은 태극과 무극이며,

봉이 청룡이며, 황이 백호이며,
도덕정치의 근본은 봉황판, 청룡판, 백호판의 형국이며,
봉황, 청룡, 백호가 천, 지, 인 형국이며,
도덕정치의 근본은 천, 지, 인 형국이며,

도덕정치의 근본은 만백성을
양과 음의 이치로 통합해야 할 것이며,
봉과 황의 이치로 통합해야 할 것이며,
태극과 무극의 이치로 통합해야 할 것이며,
봉황, 청룡, 백호판으로 통합해야 할 것이며,
천, 지, 인판으로 통합해야 할 것이며,
도덕정치의 근본은 세상 사이에 존재하는
온갖 이념과 사상과 철학을
통합할 수 있어야 하는 이치이며,

백성을 이롭게 하는 복지란
세상 사이에 존재하는 온갖 이념과 사상과 철학을
도와 덕의 이치로 통합하여
만백성을 즐겁게 할 수 있어야 하는 이치이며,

언젠가는 누군가가
도덕정치의 근본을 바르게 파악하여
백성을 즐겁게 할 수 있기를…….

제2장
예와 도덕으로 통합

예와 도덕이란

긴긴 세월 속에서 사람이 갖추어야 할 예와 도덕이
만들어진 사상과 철학 속에서 긴긴 세월이 흘러가고 있는 것이며,
예와 도덕을 만든 사상가와 성인과 하느님 부처 지도자 황제
상제 등등등에 의하여 백성을 조종한 긴긴 세월 속에서
살아가고 있는 것이며,

예와 도덕 앞장으로 사상가와 성인과 하느님 부처 지도자 황제
상제 등등등에 만백성은 복종하는 형국 속에서
살아온 긴긴 세월이었으며,
예와 도덕 앞장으로 신통력을 사용한
사상가와 교주와 성인과 하느님 부처 지도자 황제 상제 등등등에
만백성은 복종하는 형국 속에서 살아온 긴긴 세월이었으며,
예와 도덕 앞장으로 감화나 신통력을 이용하여 백성으로부터
나를 신격화 우상화 교주화 성인화 미륵화 하느님화 부처화 상제화한
긴긴 세월 속에서 살아온 이치이며,

예와 도덕의 주체가 신격화되어선 안 될 것이며,
예와 도덕의 주체가 교주화 성인화 하느님화 우상화 천황화 미륵화
부처화 상제화되어선 안 될 것이며,
예와 도덕의 주체가 신통력이 되어선 안 될 것이며,
예와 도덕 앞장으로 백성으로부터 기도 받고 절 받고 염불 받고
제물 받고 하는 온갖 이치는 모조리 사라져야 할 것이며,

예와 도덕의 주체는 백성이 주체여야 하는 이치이며,
백성을 이롭게 하고 즐겁게 하기 위한 예와 도덕이 필요한 이치이며,
백성으로부터 나를 우상화 신격화 교주화 종교화 미륵화 천황화
성인화 황제화 상제화 하느님 부처화하는 모든 이치는
모조리 사라져야 할 것이며,
대한민국이 지구촌에 태양과 같은 민족이 되기 위해선
백성으로부터 나를 미륵화 우상화 신격화 종교화 교주 성인화
천황 황제 상제화 하느님 부처화하는 모든 이치는
모조리 사라져야 할 것이며,
대한민국이 지구촌에 태양과 같은 민족이 되기 위해선
예와 도덕의 근본이 백성이 주체여야 할 것이며,

사람이 살아가는 근본은 양과 음의 이치이며,
백성이 예와 도덕의 근본이며,
지구촌에 존재하는 모든 예와 도덕의 근본은
만백성이 주체여야 할 것이며,
신통력을 이용한 신도가
예와 도덕의 주체가 되어선 안 될 것이며,
대한민국의 미래는 지구촌에 존재하는
온갖 이념과 사상과 철학을 양과 음의 이치로
통합하는 이치 속에 있는 것이며,
대한민국의 미래는 계룡산 태극 양을
바르게 활용하는 이치 속에 예와 도덕의 근본이 있는 것이며,

언젠가 누군가가

신도가 주체가 아닌 예와 도덕으로
만백성을 통합할 수 있기를
기대하면서…….

진리란

긴긴 세월 동안 만들어진 진리 속에는
백성 위에 존재하는 온갖 이념과 사상으로
백성을 복종하게 만든 진리와 예와 도덕을 이용하여
백성으로부터 기도하고 염불하고 절을 받는 진리 속에서
만들어진 온갖 예와 도덕판
백성으로부터 성인이란 이름으로,

사람을 신격화한 진리이며,
사람을 하나님판으로 신격화한 진리이며,
사람을 온갖 상제판으로 신격화한 진리이며,
사람을 온갖 부처판으로 신격화한 진리이며,
사람을 온갖 교주판으로 신격화한 진리이며,
사람에게 신통력을 이용하여 신격화한 진리이며,
사람을 온갖 신도 신명판을 총동원하여 신격화한 진리이며,
사람을 천도란 신도판으로 조종한 진리이며,
사람을 지도란 지기를 이용하여 조종한 진리이며,
사람을 인도란 성인판을 이용하여 조종한 진리이며,

천도, 지도, 인도를 이용하여 만백성 앞에 신격화 존재가 되어
온갖 하나님, 하느님, 온갖 부처, 온갖 미륵, 보살,
온갖 각종 상제판, 메시아, 교주판, 진인, 해인, 성인, 성현, 천지신명,
칠성판 온갖 칠성신, 성주, 조앙신, 목신, 산신, 삼신, 용왕, 대왕,
황제, 천황, 천왕, 영혼, 온갖 신장, 신명, 천국, 천당, 극락, 지옥판,
온갖 동물띠판, 오행, 사주팔자 등등등을 이용하여
신격화 존재가 신통력을 이용하여 만백성을
조종한 진리 속에서 살아가고 있는 진리이며,

대겁, 병겁, 개벽, 성경, 경전, 정법 등등등을 이용하여
만백성을 조종하려는 모든 진리는 나를 스승화, 교주화,
성인화, 신격화하려는 진리이며,
나를 하느님화, 상제화, 온갖 부처화, 미륵화, 황제,
천황, 대왕, 천존, 지존, 메시아화하려는 진리이며,
예와 도덕 앞장으로 나를 스승화, 교주화, 신격화하는
모든 이념과 사상과 철학과 진리는 모조리 사라져야 할 것이며,

대한민국의 근본은 나를 스승화, 하느님화, 상제화,
미륵화, 부처화, 메시아화, 교주화, 신격화하는 진리가
대한민국의 근본이 아니며,
대한민국의 근본은 정신문화를 통합하여
만백성을 이롭게 하고 즐겁게 할 수 있어야 하는 이치이며,
수백, 수천 년 전에 만들어진 정신문화가
현 시대를 통합하지 못하였으며,
하나님, 하느님 문화는 신격화하여

기도하고 빌고 하는 복종하는 문화이며,
온갖 상제문화 또한 기도하고 절하고 빌고
치성상 차리고 하는 복종하는 문화이며,
부처 문화 또한 기도하고 절하고 빌고
염불하고 기복하는 복종하는 문화이며,

사람은 동물띠판에 맞추어 동물판에 복종하는 문화이며,
사람은 사람띠판에 맞추어 살아갈 수 있는
사람이 주체인 정신문화를 만들어
통합할 수 있어야 하는 이치이며,
신격화하는 정신문화를 버리고 사람 백성이 주체인
정신문화를 만들어야 하는 진리가 대한민국의 근본이며,
대한민국의 근본을 바르게 파악하여
잘못된 만백성의 정신문화를 새로운 이치와 판으로
통합하여야 할 것이며,
하나님, 하느님이 백성을 조종하는 진리는
모조리 사라져야 할 것이며,
온갖 미륵 온갖 부처 보살이 백성을 조종하는 진리는
모조리 사라져야 할 것이며,
온갖 상제판과 천지신명판이 백성을 조종하는 진리는
모조리 사라져야 할 것이며,
세상 사이에 존재하는 온갖 신도판이 백성을 조종하는 진리는
모조리 사라져야 할 것이며,
사람 백성이 주체인 진리로 통합하는 이 속에
대한민국의 근본이 있는 것이며,

사람이 살아가는 근본이 양과 음의 이치이며,
대한민국의 근본이 양과 음의 이치이며,
양과 음이란 봉과 황이며,
대한민국의 근본은 사람이 주체인 봉황체의 나라이며,

언젠가는 누군가가 봉황을 활용하여
만백성의 정신문화를 통합할 수 있기를
기대하면서…….

통합이란

긴긴 세월 동안 동, 서와 남, 북과 이념과 사상과 철학과 행정과
지리판과 정치판과 세상 사이에 존재하는 온갖 종교판과
교주판과 신도판을 모조리 바르게 조종하여 만백성을 이롭게 하고
통합할 수 있는 새로운 이치와 판을 통하여
만백성을 즐겁게 할 수 있어야 하는 이치이며,

만백성을 통합할 수 있는 새로운 이치와 판이 없는
말뿐인 통합이란 모조리 거짓이며,
말뿐인 통합을 이용한 거짓이며,
통합할 수 있는 새로운 이치와 판이 없는
말뿐인 통합이란 모조리 사라져야 하는 이치이며,
예를 들어 각종 상제판의 종교와 교주가

온갖 겁운판을 이용하여 사람을 모조리 죽여
새로운 세상을 만들겠다는 살인마와 같은
온갖 상제판 잡신 집단은 만백성을 이롭게 할 수 없는 이치이며,
만백성을 즐겁게 할 수 없는 기도하고 치성하고 염불하고 빌고
소, 돼지 잡아 바치고 하는 모든 이치는
만백성을 이롭게 하고 만백성을 즐겁게 하여
통합할 수 있는 이치가 아니며,
백성 위에 존재하는 통치자 도덕은
모조리 사라져야 하는 이치이며,
신격화하는 온갖 종교와 교주판을 통합하여
만백성을 이롭게 할 수 있는 새로운 이치가 있어야만
계룡산 태극을 바르게 활용할 수 있는 이치이며,

동, 서와 남, 북으로 분열된 지리판을
새로운 이치와 판으로 통합하여 만백성을 이롭게 하고
즐겁게 할 수 있는 이치 속에
계룡산 태극을 활용할 수 있는 이치가 있는 것이며,
분열과 경쟁과 대립의 정치판을
새로운 이치와 판으로 통합하여 만백성을 이롭게 하고
즐겁게 할 수 있는 이치 속에
계룡산 태극을 활용할 수 있는 이치가 있는 것이며,
세상 사이에 존재하는 온갖 사상과 철학을
양과 음의 새로운 이치와 판으로 통합하여
만백성을 즐겁게 할 수 있는 이치 속에
계룡산 태극 양을 활용하는 이치가 있는 것이며,

백성을 이롭게 해야 할 행정판 또한
전국 도의 분열된 행정구역을 통합할 수 있는
새로운 이치와 판으로 조종하여
만백성을 즐겁게 할 수 있는 이치 속에
계룡산 태극을 바르게 활용해야 하는 이치이며,
긴긴 세월 동안 존재해온 온갖 지리판과 행정판과 사상과 철학과
온갖 종교판과 신도판을 모조리 바르게 통합하여
언젠가는 누군가가
백성을 이롭게 하고 즐겁게 할 수
있기를 기대하면서…….

남북통일

사람이 살아가는 근본은
양과 음의 이치 속에 있는 것이며,
양이란 봉을 뜻하는 이치이며,
음이란 황을 뜻하는 이치이며,
양이란 태극을 뜻하는 이치이며,
음이란 무극을 뜻하는 이치이며,
양이란 건을 뜻하는 이치이며,
음이란 곤을 뜻하는 이치이며,
양이란 도를 뜻하는 이치이며,
음이란 덕을 뜻하는 이치이며,

태극과 무극이 봉과 황이며,
양이 청룡이며 음이 백호이며,
청룡과 백호가 양과 음이며,
금강산이 봉황이며 계룡산이 청룡이며,
황매산이 백호이며 백두산이 태극 양 봉이며,
한라산이 무극 음 황이며 계룡산이 봉이며 황매산이 황이며,
계룡산이 태극이며 황매산이 무극이며 금강산이 태극과 무극이며,

백두산이 천지이며 양이며 천이며,
한라산이 백록이며 음이며 지이며,
백두산과 한라산과 사람이 천지인이며,
태극과 무극과 사람이 천지인이며,
계룡산과 황매산과 사람이 천지인이며,
금강산과 계룡산과 황매산이 천지인이며,
백두산과 금강산과 한라산이 천지인이며,
백두산과 계룡산과 한라산이 천지인이며,
백두산과 황매산과 한라산이 천지인이며,
봉황과 청룡과 백호가 천지인이며,

이러한 모든 이치를 태극기에 맞추어야 할 것이며,
이념과 사상과 철학이 다른 같은 민족 간의 대립과 분열 속에서
세월을 지나온 이치이며,
세상 사이에 존재하는 온갖 이념과 사상과 철학과 지리의 판은
만백성을 통합하지 못하고 동, 서, 남, 북으로
대립과 분쟁 속에서 통합하지 못하고 있는 것이며,

남한에 있는 동, 서와 남, 북도 통합하지 못하고
대립과 경쟁 속에서 분열된 형국이며,
세상 사이에 존재하는 온갖 이념과 사상과 철학이
대한민국에 존재하면서 만백성을 통합하지 못하고
대립과 경쟁 속에서 분열된 형국이며,

세상 사이에 존재하는 온갖 이념과 사상과 철학을
대한민국판 이념과 사상과 철학으로 만백성을 통합하여
지구촌에 태양과 같은 민족이 될 수 있을 때
남북통일도 이루어질 수 있는 이치이며,
세상 사이에 존재하는 온갖 이념과 사상과 철학을
모조리 바르게 헛터 잡아 사람을 신격화하는 모든 이치가
모조리 사라지고 신도판의 온갖 신격화하는
모든 신격화 존재를 종말시키고
사람이 주체인 세상을 만들 수 있을 때
남북통일도 이루어질 수 있을 것이며,
온갖 권력과 권위가 사라지고
백성이 주체인 세상이 만들어질 때
남북통일도 이루어질 수 있을 것이며,
모든 만물의 근본은 양과 음의 이치이며,
남한에 있는 동, 서와 남, 북을 양과 음의 이치로
전국 도의 지리경계를 폐지하고 통합할 수 있을 때
남북통일도 이루어질 수 있을 것이며,

국민 사이에 존재하는 수많은 온갖 종교판을

양과 음의 이치로 통합할 수 있을 때
남북통일도 이루어질 수 있을 것이며,
세상 사이에 존재하는 신격화하는 온갖 하나님, 하느님,
온갖 부처, 보살, 미륵, 온갖 각종 상제판, 천지신명, 영혼,
천황, 용왕, 대왕, 천존주, 온갖 메시아, 성인, 유불선,
온갖 교주 등등은 신도에 복종하는 신도가 주체인 세상이지
사람이 주체인 세상이 아니며,
백성 위에 존재하는 신도판 세상이지
백성이 주체인 세상이 아니며,
백성 위에 존재하려는 신격화하는 모든 이치를 종말시키고
백성을 복종하게 하는 모든 이치는 모조리 사라지고
백성을 이롭게 하는 글만이 필요할 뿐이며,
사람이 주체인 세상, 백성이 주체인 세상으로 통합을 이룰 때
남북통일도 이루어질 수 있을 것이며,
세상 사이에 존재하는 온갖 지리와 행정과 이념과 사상과 철학을
양과 음의 이치와 천, 지, 인판으로 통합을 이루어
백성을 이롭게 하고 백성을 즐겁게 할 수 있을 때
남북통일도 이루어질 수 있을 것이라 생각하면서

언젠가는 누군가가
새로운 대한민국판으로 통합을 이루어
대립과 분쟁이 사라지고
백성을 즐겁게 할 수 있기를
기대하면서…….

신통력

사람은 긴긴 세월 동안
신통력 신도판의 동물띠 속에서 살아온 세월이었으며,
신도판 동물띠가 주체인 세월 속에서 살아온 세월이었으며,
신통력을 통하여 만들어진 온갖 판들이
주체인 세월 속에서 살아온 세월이었으며,
사람이 살아가는 근본이 신통력 신도판 동물띠 사주팔자 오행이
주체인 세월 속에서 살아온 세월이었으며,
사람이 살아가는 근본이
신통력 신도판 예와 도덕 앞장으로 살아온 세월이었으며,
신통력을 통하여 사람을 복종하게 만든
세월 속에서 살아온 세월이었으며,

대한민국의 근본은 신통력 신도판이 주체가 될 수 없는 이치이며,
신통력 신도판을 모조리 바르게 선악분별하여
사람이 주체인 세상을 만들 수 있어야 하는 이치이며,
신통력과 신격화하는 신도판으로 만들어진
하나님, 하느님판은 사람이 주체인 세상을 만들 수 없을 것이며,
신격화하는 하나님, 하느님을 주장하는 모든 판은
모조리 사라져야 할 것이며,
신통력과 신도판으로 만들어진 온갖 부처판은
사람이 주체인 세상을 만들 수 없을 것이며,
신격화하는 온갖 부처판을 주장하는 주장자는

모조리 사라져야 할 것이며,
신격화하는 온갖 미륵판은 모조리 사라져야 할 것이며,
신통력과 신도판으로 만들어진 온갖 상제판은
사람이 주체인 세상을 만들 수 없을 것이며,
신격화하는 온갖 상제판을 주장하는 주장자는
모조리 사라져야 할 것이며,
신통력과 신도판으로 만들어진 천국, 천당, 극락, 지옥판은
사람이 주체인 세상을 만들 수 없을 것이며,
신도판 천국, 천당, 극락, 지옥판을 주장하는 주장자는
모조리 사라져야 할 것이며,
사람은 잠잘 때 꿈의 종과 노예가 되어선 안 될 것이며,
신통력과 신도판으로 만들어진 온갖 교주판은
사람이 주체인 세상을 만들 수 없을 것이며,
신격화하는 온갖 교주판을 주장하는 주장자는
모조리 사라져야 할 것이며,
신통력과 신도판으로 만들어진 온갖 겁운판을 주장하는 주장자는
모조리 사라져야 할 것이며,
신통력과 신도판으로 만들어진 선천과 후천을 주장하는 주장자는
모조리 사라져야 할 것이며,
신통력과 신도판으로 만들어진 천지신명, 천존, 지존, 칠성신,
삼신, 산신, 천황, 천왕, 대왕, 용왕 사람 영혼 등등등
온갖 신명과 신장을 주장하는 주장자는
모조리 사라져야 할 것이며,
신통력과 신도판으로 만들어진 세상 사이에 존재하는
온갖 종교판은 사람이 주체인 세상을 만들 수 없을 것이며,

신격화하는 온갖 종교판은 모조리 사라져야 할 것이며,
신통력과 신도판으로 만들어진 온갖 명당 발복과 풍수지리판은
신도가 사람을 조종하는 이치이며,
백성을 이롭게 하지 못하는 풍수지리판은
모조리 사라져야 할 것이며,

대한민국의 근본은 신통력 앞장 신도판이
근본이 될 수 없는 이치이며,
대한민국의 근본은 신통력 앞장 신도판의 영역에서 벗어나
사람이 주체인 사람띠 사람판 세상을 만들어
지구촌에 태양과 같은 민족이 될 수 있어야 하는 이치이며,
대한민국의 근본은 지리와 행정과 사상과 철학을
사람이 주체인 세상 백성이 주체인 세상을 만들어
지구촌에 태양과 같은 민족이 될 수 있어야 하는 이치이며,

언젠가는 누군가가
신통력과 신도판에 복종하는 민족이 아니라
사람이 주체인 시대를 만들어
만백성을 이롭게 하고
만백성을 즐겁게 할 수 있기를
기대하면서…….

제사법의 진실

세상 사이에 존재하는 온갖 제사법이란
신도판의 이치 속에서 만들어진 신도판의 이치이며,
사람은 제사판을 통하여 신도에 복종하는 형국이며,
세상 사이에 존재하는 온갖 제사법을 통하여
신도가 사람을 조종한 형국이며,

먹어 없어지지 못하는 제물을 통하여
신도가 먹고 가는 것처럼 가식적으로 만들어 놓은
유리처럼 투명하지 못한 가식적인 제사판이며,
천지가 사람을 만들어 신도를 통하여
온갖 신통력을 동원하여 사람을 조종한 신통력판의 이치 속에
제사판이 존재하여 제물을 먹고 가는 것처럼
가식적인 판이 제사판이며,
천당과 지옥과 극락판을 통하여
사람을 조종한 이치와 같은 이치이며,
신통력을 이용하여 온갖 하느님, 온갖 상제판, 삼신, 천지신명,
사람영혼, 온갖 신명 등등을 이용하여
사람을 조종한 이치와 같은 이치이며,
신통력을 통하여 사람을 조종하기 위한
유리처럼 투명하지 못한 가식적인 판들이 신도판이며,

천지에 제를 지내는 천제 또한 가식적인 제사판이며,

소, 돼지, 양 등등을 잡아 바치던 제물을 바치는 천제 또한
가식적인 신통력판이며,
천지에 바치는 천제든 온갖 하느님에게 바치는 천제든
온갖 상제판에 바치는 천제든 천지신명에게 바치는 천제든
온갖 천존주, 부처, 온갖 미륵, 용왕, 천황, 천왕,
대왕 등등에게 바치는 천제든
신도를 통하여 온갖 천제를 지내는 제사판이란
사람 위에 존재하여 사람을 조종하기 위한
내가 최고가 되기 위한 내가 신격화되기 위한
만백성 위에 존재하여 내가 최고의 신격화 존재가 되어
만백성을 조종하기 위한 신통력을 통하여 만들어진
가식적인 천제판들이며,
사람이 주체가 될 수 없는 천제판이며,
만백성이 주체가 될 수 없는 천제판이며,
천제를 주장하는 주장자는
신도의 종이며 신도의 노예이며,
온갖 하느님판의 종과 노예이며,
온갖 상제판의 종과 노예이며,
온갖 천지신명판의 종과 노예이며,

온갖 부처, 온갖 미륵, 사람 영혼, 천황, 천왕, 대왕,
용왕 등등의 종과 노예이며,
유리처럼 투명하지 못한 가식적인 판의 종과 노예이며,
만백성 앞에 내가 최고가 되어선 안 될 것이며,
만백성 앞에 내가 신격화되어선 안 될 것이며,

만백성 앞에 신도를 주장해선 안 될 것이며,
만백성 앞에 예와 도덕 앞장으로
백성 위에 존재하는 권위와 권력자가 되어선 안 될 것이며,
만백성 앞에 예와 도덕 앞장으로 백성 위에 존재하는
신격화된 신격자가 되어선 안 될 것이며,
만백성 앞에 온갖 대겁, 병겁, 종말, 말세, 말운론, 심판,
개벽, 개화 등등을 주장해선 안 될 것이며,
천제를 주장하는 주장자는 하느님이 최고이며,
온갖 상제판이 최고이며,
온갖 부처와 온갖 미륵이 최고이며,
천지신명이 최고이며,
등등등을 주장할 것이며,

소, 돼지, 양 등등을 잡아 바치고 제물을 바치고,
치성상 바치고 기도하고 염불하고 빌고 하는
유리처럼 투명하지 못한 가식적인
온갖 신도판의 종과 노예가 될 것이며,
만백성을 조종하기 위한 온갖 제사판과 신도를 통한
신통력판은 모조리 사라져야 할 것이며,
만백성을 조종하기 위한 온갖 지리의 발복판과 명당 발복판과
풍수지리 발복판을 통한 모든 이치는 신도를 통한 신도판이며,
만백성 앞에 신격자가 되기 위한 명당, 풍수지리 발복판은
모조리 사라져야 할 것이며,
내가 최고가 되기 위한 명당, 풍수지리 발복판은
모조리 사라져야 할 것이며,

백성을 위한 백성을 이롭게 하고
백성이 최고인 명당, 지리 발복이 필요할 뿐이며,
세상 사이에 존재하는 온갖 제사판이란
유리처럼 투명하지 못한 가식적인 신도판이며,
사람은 죽어 영혼을 남겨서는 안 될 것이며,
사람은 죽어 가식적인 제사를 남겨서는 안 될 것이며,
사람은 죽어 풍수지리를 통하여
신통으로 후손을 조종해선 안 될 것이며,
세상 사이에 존재하는 모든 악으로부터
만백성을 이롭게 하지 못하고 바르지 못한 천지는
모조리 사라져야 할 것이며,
풍수지리를 통하여 선과 악이란 두 판으로
흉지란 이치로 만백성을 악인으로 만들거나 망하게 만들거나
도적을 만들거나 한 천지판은 모조리 사라져야 할 것이며,
세상 사이에 존재하는 온갖 신도판 천지는 사라져야 할 것이며,
신도판 온갖 눈에 보이지 않는 가식적인 온갖 하느님,
온갖 상제판, 칠성신, 삼신, 천지신명, 온갖 부처, 천황, 천왕, 대왕,
용왕 등등등 신도를 통한 온갖 종교판과 교주판은
모조리 신도판 천지이며,
신도판 천지는 모조리 사라져야 할 것이며,
신도판 천지는 사람이 주체가 될 수 없는 천지이며,
신도판 천지란 만백성이 주체가 될 수 없는 천지이며,
사람은 신도판 동물띠가 아닌 사람은 사람띠 사람판 천지를
만들어야 할 것이며,
이러한 이치 속에서 계룡산 태극, 양의 지리를

활용하는 이치가 있는 것이며,

언젠가는 누군가가
제사판의 진실을 바르게 밝혀
만백성을 이롭게 할 수 있기를
기대하면서…….

신도판

사람은 신도판의 영역에서 한 차원 높은 도약을
할 수 있어야 하는 이치이며,
신도판을 주장하는 주장자는
한 차원 높은 도약을 할 수 없을 것이며,
신도판을 주장하는 주장자는
성인이 신도판의 종이며,
성인이 신도판의 노예이며,
신도판을 주장하는 주장자는
성인이 신격화되려고 할 것이며,
신도판을 주장하는 주장자는
예와 도덕이 신격화되려고 할 것이며,
신도판을 주장하는 주장자는
성경과 경전이 신격화되려고 할 것이며,
신도판을 주장하는 주장자는

신도판의 종과 노예가 되려고 할 것이며,
신도판을 주장하는 주장자는
하나님, 하느님이 신격화될 것이며,
하느님을 주장할 것이며,
신도판을 주장하는 주장자는
온갖 부처가 신격화될 것이며,
신도판을 주장하는 주장자는
온갖 미륵이 신격화될 것이며,
신도판을 주장하는 주장자는
온갖 메시아가 신격화될 것이며,
신도판을 주장하는 주장자는
천당, 극락, 지옥판을 주장할 것이며,
신도판을 주장하는 주장자는
온갖 천지신명, 신장을 주장할 것이며,
신도판을 주장하는 주장자는
명당 발복과 풍수지리를 주장할 것이며,
신도판을 주장하는 주장자는
동물띠, 사주팔자, 오행을 주장할 것이며,
신도판을 주장하는 주장자는
선천과 후천을 주장할 것이며,
신도판을 주장하는 주장자는
대겁, 병겁, 개벽 등등을 주장할 것이며,
사람은 신도판의 영역에서 벗어나 사람판의 경지로
도약할 수 있어야 하는 이치이며,
천지가 신도판을 이용하여 사람을 조종한

잘못된 모든 이치는 사라져야 할 것이며,

천지가 하느님, 옥황상제, 구천상제, 삼신상제,
각종 온갖 상제판 천지신명, 칠성신, 천존주, 천황, 대왕,
삼신, 영혼, 각종 미륵, 온갖 부처 등등을 이용하여
사람을 조종한 잘못된 모든 이치는 사라져야 할 것이며,
사람은 신도판의 영역에서 벗어나
사람판의 경지로 도약을 이룰 때 대한민국은
지구촌에 태양과 같은 리더가 될 것이며,
대한민국이 지구촌을 리드할 수 있는 이치는
대한민국판 사상과 철학이며,
대한민국의 근본은 신도판 세상이 아니며,
대한민국의 근본은 사람판 세상이며,
대한민국에 존재하는 신도판 온갖 사상과 철학으론
지구촌에 태양과 같은 민족이 될 수 없을 것이며,
대한민국이 지구촌의 지도자가 되기 위해선
새로운 천지 등급판을 만들어야 할 것이며,
천지를 바르게 헛터 잡을 수 있어야 할 것이며,
새로운 천지판으로 통합을 이루어 하나님, 하느님, 천지신명,
온갖 상제판, 온갖 미륵, 온갖 부처가 주체가 아니라
사람이 주체인 세상, 백성이 주체인 세상을 만들 수 있을 때
대한민국은 지구촌에 태양과 같은 민족이 될 수 있는 이치이며,

언젠가는 누군가가
신도판을 바르게 헛터 잡아

지구촌에 태양과 같은 민족이 될 수 있기를
기대하면서…….

사람이 주체인 세상

긴긴 세월 동안 온갖 사상과 철학의 근본이
신격화하는 신도판 세상 속에서 살아온 이치이며,
신격화하는 신도판이 주체인 세상 속에서 사람은
신도판의 종과 노예처럼 살아온 긴긴 세월이었으며,
사람은 세상 사이에 존재하는 온갖 신도판의 사상과
신도판의 종교 속에서 사람이 주체인 세상을 만들지 못하고
기도하고 염불하고 절하고 치성상 차리고 제물을 바치고
천당, 극락, 지옥판의 이치 속에서 신격화된 예와 도덕 속에서
사람이 주체인 세상을 만들지 못하였으며,
대한민국 속에 세상 사이에 존재하는
온갖 신도판 사상과 철학과
신도판 온갖 종교가 총집합한 세월 속에서
신도판 사상과 철학으로 국민을 통합하지 못하였으며,
신도판 온갖 종교가 백성을 통합하지 못하였으며,
신도판이 주체인 세상으론 대한민국은 지구촌에
태양과 같은 민족이 될 수 없는 이치이며,
대한민국이 지구촌에 태양과 같은 민족이 되기 위해선
사람이 주체인 세상을 만들어야 하는 이치이며,

수천, 수백 년 전에 만들어진 사상은 현 시대에
대한민국을 통합할 수 있는 사상이 될 수 없으며,
대한민국이 지구촌에 태양과 같은 민족이 되기 위해선
사람띠 사람판 사람이 주체인 세상을 만들어야 하는 이치이며,
성인이 백성 위에 존재해선 안 되는 이치이며,
성인이 백성으로부터 기도하고 절하고 염불하고
제물을 바치고 하는 모든 이치는 사라져야 할 것이며,
말과 행동이 바른 백성이 하느님이며,
백성이 미륵이며,
성인이 주체인 미륵은 미륵돼지이며,
백성이 주체인 미륵은 백성이며,
대한민국이란 작은 나라에서 지구촌을 리드할 수 있는 이치는
경제가 아니며 지구촌을 이롭게 할 수 있는 사상이며,
대한민국의 근본은 수입산 사상과 철학과 종교가 아닌
지구촌은 이롭게 할 수 있는 대한민국판 사상으로 통합하여
지구촌에 태양과 같은 민족이 될 수 있어야 하는 이치이며,
지구촌에 존재하는 수입산 온갖 사상과 철학과
수입산 온갖 종교판을 통합하여
사람이 주체인 세상을 만들 수 있을 때
대한민국은 지구촌에 태양과 같은 나라가 될 수 있는 이치이며,
사람띠 사람판 백성이 주체인 사상으로
통합을 이루어 지구촌에 태양과 같은 민족이 될 수 있을 때
남북통일도 이루어질 수 있는 이치이며,
사상과 철학과 종교를 통합할 수 있을 때
남북통일도 이루어질 수 있을 것이며,

사람은 신도와 도술과 감화와 환상과 제사판과 영험과 신통과
오행과 사주팔자와 동물띠, 지리 발복과 꿈과 손금과 신장,
신명판과 구천, 전생, 윤회, 온갖 신과 하느님, 옥황상제, 천지신명,
천황, 대왕, 용왕, 지옥, 극락, 천당, 성인 등등 판을 뛰어넘어
사람이 주체인 세상을 만들 수 있어야 하는 것이
대한민국의 운명일 것이며,

눈에 보이지 않는 가식적인 모든 판이 사라지고
유리처럼 투명한 세상을 만들어
성인 종교사상이 주체가 아니라
백성이 주체인 세상을 만들어야 할 것이며,
예와 도덕이 신격화되어선 안 될 것이며,
성경과 경전이 신격화되어선 안 될 것이며,
사람이 살아가는 근본은 양과 음의 이치 속에 있으니
계룡산 태극 양을 바르게 활용하는 근본은
사람판 백성이 주체인 세상을 만들어야 하는 이치이니

언젠가는 누군가가
사람이 주체인 세상을 만들어
만백성을 이롭게 할 수 있기를
기대하면서…….

대한민국의 근본

긴긴 세월 동안 온갖 사상과 철학과 신도판 속에서
살아온 세월이며,
대한민국의 근본을 바르게 파악하여 대한민국의 근본으로
국민을 화합하고 통합할 수 있어야 하는 이치이며,
대한민국판 새로운 사상으로 지구촌에 태양과 같은
대한민국을 만들 수 있어야 하는 이치이며,
수입산 온갖 진리와 사상과 철학과 종교판과 정치판은
대한민국의 근본이 될 수 없는 이치이며,
대한민국판 진리가 만들어져야 할 것이며,
대한민국판 사상과 철학이 만들어져야 할 것이며,
대한민국판 정치 형국이 만들어져야 할 것이며,
세상 사이에 존재하는 온갖 사상으로
분열과 대립판으로 형성된 대한민국을
바르게 파악할 수 있어야 할 것이며,
대한민국의 근본을 바르게 파악하여
온갖 사상으로 분열과 대립 속에 있는 대한민국을
통합할 수 있어야 할 것이며,
세상 사이에 존재하는 온갖 사상은
대한민국의 근본이 될 수 없는 이치이며,
대한민국의 근본은 백두산 천지가 근본이며,
대한민국 진리의 근본은 천지판이며,
천지를 바르게 조종하여 만백성을

이롭게 할 수 있어야 할 것이며,

대한민국의 근본은 천지이며,
천지란 양과 음이며,
양과 음이란 봉과 황이며,
봉과 황이란 태극과 무극이며,
태극과 무극이란 청룡과 백호이며,
청룡과 백호란 계룡산과 황매산이며,
계룡산이 태극이며,
황매산이 무극이며,

대한민국의 근본은
태극기판 사상이며,
태극기판 지리이며,
태극기판 철학이며,
태극기판 행정이며,
태극기판 정치이며,
태극기판 도덕이며,

태극기의 근본은 천지이며,
태극기의 근본은 건곤이며,
태극기의 근본은 양과 음이며,
태극기의 근본은 봉과 황이며,
태극기의 근본은 태극과 무극이며,
태극기의 근본은 청룡과 백호이며,

태극기의 근본은 도와 덕이며,
태극기의 근본 속에 대한민국의 근본이 있는 것이며,

천지가 사람을 조종하는 것이 아니라
사람이 천지를 조종할 수 있어야 하는 이치이며,
태극기판 지리와 행정과 사상과 철학이
대한민국의 근본이며,
대한민국의 근본은
태극기체의 나라이며,
봉황체의 나라이며,
눈에 보이지 않는 봉황의 운행원리를
바르게 파악할 수 있어야 할 것이며,
봉황을 헛터 잡지 못하면
봉황체의 나라는 만들어질 수 없는 이치이며,
봉황이란 용과 같은 신도판이며,
봉황이란 신도판이며,

눈에 보이지 않는 신도판을 헛터 잡지 못하면
사람은 신도판의 종과 노예처럼 살아가야 하는 이치이며,
사람이 주체인 세상은 만들어질 수 없는 이치이며,
신도판으로 이루어진 온갖 사상과 종교판을 주장하는 주장자는
사람 앞에 유리처럼 투명하게 밝히지 못하면 사라져야 할 것이며,
하느님, 하나님을 사람 앞에 유리처럼 투명하게 밝히지 못하면
사라져야 할 것이며,
천지신명, 옥황상제를 사람 앞에

유리처럼 투명하게 밝히지 못하면 사라져야 할 것이며,
석가불, 아미타불, 비로자나불, 미륵불 등등 부처를
유리처럼 투명하게 증명하지 못하면 사라져야 할 것이며,
천상계와 신명계와 윤회사상을 주장하는 주장자는
사람 앞에 유리처럼 투명하게 증명하지 못하면
사라져야 할 것이며,
도술과 신통력을 주장하는 주장자는 사람 앞에
유리처럼 투명하게 증명하지 못하면 사라져야 할 것이며,
천제, 천도재와 산신제, 기우제 등등
온갖 제사판을 주장하는 주장자는
제물을 먹고 갈 수 있는지를 사람 앞에
유리처럼 투명하게 증명하지 못하면 사라져야 할 것이며,
천황, 대왕, 용왕, 천존주, 칠성신, 삼신, 산신, 영혼 등등
온갖 신명, 신장을 주장하는 주장자는 사람 앞에
유리처럼 투명하게 증명하지 못하면 사라져야 할 것이며,
천당과 극락과 지옥을 주장하는 주장자는 사람 앞에
유리처럼 투명하게 증명하지 못하면 사라져야 할 것이며,
이러한 모든 이치 속에서 사람이 주체인 세상이
만들어질 수 있는 이치이며,

대한민국의 근본은 사람이 주체인 세상을 만들지 못하면
지구촌에 태양과 같은 대한민국을 만들 수 없을 것이며,
대한민국의 근본은 모든 사상을 유리처럼 투명하게 증명하여
사람이 주체인 세상을 만들 수 있어야 하는 이치이며,
대한민국의 근본은 행정의 모든 예산의 흐름과 집행과정을

유리처럼 투명하게 증명하여 만백성이 주체인 세상을
만들 수 있어야 하는 이치이며,
대한민국의 근본은 기업 경제의 모든 예산의 흐름과 집행과정을
유리처럼 투명하게 증명할 수 있어야 할 것이며,
인건비 포함한 상품의 생산원가를 유리처럼 투명하게 증명하여
만백성이 최고인 세상을 만들 수 있어야 할 것이며,
대한민국의 근본은 신도판 봉황체의 나라가 아니며
사람판 봉황체의 나라이며,
대한민국의 근본은 사람판 봉황체의 나라이며,
대한민국의 근본은 봉황체의 지리와 행정과 사상과 철학으로
통합할 수 있어야 할 것이며,
양과 음의 지리와 행정과 사상과 철학으로
통합할 수 있어야 할 것이며,
태극과 무극의 지리와 행정과 사상과 철학으로
통합할 수 있어야 할 것이며,
대한민국의 근본은 태극기판 지리와 행정과 사상과 철학으로
통합할 수 있어야 할 것이며,

언젠가는 누군가가
대한민국의 근본을 바르게 파악하여
새로운 사람판 도덕시대가 만들어지기를
기대하면서…….

봉횡판 통합

긴긴 세월 동안 온갖 사상과 철학과 문화와 신도판 속에서
하나의 사상으로 통합하지 못하고
온갖 사상의 이치로 분열과 대립 속에서 살아가고 있는 현실이며,
긴긴 세월 동안 온갖 사상이 만들어졌지만
백성 위에 존재하기 위하여 신격화시켜 놓은 이치 속에서는
국민화합은 이루어질 수 없는 이치이며,
종교판 온갖 성인이 자기 자신을 신격화시켜 놓은 이치 속에서는
국민화합은 이루어질 수 없는 이치이며,

종교판 온갖 성인이 신통력을 통하여
신도판 최고의 권력자 행세를 하여 자기 자신을 신격화시켜
구세주, 메시아, 하나님, 하느님, 옥황상제, 미륵,
온갖 부처, 천왕, 대왕 등등의 행세를 한다면
국민화합은 이루어질 수 없는 이치이며,
종교판 온갖 성인이 사라질 때
국민화합은 이루어질 수 있는 이치이며,
신도의 종과 노예처럼 살아가는 세상은 동물띠판 세상이며,
최고의 권력자와 최고의 신도판 성인에게 복종하는 세상은
국민화합은 이루어질 수 없는 세상이며,
소금 짐을 지고 물에 들어가면 다 녹아 없어지는 이치 속에
어떤 권력자가 소금 짐을 지고 물에 들어가라고 하면
물에 들어가야 하는 이치가 신도판 세상이며,

물에 들어가면 다 녹아 없어지는 이치 속에 소금 짐을 지고
물에 들어가지 말아야 하는 이치가 사람판 세상인 이치이며,

억천만 번 기도하고 절하고 빌고 치성상 차리고
소, 돼지, 양 잡아 바치고 염불하고 하는
이치 속에서는 국민화합과 통합은
이루어질 수 없는 이치이며,
천상계와 윤회사상, 천당, 극락, 지옥, 조상신을
주장하는 이치 속에서는 국민화합과 통합은
이루어질 수 없는 이치이며,
대한민국의 근본은 사람이 주체인 봉황판의
통합 속에 있는 이치이며,
봉황판이란 양과 음의 이치이며,
국민화합과 통합을 이루어야 하는 근본은
봉황판 사상의 이치 속에 있는 것이며,

사람이 살아가는 근본이 양과 음의 이치 속에 있으니
대한민국 사상의 근본은 양과 음의 이치 속에 있는 것이며,
대한민국 사상의 근본은 신격화하는 성인이
사상의 근본이 될 수 없는 이치이며,
대한민국 사상의 근본은 백성이 사상의 근본이며,
양과 음이 사상의 근본이며,
봉과 황이 사상의 근본이며,
천과 지가 사상의 근본이며,
양과 음이 청룡과 백호를 이루니

봉과 황이 청룡과 백호이며,
봉황과 청룡과 백호가 대한민국 사상의 근본이며,
양과 음이 태극과 무극이니
태극과 무극이 봉과 황이며,
태극과 무극이 대한민국 사상의 근본이며,
대한민국 사상의 근본은 명당 지리와 명당 발복판이 아니며,
대한민국 사상의 근본은 양의 지리와 음의 지리를
이용하여 백성을 이롭게 하여야 하는 이치이며,

양의 지리판이 봉의 지리판이며 태극지리판이며 청룡지리판이며,
음의 지리판이 황의 지리판이며 무극지리판이며 백호지리판이며,
명당 지리와 명당 발복판을 이용하여 신통력과 함께
백성 위에 존재하는 신격화된 성인은
백성 위에 존재하는 권위와 권력자이며,
백성 위에 존재하는 권위와 권력자는
대한민국 사상의 근본이 될 수 없는 이치이며,
대한민국 사상의 근본은 신도판 사상이
주체가 될 수 없는 이치이며,
대한민국 사상의 근본은 백성을 이롭게 해야 할 봉황판 사상이며,

언젠가는 누군가가
봉황판 사상으로 통합을 이루어
백성을 줄겁게 할 수 있기를
기대하면서…….

제3장 새로운 풍수지리판으로

풍수지리

풍수지리에 대한 모든 이치는 사상이며,
어떤 능력자에 의하여 풍수지리란 사상이 만들어져
어떤 기의 움직임과 능력으로
사람을 조종할 수 있도록 만들어진 사상이며,
천지를 운행하는 기의 움직임은 신통력과 같은 이치이며,
신통력을 통하여 교주와 종교가 만들어지듯이
풍수지리 또한 어떤 기의 움직임이 신통력을 발휘하여
사람을 마음대로 조종한 긴긴 세월이었으며,

산세와 지맥 수맥 등등과 천기와 지기를 이용하여
사람을 조종하는 모든 이치 속에는 신도판의 이치가 있는 것이며,
수맥봉이 움직이는 능력은 어떤 기의 움직임이며,
어떤 기의 움직임은 신통력의 움직임이며,
신통력의 움직임은 신도판의 움직임이며,
신도판의 움직임은 사람의 생각까지 조종하고
움직일 수 있는 능력이었으며,
풍수지리를 통하여 온갖 형국론이 만들어져
세상 사이에 존재하는 근본은
천기와 지기의 움직임으로 사람을 마음대로 조종하기 위한
어떤 기의 능력이며,
천기란 하늘이며 지기란 땅이며,
하늘과 땅이 천기와 지기를 이용하여

사람을 마음대로 조종한 긴긴 세월이었으며,
신도판과 신격화하는 사람의 능력으로
풍수지리 사상을 만들어
기의 흐름과 작용이란 이치로
백성을 길흉화복의 이치로 조종하여 온 이치이며,
양택과 음택의 이치로 백성을 조종한 이치이며,

풍수지리 사상을 통하여
백성을 흥하게도 하였으며,
백성을 망하게도 하였으며,
백성을 도적으로 만들기도 하였으며,
조상신의 음택 풍수지리를 통하여
후손을 흥하고 망하게 한 긴긴 세월이었으며,
풍수지리를 통하여
사람이 주체인 세상이 아니라
신통력의 기와 천도와 지도가 주체인 긴긴 세월이었으며,
풍수지리 사상을 통하여
천도가 사람을 마음대로 조종한 세월이었으며,
지도가 사람을 마음대로 조종한 세월이었으며,
신격화하는 인도가 사람을 마음대로 조종한 세월이었으며,
신격화하는 천도와 지도와 인도가
백성을 마음대로 조종한 긴긴 세월이었으며,
풍수지리 사상을 통하여
백성을 이롭게 하지 못하고
백성 위에 존재하기 위한 신도판 천, 지, 인 사상은

사라져야 할 것이며,
천도가 백성을 조종해선 안 될 것이며,
지도가 백성을 조종해선 안 될 것이며,
신격화하는 인도가 백성을 조종해선 안 될 것이며,
신도판 천, 지, 인 사상이란
백성 위에 존재하기 위한 권력과 권위이며,
신도판 도덕은 사라져야 할 것이며,
도덕이란 말과 행동이 도덕일 뿐이며,
풍수지리란 백성이 주체인 풍수지리가 만들어져야 할 것이며,
신도판을 위한 풍수지리 사상은 모조리 사라져야 할 것이며,
백성을 조종하기 위한 온갖 풍수지리 사상은
모조리 사라져야 할 것이며,

백성을 조종하기 위한 온갖 팔괘와 오행, 사주팔자, 동물띠판,
하나님, 하느님판, 옥황상제판, 천지신명판, 미륵판, 보살판, 부처판,
메시아, 진인, 해인, 천존, 지존, 칠성신, 천왕, 대왕, 용왕, 산신,
삼신, 조상신, 온갖 천도재, 제사판, 구천, 천당, 극락, 지옥, 용화,
천상계, 신명계, 윤회사상, 온갖 기도문, 염불경, 성경과 경전 등등을
이용하여 백성을 조종해선 안 될 것이며,
세상만사 모든 이치를 유리처럼 투명하게 밝혀
백성이 주체인 도덕시대가 만들어져야 할 것이며,
대한민국의 근본은 세상 사이에 존재하는 온갖 사상과 철학과
지리판과 행정을 통합하여 백성이 주체인 시대를
만들 수 있어야 하는 이치이며,
백성 위에 군림하기 위한 풍수지리판은 모조리 사라져야 할 것이며,

백성을 이롭게 하기 위한 새로운 지리판을 통하여 백성을 통합할 수 있어야 하는 이치가 대한민국의 근본이며,
대한민국의 근본은 세상 사이에 존재하는 온갖 사상을 통합하여 지구촌에 태양과 같은 대한민국을 만들어야 하는 이치이며,
이러한 이치 속에서 계룡산 태극 양을 활용하는 이치가 있으니

언젠가는 누군가가
지리의 통합을 통하여 만백성을 이롭게 하기 위한
새로운 풍수지리판이 만들어지기를
기대하면서…….

금수강산

금수강산 좋은 곳에 온갖 사상 가득하네
금수강산 좋은 곳에 온갖 철학 가득하네
금수강산 좋은 곳에 온갖 문화 가득하네
금수강산 좋은 곳에 온갖 수입산 종교 가득하네
금수강산 좋은 곳에 온갖 지리판 가득하네
금수강산 좋은 곳에 온갖 하느님판 가득하네
금수강산 좋은 곳에 온갖 미륵판 가득하네
금수강산 좋은 곳에 온갖 천지신명판 가득하네
금수강산 좋은 곳에 온갖 옥황상제판 가득하네
금수강산 좋은 곳에 온갖 부처판 가득하네

금수강산 좋은 곳에 온갖 보살판 가득하네
금수강산 좋은 곳에 온갖 수입산 정치 가득하네
금수강산 좋은 곳에 온갖 신도판 가득하네
금수강산 좋은 곳에 온갖 동물띠판 가득하네

금수강산 좋은 곳에 우리 사상 만들어보세
금수강산 좋은 곳에 우리 철학 만들어보세
금수강산 좋은 곳에 우리 지리판 만들어보세
금수강산 좋은 곳에 우리 정치 만들어보세

금수강산 좋은 곳에 천, 지, 인 사상 어떨런고
금수강산 좋은 곳에 천, 지, 인 철학 만들어보세
금수강산 좋은 곳에 천, 지, 인 문화 보배로다
금수강산 좋은 곳에 천, 지, 인 지리판이 태양이며,
금수강산 좋은 곳에 천, 지, 인판 행정으로
백성을 즐겁게 만들어야 보배로다
금수강산 좋은 곳에 봉황사상 어떨런고
금수강산 좋은 곳에 봉황철학 만들어보세
금수강산 좋은 곳에 봉황문화 보배로다
금수강산 좋은 곳에 봉황 지리판이 태양이며,
금수강산 좋은 곳에 봉황판 정치로
백성을 즐겁게 만들어야 보배로다
금수강산 좋은 곳에 태극기 사상 어떨런고
금수강산 좋은 곳에 태극기 철학 만들어보세
금수강산 좋은 곳에 태극기 문화 보배로다

금수강산 좋은 곳에 태극기 지리판이 태양이며,
금수강산 좋은 곳에 태극기판 행정으로
백성을 즐겁게 만들어야 보배로다
금수강산 좋은 곳에 양과 음 사상 어떨런고
금수강산 좋은 곳에 양과 음 철학 만들어보세
금수강산 좋은 곳에 양과 음의 문화 보배로다
금수강산 좋은 곳에 양과 음의 지리판이 태양이며,
금수강산 좋은 곳에 양과 음의 행정판으로
백성을 즐겁게 만들어야 보배로다
금수강산 좋은 곳에 태극과 무극사상 어떨런고
금수강산 좋은 곳에 태극과 무극철학 만들어보세
금수강산 좋은 곳에 태극과 무극문화 보배로다
금수강산 좋은 곳에 태극과 무극 지리판이 태양이며,
금수강산 좋은 곳에 태극과 무극의 행정판으로
백성을 즐겁게 만들어야 보배로다
금수강산 좋은 곳에 천, 지, 인 사상 어떨런고
금수강산 좋은 곳에 봉황철학 만들어보세
금수강산 좋은 곳에 태극기문화 보배로다

금수강산 좋은 곳에 태극과 무극의 지리판이 태양이며,
금수강산 좋은 곳에 양과 음의 행정판이
천, 지, 인 행정판이며,
봉황 행정판이며,
태극과 무극 행정판이며,
태극기 행정판이며,

세상만사 모든 이치
양이 없는 음이란 무용지물이며,
음이 없는 양이란 무용지물이며,
태극 없는 무극이란 무용지물이며,
무극 없는 태극이란 무용지물이며,
금수강산 좋은 곳에 신도판이 웬말이냐
금수강산 좋은 곳에 사람판 세상 만들어보세
계룡산 태극을 바르게 활용하는 이치가
이러한 이치 속에 있으니

언젠가는 누군가가
새로운 대한민국판을 만들어
혁신과 혁명을 통하여
계룡산 태극을 바르게 활용하기를
기대하면서…….

조상신

조상신의 근본은 신도판의 이치 속에서 만들어진 이치이며,
조상신을 이용하여 후손을 조종하는 모든 이치는
신도판의 원리와 이치이며,
조상신이 후손을 조종할 수 있도록 만들어 놓은 모든 이치 속에는
묘한 이치가 있으며,

천상계와 구천, 천당, 극락, 지옥 등등을 이용하는
신도판의 이치와 조상신을 이용한 온갖 천도재와 제사판과 명당 지리를
이용한 신도판 속에서 후손을 신통력으로 조종한 신도판의 이치이며,
하나님, 하느님, 천지신명, 옥황상제, 칠성신, 삼신, 용왕 등등을
이용하여 사람을 조종한 신도판의 이치와 같은 이치이며,
영혼판, 조상신을 이용하여 사람을 조종한
모든 이치 속에서 악이 만들어진 이치이며,
선이 만들어진 이치이며,
신도판 지리와 조상신을 이용하여 도적을 만들기도 하며,
신도판 명당 지리와 조상신을 이용하여
망하게도 하였으며 흥하게도 하였으며,
악과 선을 만들기도 하였으며,
세상 사이에 존재하는 악의 근본은 신도판이 만든 것이며,
선의 근본 또한 신도판이 만든 것이며,
사람은 신도판의 영역을 벗어나지 못하면
조상신을 주장할 것이며 천도재를 주장할 것이며,
각종 제사를 주장할 것이며 천당과 지옥, 구천을 주장할 것이며,
하느님을 주장할 것이며 천지신명을 주장할 것이며,
옥황상제를 주장할 것이며 삼신을 주장할 것이며,

신도판의 영역 속에서 신도판의 종과 노예처럼
영원히 살아가야 할 것이며,
사람이 죽어서도 신도판의 종과 노예이며,
사람이 살아서도 신도판의 종과 노예이며,
사람이 사람판을 찾지 못하면 조상신은 영원히 존재할 것이며,

조상신이 후손을 조종할 것이며,
사람이 사람판을 이룰 때 동물띠 동물판에서 벗어나
사람띠 사람판이 만들어질 수 있는 이치이며,
대한민국의 근본은 사람띠 사람판을 만들어야 하는 이치이며,

언젠가는 누군가가
새로운 대한민국판을 만들 수 있기를
기대하면서…….

천지 1

대한민국의 근본은 온갖 잡신판이 사라져야 하는 이치이며,
지구촌에 사람이 살아갈 수 있도록 만들어진 이치 속에
온갖 잡신판이 사람을 주도해온 긴긴 세월이었으며,
사람을 주도해온 온갖 신도는 모조리 잡신판이며,
잡신판의 신통력과 권력과 권위에 복종해온 긴긴 세월이었으며,
신도를 통하여 사람을 조종해온 모든 판은 모조리 잡신판이며,
하나님, 하느님을 빙자한 잡신판이며,
천지신명을 빙자한 잡신판이며,
온갖 상제를 빙자한 잡신판이며,
산신, 천신, 용왕, 대왕, 천왕, 천존주, 칠성신, 삼신, 영혼 등등
온갖 신도를 이용한 잡신판이며 온갖 부처를 빙자한 잡신판이며,

사람은 온갖 잡신판의 종과 노예가 되어선 안 되는 이치이며,
하나님이 있어 있는 것이 아니며,
하나님이 없어 없는 것이 아니며,
하느님이 있어 있는 것이 아니며,
하느님이 없어 없는 것이 아니며,
천지신명, 온갖 상제 등등이 있어 있는 것이 아니며,
천지신명, 온갖 상제 등등이 없어 없는 것이 아니며,
신도판과 사람과의 관계는 묘한 이치 속에 공존하는 이치이며,
신도가 사람을 헛터 잡아 온 긴긴 세월이었지만
사람이 신도를 헛터 잡아
사람이 주체인 시대를 만들 수 있어야 하는 것이
대한민국의 근본이며,

세상 사이에 존재해 온 온갖 잡신판이 사라지고
사람이 근본인 대한민국판이어야 할 것이며,
신도를 주장해온 온갖 잡신판이 사라져야 할 것이며,
하느님을 주장해선 안 될 것이며,
천지신명을 주장해선 안 될 것이며,
온갖 상제를 주장해선 안 될 것이며,
미륵을 주장해선 안 될 것이며,
부처를 주장해선 안 될 것이며,
신도판 정도령을 주장해선 안 될 것이며,
신명계, 천상계를 주장해선 안 될 것이며,
극락, 천당, 지옥을 주장해선 안 될 것이며,
신도판 예와 도덕을 주장해선 안 될 것이며,

잡신판이 사라지고
사람이 주체인 사람판 대한민국 천지를
만들 수 있기를
기대하면서…….

천지 2

대한민국의 근본은 천지판 사상이며,
세상 사이에 존재하는 온갖 사상과 철학은
대한민국판 사상과 철학으로 통합하지 못하였으며,
세상 사이에 존재하는 온갖 사상과 철학은
백성을 이롭게 하지 못하고 즐겁게 하지 못하였으며,
몇천 년 수백 년 내려온 온갖 수입산 사상은
대한민국판 사상이 될 수 없는 이치이며,
몇천 년 수백 년 내려온 온갖 종교판 사상 또한
대한민국판 사상으로 통합하지 못하였으며,
수입산 종교판 사상 또한 대한민국판
사상이 될 수 없는 이치이며,

대한민국은 신도판 사상을 버리지 못하면
지구촌에 태양과 같은 민족이 될 수 없을 것이며,
민심이 천심을 조종하여
대한민국판 천지사상으로 통합해야 할 것이며,

백성을 마음대로 조종해온 온갖 신도판 사상이 사라질 때
대한민국판 천지사상이 만들어질 수 있으며,
신도판이 주체인 모든 권력과 권위가 사라지고
백성이 주체인 천지가 만들어져야 하는 이치이며,
백성이 천지이며,
혁신과 혁명을 통하여 백성이 주체인
천, 지, 인판 사상이 만들어질 때
대한민국은 태양과 같은 민족이 될 수 있으며,
세상 사이에 존재하는 온갖 사상을 통합하여
대한민국판 천지사상이 만들어져야 할 것이며,
사상을 통합해야 만백성을 이롭게 하고
백성을 즐겁게 할 수 있는 이치이며,

언젠가는 누군가가
천지판 사상으로 통합을 이루어
새로운 시대와 문화가 만들어지기를
기대하면서…….

천지 3

백성을 이롭게 해야 할 행정의 모든 구조와 판을
천지판 행정구조로 통합해야 할 것이며,
전국 도의 경계를 폐지하고 천지, 양과 음의 행정구조로

통합해야 할 것이며,
대한민국 행정구조의 근본은
천지판 천, 지, 인판 행정구조이며,
천지는 만물의 근본이며,
수입산 행정구조를 바르게 조종하여
천지판 행정구조로 통합하는 이치 속에
봉황판 행정구조가 만들어지는 이치이며,
대한민국판 행정의 근본을 찾아야 하는 이치이며,

대한민국판 행정의 근본은
천지 가운데 사람이 있으며,
천지 가운데 백성이 있으며,
천지 속에 만물이 있으며,
천지는 양과 음이며 봉과 황이니
봉황판 행정구조가 대한민국판 행정구조의 근본이며,
봉이 청룡이며 황이 백호이니
청룡과 백호를 이루는 행정구조이며,
청군과 백군을 이루는 행정구조이며,
봉과 황을 이루는 행정구조이며,
천, 지, 인이 봉황과 청룡과 백호를 이루니
천, 지, 인판 행정구조이며,
천, 지, 인판 행정구조가 대한민국판 행정구조의 근본이며,
천, 지, 인을 이용한 행정구조로서 백성을 이롭게 해야 할 것이며,
백성을 즐겁게 할 수 있어야 할 것이며,

정치, 경제, 문화 등등
모든 이치와 판을 유리처럼 모조리
바르게 밝혀 투명한 세상을 만들어야 할 것이며,
상품의 생산원가를 비롯하여
모든 예산의 흐름과 집행과정을 유리처럼 투명하게 밝혀
백성을 이롭게 하고
백성을 즐겁게 할 수 있어야 할 것이며,
권력과 권위가 사라지고
백성을 이롭게 하고 즐겁게 할 수 있어야 할 것이며,
신도판의 모든 이치를 유리처럼 투명하게 밝혀
만백성을 봉황판으로 통합하는 이치 속에
천, 지, 인판 행정구조가 만들어질 수 있는 이치이며,

언젠가는 누군가가
천, 지, 인판 행정구조로서
백성을 즐겁게 할 수 있기를
기대하면서…….

천지 4

대한민국의 근본은 천지판 지리를 만들어야 할 것이며,
대한민국의 근본은 천, 지, 인판 지리를 만들어야 할 것이며,
대한민국의 근본은 천지판 지리의 이치로 통합해야 할 것이며,

대한민국의 근본은 천, 지, 인판 지리의 이치로 통합해야 할 것이며,
대립과 분열과 동, 서, 남, 북으로 이루어진
지리의 모든 판을 폐지하고
천지판 천, 지, 인판의 지리의 이치로 통합해야 할 것이며,

천지는 태극과 무극이며, 양과 음이며, 봉과 황이며,
청룡과 백호이며,
천지의 주인은 백성이며, 태극과 무극의 주인은 백성이며,
봉과 황의 주인은 백성이며, 청룡과 백호의 주인은 백성이며,
이러한 이치 속에서 계룡산 태극을 활용해야 하는 이치이며,
천지판 지리의 이치로 통합하여
백성을 이롭게 할 수 있어야 할 것이며,
천, 지, 인판 지리의 이치로 통합하여
백성을 이롭게 할 수 있어야 할 것이며,
지리 통합을 통하여 백성을 이롭게 하고
백성을 즐겁게 할 수 있어야 할 것이며,

태극이 계룡산이며,
양이 계룡산이며,
천이 계룡산이며,
청룡이 계룡산이며,
봉이 계룡산이며,
무극이 황매산이며,
음이 황매산이며,
지가 황매산이며,

백호가 황매산이며,
황이 황매산이며,

태극지리와 무극지리의 이치가
계룡산 지리와 황매산 지리의 이치이며,
백두산 지리와 한라산 지리의 이치이며,
천의 지리와 지의 지리의 이치이며,
양의 지리와 음의 지리의 이치이며,
봉의 지리와 황의 지리의 이치이며,
청룡지리와 백호지리의 이치이며,
천, 지, 인 지리의 판이란
금강산과 계룡산과 황매산 지리의 이치이며,
봉황과 청룡과 백호의 지리이며,
천, 지, 인의 지리이며,
천, 지, 인 지리의 이치로 통합할 때
통일이 이루어질 수 있는 이치이며,
금강산이 봉황판 천이 될 수 있으며,
계룡산이 청룡판 지가 될 수 있으며,
황매산이 백호판 인이 될 수 있으며,
봉황과 청룡과 백호지리를 이용하여
백성을 이롭게 하고 백성을 즐겁게 할 수 있어야 할 것이며,
대한민국 지리의 근본은 신도판 지리의 모든 이치가 사라지고
사람판 지리의 이치가 근본이며,
신도판 풍수지리가 사라지고
만백성을 이롭게 할 수 있는 사람이 주체인 지리판이

대한민국의 근본이며,

언젠가는 누군가가
천지판 지리통합을 통하여
대한민국의 새로운 문화가 만들어지기를
기대하면서…….

천지 5

대한민국의 모든 판을 천지판으로 통합해야 할 것이며,
천지는 양과 음이며
양과 음을 갖춘 것은 봉과 황이며,
천지는 봉황판이며,
누군가는 대한민국의 모든 사상과 철학과 문화를
천지 봉황판으로 만들어야 할 것이며,
천지는 봉황판이며,
봉황판이 천지이며,
양과 음이 건곤이며,
건곤을 갖춘 것은 봉과 황이며,

봉황판의 근본은
양은 양이며, 음은 음이며, 건은 건이며, 곤은 곤이며,
태극은 태극이며, 무극은 무극이며, 사람은 사람일 뿐이며,

천지는 천지일 뿐이며, 봉은 양일 뿐이며, 황은 음일 뿐이며,
사람이 살아가는 지구촌은 사람판 천지를 만들어야 할 것이며,
사람판 천지는 사람판 봉황이며, 사람판 천지는 사람판 건곤이며,

사람판 건곤이란
성인이 부모가 될 수 없으며,
부처가 부모가 될 수 없으며,
메시아가 부모가 될 수 없으며,
구세주가 부모가 될 수 없으며,
하느님이 부모가 될 수 없으며,
미륵이 부모가 될 수 없으며,

사람판 천지란
사람이 신이 되어선 안 되는 이치이며,
사람이 영혼이 되어선 안 되는 이치이며,
사람이 신격화되어선 안 되는 이치이며,
사람은 죽어서 이름만 남길 뿐이며,
신과 영혼을 남겨서는 안 되는 이치이며,
신도판의 이치로 사람을 죽이거나 망하거나 흥하게 해서는
안 되는 이치이며,
명당 지리의 이치로 사람을 조종해선 안 되는 이치이며,
이러한 이치 속에서 사람판 천지의 근본이 있는 것이며,
대한민국의 근본은 사람판 천지를 만들어야 할 것이며,
동물의 탈을 쓴 신도판 천지가 아니며,
동물의 탈을 쓴 신도판 오행이 아니며,

동물의 탈을 쓴 신도판 사주팔자가 아니며,
동물의 탈을 쓴 동물띠판이 아니며,
대한민국의 근본은 신도판 하나님, 하느님이 아니며,
대한민국의 근본은 신도판 각종 부처가 아니며,
대한민국의 근본은 신도판 온갖 미륵이 아니며,
대한민국의 근본은 신도판 각종 옥황상제가 아니며,
대한민국의 근본은 천당과 극락과 지옥판이 아니며,
대한민국의 근본은 온갖 종교판이 아니며,
대한민국의 근본은 신격화하는 온갖 성인판이 아니며,

언젠가는 누군가가
사람이 주체인 대한민국판이 만들어지기를
기대하면서…….

천지 6

태양의 능력으로 지구촌에 생명체가
존재할 수 있는 이치 속에서
창조자의 능력은 신도의 능력이며,
신통력의 능력이며,
이 지구촌에 생명체가 존재할 수 있도록
만들어 놓은 능력이며,
태양의 능력은 사람을 만들어 놓은 능력이며,

태양의 능력은 태양신과 같은 능력이며,
태양의 이치 속에 태양신의 이치가 있는 것이며,
태양신의 신통력 속에 사람의 이치가 있는 것이며,
태양신의 능력으로 천지를 만들어 놓은 이치이며,
태양신의 능력으로 온갖 신도판 성인과
신도판 종교가 만들어져 긴긴 세월을 지나온 이치이며,
태양신의 능력으로 천주교, 불교, 기독교, 옥황상제를 이용한
온갖 종교, 유교, 기타 온갖 메시아, 구세주 등등
신도판 세상이 만들어져
온갖 성경, 경전과 예와 도덕 속에서 살아가고 있는 이치이며,
태양신의 능력 속에 천지가 있으며,
태양신의 능력으로
온갖 신도판의 대립과 분열 속에서 살아가고 있으며,
태양신의 능력으로 온갖 나라의 판으로
대립과 분열 속에서 살아가고 있으며,
태양신의 능력으로 대립과 분열 속에서 살아가고 있으며,
태양신의 능력으로 온갖 동물판 동물띠의 이치 속에서
대립과 분열 속에서 살아가고 있으며,
태양신의 능력으로 온갖 사주팔자판의 이치 속에서
대립과 분열 속에서 살아가고 있으며,
사람은 신도를 이용하여 신도판 세상을 만들면 안 되는 이치이며,
사람은 신도판 천지 속에서 긴긴 세월을 살아온 이치이며,
사람은 신도를 이용하여 내가 최고가 되어선 안 되는 이치이며,
사람은 신도를 이용하여 내가 신격화되어선 안 되는 이치이며,
사람은 신도를 이용하여 신도판 성인이 되어선 안 되는 이치이며,

사람은 신도를 이용하여
신도판 구세주가 되어선 안 되는 이치이며,
사람은 신도를 이용하여 예와 도덕을 주장하면 안 되는 이치이며,
사람은 태양신을 바르게 조종하여
사람이 백성이 주체인 천지를 만들어야 하는 이치이며,
사람이 주체인 천지를 만드는 이치 속에
계룡산 태극을 활용해야 하는 이치이며,

언젠가는 누군가가
계룡산 태극을 바르게 활용하여
사람이 주체인 천지가 만들어지기를
기대하면서…….

천지 7

천지등급이란 동물띠판이 아닌 사람띠판이며,
천지등급이란 사람이 주체인 판이며,
천지등급이란 도덕이 주체인 판이며,
천지등급이란 양과 음이 주체인 판이며,
천지등급이란 신도판 등급이 아니며,
천지등급이란 하나님, 하느님판 등급이 아니며,
천지등급이란 옥황상제판 등급이 아니며,
천지등급이란 천존, 지존판 등급이 아니며,

천지등급이란 정도령판 등급이 아니며,
천지등급이란 성인이 최고인 판 등급이 아니며,
천지등급이란 백성이 최고인 판 등급이며,
천지등급이란 천상계, 영혼판 등급이 아니며,
천지등급이란 각종 제사판 등급이 아니며,
천지등급이란 극락, 천당, 지옥판 등급이 아니며,
천지등급이란 명당 발복판이 아니며,
천지등급이란 각종 미륵, 부처 등등이 최고인 판이 아니며,
천지등급이란 신통력이 최고인 판이 아니며,
천지등급이란 백성이 천지이며,
천지등급이란 백성이 건곤이며,
천지 가운데 백성이 있으며,
백성이 있는 가운데 천지가 있으며,
천지등급이란 사람판 세상이며,
신격화하는 온갖 지리와 행정과 사상과 철학이 사라지고
사람, 백성이 주체인 사람판 세상이 만들어질 때
바른 천지가 만들어지는 이치이며,
태극과 무극이란 양과 음으로서
계룡산 태극을 바르게 활용해야 하는 이치이며,
계룡산 양을 바르게 활용해야 하는 이치이며,
천지의 이치 속에 계룡산 천을 바르게 활용하여
백성을 이롭게 하고
백성을 즐겁게 할 수 있어야 하는 이치이며,
천지 가운데 양과 음이 있으며,
천지 가운데 태극과 무극이 있으며,

천지 가운데 봉과 황이 있으며,
천지 가운데 청룡과 백호가 있으며,
천지 가운데 도와 덕이 있으며,
천지 가운데 사람이 있으니
사람이 천지를 바르게 조종하여
새로운 천, 지, 인판으로
세상을 이롭게 할 수 있어야 할 것이며,

언젠가는 누군가가
바른 천지의 이치로
새로운 천, 지, 인판이 만들어지기를
기대하면서…….

천지 8

천지 속에 양이 있으며,
천지 속에 음이 있으며,
천지 속에 하늘이 있으며,
천지 속에 땅이 있으며,
천지 속에 태극이 있으며,
천지 속에 무극이 있으며,
천지 속에 봉이 있으며,
천지 속에 황이 있으며,

천지 속에 봉황이 있으며,
천지 속에 청룡이 있으며,
천지 속에 백호가 있으며,
천지 속에 사람이 있으며,
천지 속에 만물이 있으며,
천지 속에 생명체가 있으며,
천지 속에 천, 지, 인이 있으며,
대한민국은 분열된 온갖 지리와 행정과 사상과 철학을
대한민국판 천지의 이치로 통합하여
대한민국판 새로운 문화로 화합하고
통합을 이루어 미래시대의 태양으로
새로운 시대를 만들어야 할 것이며,
신격화하는 권력과 권위가 모두 사라지고
사람이 주체인 시대 국민이 주체인 시대를 만드는 이치 속에
계룡산 태극지리를 활용하는 이치가 있는 것이며,

언젠가는 누군가가
사람이 주체인 봉황판 시대가 만들어지기를
기대하면서…….

천지 9

바른 천지는 어딜 가고

권력과 권위만 가득한고
바른 천지는 어딜 가고
신격화하는 권력과 권위만 가득한고
바른 천지는 어딜 가고
하나님, 하느님이 최고인가
바른 천지는 어딜 가고
각종 미륵, 부처가 최고인가
바른 천지는 어딜 가고
각종 옥황상제판이 최고인가
바른 천지는 어딜 가고
신도판 태극이 최고인가
신도판 무극이 최고인가
바른 천지는 어딜 가고
신도판 하늘이 최고인가
신도판 땅이 최고인가
신도판 사람이 최고인가
바른 천지는 어딜 가고
천당이 최고인가
극락이 최고인가
바른 천지는 어딜 가고
신도판 정도령이 최고인가
바른 천지는 어딜 가고
백성 위에 존재하려는
온갖 성인이 최고인가
바른 천지는 어딜 가고

수입산 온갖 사상이 최고인가
바른 천지는 어딜 가고
온갖 교주가 최고인가
바른 천지는 어딜 가고
온갖 종교가 최고인가
바른 천지란
백성 위에 존재하려는
온갖 지리와 행정과 사상과 철학이
사라져야 할 것이며,

언젠가는 누군가가
백성 위에 존재하지 않고 백성을 이롭게 하는
지리와 행정과 사상과 철학으로
통합을 이루어 만백성을 이롭게 하기를
기대하면서…….

천지 10

긴긴 세월 속에 천지의 이치 속에서 살아온 세월은
신도의 이치 속에서 살아온 세월이었으며,
신도 앞장 천지이며,
신도 앞장 도덕이며,
신도 앞장 용이며,

신도 앞장 봉황이며,
신도 앞장 청룡이며,
신도 앞장 백호이며,
신도 앞장 천, 지, 인이며,
신도 앞장 풍수지리이며,
신도 앞장 명당 발복이며,
신도 앞장 천당, 극락, 지옥이며,
신도 앞장 성인이며,
신도 앞장 미륵이며, 부처이며,
신도 앞장 하나님이며, 하느님이며,
신도 앞장 옥황상제이며,
신도 앞장 용화세상이며,
신도 앞장 지리형국이며,
신도 앞장 온갖 종교판이며, 치성, 제사판이며,
신도 앞장 성경, 경전판이며, 예언서이며,
신도 앞장 진언, 염불, 기도판이며,
신도 앞장 메시아, 정도령판이며,
신도 앞장 오행, 사주팔자판이며,
신도 앞장 동물띠판이며,
신도 앞장 신통력판이며,

사람은 천지가 만든 신도판의 종과 노예처럼
살아온 긴긴 세월이었으며,
사람은 욕심을 버리지 못할 때
신도판의 종과 노예가 되는 이치이며,

내가 성인이 되고 내가 메시아가 되고
내가 신격화되고 하는 이치이며,
내가 미륵이 되는 이치이며,
세상만사 모든 이치는 묘한 이치 속에서 살고 있으며,
온갖 성인판이 신격화되는 운행원리를 바르게 파악해야 할 것이며,
신도판 천지의 운행원리를 바르게 파악해야 할 것이며,
신도판과 사람판과의 관계를 바르게 파악해야 할 것이며,
신도판이 사람판을 이기면 신도판 세상이 되는 이치이며,
사람판이 신도판을 이기면 사람판 세상을 만들 수도 있을 것이며,
사람이 주체인 사람판 세상을 만드는 이치 속에
계룡산 태극의 이치가 있을 것이며,
신도판 계룡산 태극의 이치와 사람판 계룡산 태극지리판과는
완전히 다른 이치이며,
사람이 주체인 계룡산 태극지리판을 활용할 수 있을 때
신도판 천지가 아닌 사람판 천지가 만들어질 수 있는 이치이며,
사람판 새로운 천지를 만드는 이치 속에
계룡산 태극지리를 활용할 수 있어야 할 것이며,
사람이 살아가는 근본은 양과 음의 이치 속에서 살고 있으며,
새로운 천지를 만드는 근본이 양과 음의 이치 속에 있으며,
태극이 양이며 무극이 음이니 계룡산 태극을 양의 이치로
활용해야 하는 이치이며,
양과 음이 천지의 관계이며,
태극과 무극을 천지의 이치로 활용하여
계룡산 태극을 천지의 이치로 지리형국을 맞추어야 할 것이며,
천지란 봉과 황의 관계이며, 양과 음의 관계이니

천지란 봉황이며,
천지란 양과 음이며,
천지란 태극과 무극이며,
천지란 모든 만물이며 생명체이며,
만백성이 천지이며,

계룡산 태극을 활용하여 만백성을 이롭게 하는
새로운 천지판을 만들어야 할 것이며,
새로운 천지란 태극기판의 지리와 행정과 사상과 철학으로
통합하는 이치 속에 있으며,
태극기판의 지리형국 속에
계룡산 태극지리가 있는 것이며,
태극이 건이며 무극이 곤이니
태극기판 속의 건곤 속에 계룡산 태극지리가 있는 것이며,
사람판 봉황과 청룡과 백호판의 이치 속에
계룡산 태극지리가 있는 것이며,
계룡산 태극지리의 근본은
봉황과 청룡과 백호판의 이치 속에 있는 것이며,
새로운 천지를 만드는 근본이 이러한 이치 속에 있으며,

새로운 천지란
태극과 무극의 주인은 만백성이며,
건곤의 주인은 만백성이며,
천지의 주인은 만백성이며,
양과 음의 주인은 만백성이며,

봉황의 주인은 만백성이며,
계룡산 태극지리의 주인은 성인도 아니며,
미륵도 부처도 아니며,
진인, 해인, 메시아도 아니며,
하나님, 하느님도 아니며,
정도령도 아니며 옥황상제도 아니며,
만백성이 무극지리와 태극지리의 주인이니

언젠가는 이러한 이치로
계룡산 태극을 활용하기를
기대하면서…….

계룡산 태극지리의 활용

계룡산 태극을 통하여 만들어진
온갖 사상과 철학과 지리의 이치를 통하여
존재하는 수많은 조직과 단체와 종단과 온갖 비결서와
예언서 등등을 통하여 계룡산 태극의 존재를 논하는 가운데
계룡산 태극지리를 활용할 수 있어야 하는 이치이며,
계룡산 태극을 둘러싸고 만들어진 온갖 지리의 판과 사상을 바르게
활용할 수 있어야만 하는 이치이며,
계룡산 신도안에 전국에서 몰려든 수많은 종단과 사상과 철학은
모두가 내가 최고가 되기 위한 욕심으로 가득찬 신통력판이며,

신도안 지리의 판 역시 신도판 지리의 이치이며,
계룡산 신도안의 모든 사상과 철학과 지리는
신도 신통력판의 이치 속에서 만들어진 원리이며,
계룡산 신도안을 주장하는 주장자는
모두가 신의 판 사상과 철학과 지리의 이치이며,
8백년 도읍지설 어디에 천년 도읍지설 등등
지리를 만들어온 온갖 형국과 발복판은
신도판의 이치 속에서 조종한 이치이며,
지리의 형국을 논하는 이치 속에는
묘한 이치와 원리가 존재할 수도 있을 것이며,
태극이 만들어진 이치와 원리 속에도
묘한 이치와 원리가 존재할 수도 있을 것이며,
계룡산 태극이 만들어진 이치와 원리 속에도
묘한 이치와 원리가 존재하는 이치이며,
태극의 근본이 양이며,
양의 근본이 음이며,
음의 근본이 무극이며,
계룡산 태극 양을 논하기 위해서는
무극 음의 운행원리를 논할 수 있어야 하는 이치이며,
태극과 무극이란 남자와 여자의 관계이며,
세상 사이에 존재하는 계룡산 태극 양만을 주장하는 주장자는
무극 음이 없는 무용지물이며,
무극 음만을 주장하는 주장자는
태극 양이 없는 무용지물이며,
계룡산 신도안 8백년 도읍지설 등등은 무극 음이 없는 무용지물이며,

산태극과 수태극이 양과 음이 될 수 없는 이치이며,
산태극도 양일 뿐이며,
수태극도 양일 뿐이며,
산이든 물이든 태극은 양일 뿐이며,
계룡산은 산과 물이 태극 양일 뿐이며,
계룡산 태극지리의 활용에 따라 대한민국의 운명이 있는 것이며,
계룡산 태극지리를 활용하여 지구촌에 존재하는
온갖 사상과 철학을 통합할 수 있어야만 하는 이치이며,
무극지리를 활용해야만 계룡산 태극지리를
바르게 활용할 수 있는 이치이며,
무극 없는 태극이란 무용지물이며,
태극 없는 무극이란 무용지물이며,
계룡산 태극지리를 활용하는 이치 속에
행정을 바르게 조종할 수 있는 이치이며,
태극은 태극이요
무극은 무극이며,
태극 속에 무극이 있으며, 무극 속에 태극이 있으며,
태극과 무극을 주장하는 주장자는
신도판과 사람판을 구별할 수 있어야만 하며,
태극이 있는 가운데 무극이 있으며,
무극이 있는 가운데 태극이 있으며,
대한민국의 금계는 닭도 아니며 꿩도 아니며 봉황이며,
대한민국의 근본은 소, 돼지 잡아 바치는 온갖 상제판도 아니며,
천지신명판도 아니며,
천존주판도 아니며 하나님 하느님판도 아니며,

온갖 부처와 온갖 미륵판도 아니며,
대한민국의 근본은 태극과 무극판이며,
대한민국의 근본은 양과 음의 판이며,
모든 만물과 생명체의 근본이 양과 음이며,
계룡산 태극 양의 주인은 수행을 이룬 스승도 아니며,
수행을 이룬 도인도 아니며 미륵도 아니며
부처도 아니며 메시아도 아니며,
태극을 주장하는 종단도 아니며,
무극을 주장하는 종단도 아니며,
태극과 무극을 주장하는 종단도 아니며,
태극 양의 주인과 주체는 만백성이며,
무극 음의 주인과 주체는 만백성이며,
태극과 무극의 주인과 주체는 만백성이며,
계룡산 태극 양을 바르게 활용하여
백성이 주체인 세상을 만들어야만 하는 이치이며,
계룡산 태극 양을 바르게 활용하여
대한민국의 지리을 통합할 수 있어야만 하며,
계룡산 태극 양을 바르게 활용하여 수입산 사상이 아닌
대한민국판 사상으로 통합할 수 있어야만 하며,
계룡산 태극 양을 바르게 활용하여
대한민국판 행정구조로 통합할 수 있어야 하며,
계룡산 태극 양의 지리를 바르게 활용하는 근본은
봉황판의 지리와 행정과 사상과 철학 속에 있는 이치이며,

언젠가는 누군가가

봉황판을 활용하여 계룡산 태극 양의 이치로
국민 통합을 이루어
새로운 문화가 이루어지길
기대하면서…….

선천과 후천

사람이 살아가는 이치는 양과 음의 이치 속에서 세월의 연속이며,
긴긴 세월의 연속으로 진화와 문명의 발전으로 과학과 함께
온갖 사상과 철학의 이치 속에서 긴긴 세월을 지나온 이치이며,
선천과 후천을 구분하여 주장하는 사상은
수행이나 신도를 통하여 선천과 후천사상을 주장하는 이치이며,
신도판이 아니면 선천과 후천을 구분할 수 없는 이치이며,
선천시대 따로 후천시대 따로 구분하여 주장하는 주장자는
수행을 통하거나 도를 닦거나 접신을 통하지 않고는
선천과 후천사상이 나올 수 없는 이치이며,
접신을 통해야만 선천과 후천을 주장할 수 있는 이치이며,
접신을 통한 선천과 후천사상은 신도판 사상이며,
사람판 사상이 아니며,
새로운 세상이 만들어지고 새로운 시대가 온다 하여도
사람은 세월의 연속일 뿐이며,
접신을 통하여 만들어진 모든 사상은 신도판 사상일 뿐이며,
접신을 통하여 만들어진 천상계와 지옥, 극락, 천당과 윤회사상 등등

모두가 신도판 사상이며, 접신을 통해야만 교주가 되고 신통력을 사용하여 종교가 만들어지는 이치이며,
선천과 후천을 주장하는 주장자는 접신을 통한 신도판 사상이며,
선천과 후천을 주장하는 주장자는
신도판의 운행원리를 유리처럼 투명하게 밝혀야 할 것이며,
선천과 후천을 주장하는 주장자는
선천시대 따로 후천시대 따로 구분하여
세상을 바꿀 수 있는지를 증명하여
유리처럼 투명하게 밝혀야 할 것이며,
사람판 세상은 선천과 후천을 구분할 필요가 없는 이치이며,
선천과 후천을 구분할 수도 있으며,
구분할 수는 있지만 구분할 필요가 없는 이치이며,
선천시대 주장자는 말뿐인 선천이며,
후천시대 주장자는 말뿐인 후천이며,
선천과 후천을 구분할 수 있는 사람은
선천과 후천을 주장하지 않을 것이며,
사람에게 선천과 후천은 필요 없는 이치이며,
선천과 후천사상은 신도판 사상이며,
사람은 신도판과 사람판을 구분할 수 있어야 할 것이며,
명산에 올라가 기도하고 젯상 차리고 기도하고 염불하고 하는
모든 이치는 신도판의 영역이며,
신도판의 영역을 벗어날 수 있는 사람만이
사람띠가 될 수 있는 이치이며,
신도판이란 온갖 등급에 따라 만들어진 온갖 잡신판이며,
태양신이 온갖 잡신판을 만들어 사람을 조종한 이치이며,

신도를 만든 신도가 태양신이며,
신도를 만든 우두머리가 태양신이며,
우두머리 태양신이 온갖 잡신판을 만들어
세상을 바르지 못하게 동물판에 맞추어 사람을 조종한 형국이며,
태양신이 양과 음이며 양과 음이 봉과 황이니 봉황신
이 온갖 잡신판을 만들어 사람을 동물판에 맞추어 조종한 형국이며,
봉황신이 온갖 신도를 통하여 온갖 종교판을 만들어
온갖 사상으로 사람을 헛터 잡아온 형국이며,
사람이 욕설을 하는 모든 이치는 신도판의 이치이며,
사람띠 사람판은 욕설을 할 수 없는 이치이며,
온갖 잡신판을 이용하여 선천과 후천사상을 주장하는 주장자는
신도판의 운행원리 속에서 만들어진 이치이며,
세상은 봉황신 이 온갖 잡신판을 이용하여
분열과 분쟁 속에서 살아가고 있는 형국이며,
봉황신 이 온갖 잡신판을 이용하지 않고 바른 세상을 만들었다면
분열과 분쟁은 사라졌을 것이며,
바른 세상이 만들어졌을 것이며,
권력과 권위가 사라지고 온갖 교주와 하나님, 하느님,
온갖 부처와 온갖 미륵과 온갖 성인과 성현이 주체가 아니라
사람 백성이 주체인 세상이 만들어졌을 것이며,
사람이 신도판의 종과 노예처럼 변하지 않을 것이며,
사람 문명이 발전을 하면 봉황신 신도판 세상도 발전하고
진도가 나가야 하는 이치이며,
현 시대에 봉황신 잡신판이 변해야 되는 이치이며,
현 시대에 맞게 봉황신 잡신판이 신격화하는 모든 이치를 버리고

사람이 주체인 사람띠 세상이 만들어져야 하는 이치이며,
선천과 후천사상은 동물판 동물띠 신도판 신의 판 사상이며,
수행을 통한 선천과 후천사상 또한
사람의 생각 속에 신의 판 생각이며,
신의 판 생각을 헛터 잡을 수 있어야만
선천과 후천사상을 헛터 잡을 수 있는 이치이며,
사람에게는 선천과 후천을 또는 모든 사상을 이야기할 수 있지만
선천과 후천을 주장할 필요가 없는 이치이며,
말세와 종말 대겁 병겁 겁운판 지옥 천당 극락을
사람 눈앞에 증명하지 못하면 모두 사라져야 하는 이치이며,
천상계와 윤회사상 또한 사람 눈앞에 증명하지 못하면
모두 사라져야 하는 이치이며,
용화세상, 선천과 후천 등등 모든 사상은
사람 눈앞에 증명하지 못하면 모두 사라져야 하는 이치이며,
하나님, 하느님을 사람 눈앞에 증명하지 못하면
모두 사라져야 하는 이치이며,
온갖 부처, 온갖 미륵 등등 사람 눈앞에 증명하지 못하면
모두 사라져야 하는 이치이며,
온갖 옥황상제, 천지신명 등등 온갖 신도판은
사람 눈앞에 증명하지 못하면 모두 사라져야 하는 이치이며,
긴긴 세월 동안 만들어온 신도판 온갖 사상과 지리와 철학은 사라지고
사람이 주체인 사람판 세상이 만들어져야 하는 이치이며,

언젠가는 누군가가
이러한 이치로 사람판 세상이

만들어지기를 기대하면서…….

천상계와 윤회사상

모든 만물과 생명체는 태곳적부터 양과 음의 이치 속에서
존재하는 가운데 사람 또한 창조자의 능력으로
온갖 이치와 사상 속에서 긴긴 세월을 지나온 이치이며,
천상계가 있다는 것도 사람 입을 통하여 나온 이치이며,
윤회한다는 사상도 사람 입을 통하여 나온 이치이며,
사람 입을 통하지 않고는
천상계와 윤회사상이 나올 수 없는 이치이며,
사람의 생각 속에 천상계와 윤회사상을 만들어
사람 입을 통하여 천상계와 윤회사상을 이야기하는 이치이며,
사람의 생각을 조종할 수 있는 능력은
신의 판 능력이며 신도판 능력이며,
사람의 생각과 환상을 통하여 용을 만들고
사신, 봉황을 만들 수 있는 능력 등등 모두가 신도의 능력이며,
사람은 긴긴 세월 동안 신도의 능력 속에서
신도판 세상을 살아온 이치이며,
신도판의 능력으로 천상계를 만들고 윤회사상을 만들어
사람을 조종하여 온 이치이며,
천상계와 윤회사상을 주장하는 주장자는
신도판의 능력에서 벗어나지 못한 형국이며,

천상계와 윤회사상을 주장하는 주장자는
사람판 세상을 만들 수 없는 형국이며,
천상계와 윤회사상을 주장하는 주장자는
사람이 주체인 세상을 만들 수 없는 형국이며,
천상계와 윤회사상을 주장하는 주장자는
말뿐인 인본주의이며,
천상계와 윤회사상을 주장하는 주장자는
신도판의 종과 노예이며,
천상계와 윤회사상을 주장하는 주장자는
신도판 도덕이며 사람판 도덕이 아니며,
천상계와 윤회사상을 주장하는 주장자는
신도판 인본주의이며 사람판 인본주의가 아니며,

세상만사 모든 이치는 사람이 욕심으로 가득차
신도판의 종과 노예가 되는 이치이며,
사람이 욕심을 버릴 때
천상계도 필요 없으며 윤회사상도 필요 없는 이치이며,
사람이 욕심을 버릴 때
신격화하는 모든 이치가 필요 없는 이치이며,
사람이 욕심을 버릴 때
용도 필요 없으며 봉황도 필요 없는 이치이며,
사람이 욕심을 버릴 때
용과 봉황을 헛터 잡을 수 있는 이치이며,

언젠가는 누군가가

이러한 이치로
사람판 인본주의가 만들어지기를
기대하면서…….

유리 같은 투명한 세상

사람이 살아가는 모든 이치 속에 있는 모든 판을
유리처럼 투명하게 밝혀야 할 것이며,
정치 사회 경제 문화 등등 만백성이 모조리 알 수 있도록
유리처럼 투명하게 밝혀야 할 것이며,
행정의 모든 예산의 흐름과 집행과정을 만백성이 알 수 있도록
모조리 바르게 밝혀야 할 것이며,
유리 같은 투명한 세상이 아니면
바른 세상은 만들어질 수 없을 것이며,
면, 시군, 중앙행정 등등 모든 예산의 흐름과 집행과정을
백성이 알 수 있도록 밝힐 수 있어야만
바른 세상이 만들어질 수 있는 이치이며,
경제 또한 모든 자산의 흐름과 집행과정을 모조리 바르게 밝혀
기업주만 배불리고 노동자 근로자는 고생만 하고 일만 하는
일꾼인 세상을 기업주만 배불리는 일이 없도록
모든 자산의 흐름과 집행과정을 모조리 바르게 밝혀야 할 것이며,
지분에 따라 발생하는 모든 이익금은
노동자 근로자가 있기에 가능한 일이며,

세상은 욕심을 버리지 못하는 사람만이 동물띠 속에서
신도판의 영역 속에서 살아갈 것이며,
기업주의 권력과 권위가 사라지고
모든 자산의 흐름과 집행과정을 모조리 바르게 밝혀
노동자 근로자가 주체인 기업이 만들어져야 할 것이며,
정치의 권력과 권위가 사라지고
만백성이 주체인 시대를 만들어야 하는 이치이며,
경제 또한 사기업 공기업 할 것 없이
모든 예산의 흐름을 모조리 바르게 유리처럼 밝혀
노동자 근로자가 주체인 세상을 만들어야 할 것이며,
기업주는 노동자 근로자가 있기에 존재할 수 있는 이치이며,
만백성이 있기에 국가가 존재할 수 있는 이치이며,
권력과 권위 속에 욕심을 버리지 못하는 지도자는
동물띠 동물판의 영역 속에서 살아갈 것이며,
신도판의 종과 노예처럼 살아갈 것이며,
지옥을 주장하는 온갖 집단은 사람 앞에 지옥판을 증명하여
유리처럼 투명하게 밝혀야 할 것이며,
천당과 극락을 주장하는 온갖 집단은 사람 앞에
천당과 극락판을 증명하여
유리처럼 투명하게 밝혀야 할 것이며,
하나님 하느님을 주장하는 온갖 판은
사람 앞에 하나님 하느님을 증명하여
유리처럼 투명하게 밝혀야 할 것이며,
옥황상제, 천지신명, 칠성신, 천존, 천왕, 대왕, 용왕 등등
온갖 신도판을 주장하는 집단은 옥황상제, 천지신명 등등등을 증명하여

유리처럼 투명하게 밝혀야 할 것이며,
제사, 고사, 천도재, 산신제 등등등 온갖 제사판을 주장하는 집단은
사람 앞에 제물을 먹고 가는지를 먹고 갈 수 있는지를
사람 앞에 증명하여 유리처럼 투명하게 밝혀야 할 것이며,
온갖 미륵, 부처, 보살판을 주장하는 판은 사람 앞에
미륵, 부처 등등을 증명하여 유리처럼 투명하게 밝혀야 할 것이며,
수백 년, 수천 년 내려온 온갖 사상과 철학과 문화를 주장하는 집단은
이 시대에 어떻게 왜 필요한지 증명하여
유리처럼 투명하게 밝혀야 할 것이며,
신통력을 사용할 수 있고 신통력을 사용한 온갖 집단은
이 시대에 신통력이 왜 필요한지를 증명하여
유리처럼 투명하게 밝혀야 할 것이며,
명당 지리 발복판을 주장하는 온갖 집단은
사람 앞에 이 시대에 명당 지리 발복판이 왜 필요한지를 증명하여
유리처럼 투명하게 밝혀야 할 것이며,
신도 설교, 신도판을 주장하는 온갖 집단은
사람 앞에 이 시대에 신도판이 왜 필요한지를 증명하여
유리처럼 투명하게 밝혀야 할 것이며,
수천 년 내려온 기독교, 불교, 도교, 유교 등등
기성종교 또는 신흥종교 등등을 주장하는 판은
사람 앞에 이 시대에 왜 필요한지를 증명하여
유리처럼 투명하게 밝혀야 할 것이며,
세상 사이에 존재하는 온갖 지리와 사상과 철학과 문화는
만백성을 통합하지 못하였으며,
하나님 하느님이 주체인 세상은

사람은 하나님 하느님의 종과 노예이며,
온갖 미륵, 부처가 주체인 세상은
사람은 부처, 미륵의 종과 노예이며,
온갖 교주, 메시아, 성인, 성현이 주체인 세상은
사람은 교주, 메시아, 성인, 성현의 종과 노예이며,
온갖 권력과 권위가 주체인 세상은
백성은 권력과 권위의 종과 노예이며,
말세론 종말론 병겁 대겁 개벽 등등을 주장하는 집단은
사람 앞에 대겁, 종말과 말세를 증명하여
유리처럼 투명하게 밝혀야 할 것이며,
선천과 후천을 주장하는 집단은
선천시대 따로 후천시대 따로 구분하여
유리처럼 투명하게 밝혀야 할 것이며
새로운 지리와 행정과 사상과 철학으로 만백성을 통합하여
새로운 세상을 만들지 못한 사람과 집단은
선천시대와 후천시대를 왜 구분하는지를
증명할 수 있어야 할 것이며,
말뿐인 선천과 후천시대 구분은 무용지물이며,
말뿐인 새로운 세상은 무용지물이며,
새로운 세상을 만들지 못한 말뿐인 사람과 집단은
선천시대 따로 후천시대 따로는 무용지물이며,
말뿐인 도와 덕은 무용지물이며,
말뿐인 선천과 후천은 무용지물이며,
말뿐인 세상이 아닌 유리처럼 투명하게 모든 이치를
바르게 밝힐 수 있어야만

바른 세상이 만들어질 수 있는 이치이며,
언젠가는 누군가가
모든 이치를 바르게 밝혀 말뿐인 세상이 아닌
유리처럼 투명한 세상이 만들어지기를
기대하면서…….

한라산 백록

백두산 천지의 근본 속에 한라산 백록이 있는 것이며,
한라산 백록의 근본 속에 백두산 천지가 있는 것이며,
천지가 양이며 백록이 음이며,
백록이 양이며 천지가 음이며,
천지가 태극이며 백록이 무극이며,
백록이 태극이며 천지가 무극이며,
천지가 봉이며 백록이 황이며,
백록이 봉이며 천지가 황이며,
천지 가운데 백록이 있으며,
백록 가운데 천지가 있으며,
태극 가운데 무극이 있으며,
무극 가운데 태극이 있으며,
양의 이치 속에 음이 있으며,
음의 이치 속에 양이 있으며,
세상만사 모든 만물과 생명체는

양 아닌 것이 없으며,
음 아닌 것이 없으며,
태극 아닌 것이 없으며,
무극 아닌 것이 없으며,
모든 생명체의 주인은 양과 음이며,
모든 만물과 생명체의 주인은 태극과 무극이며,
모든 만물과 생명체의 근본은 봉과 황이며,
한라산 백록 속에
양과 음의 이치가 있으며,
태극과 무극의 이치가 있으며,
봉과 황의 이치가 있으며,
천과 지의 이치가 있으며,
태극과 무극은 양과 음으로서
태극의 주인 아닌 것이 없으며,
무극의 주인 아닌 것이 없으며,
백두산 태극과 한라산 무극의 주인은
모든 만물과 생명체이며,
만백성이 태극과 무극의 주인이며,
대한민국의 근본은 태극과 무극의 이치로 통합하여
만백성을 이롭게 할 수 있어야 하는 이치이며,
태극이 주체가 될 수 없으며,
무극이 주체가 될 수 없으며,
봉만 가지고서 이루어질 수 없으며,
황만 가지고서 이루어질 수 없으며,
이러한 이치 속에서

계룡산 태극만 가지고서 주체가 될 수 없으며,
계룡산 태극만 가지고서 이루어질 수 없는 이치이며,
태극 속에 무극이 있으며, 무극 속에 태극이 있으니
태극과 무극을 이루지 못하는
모든 지리와 행정과 사상과 철학은
무용지물인 이치이며,
태극과 무극 양과 음 봉과 황으로서
모든 지리와 행정과 사상과 철학으로
통합하는 이치 속에 있는 것이며,
태극 양 봉의 주인은 만백성이며,
무극 음 황의 주인은 만백성이며,
계룡산 태극 양을 바르게 활용하여
만백성을 이롭게 할 수 있어야 하는 이치이며,
황매산 무극 음을 바르게 활용하여
만백성을 이롭게 할 수 있어야 하는 이치이며,
백두산 태극을 바르게 활용하여
만백성을 통합할 수 있어야 하는 이치이며,
한라산 무극을 바르게 활용하여
만백성을 통합할 수 있어야 하는 이치이며,
이러한 이치 속에서 복지의 근본이 있는 것이며,
대한민국의 근본은 지구촌을 이롭게 할
새로운 지리와 행정과 사상과 철학으로 통합하여
지구촌을 이롭게 할 수 있어야 할 것이며,
세상 사이에 존재하는 온갖 문화를
양과 음의 문화로 통합할 수 있어야 할 것이며,

태극과 무극의 문화로 통합할 수 있어야 하며,
봉과 황의 문화로 통합하여
지구촌을 이롭게 할 수 있어야 할 것이며,
태극기의 근본 속에 통합할 수 있는
모든 지리와 행정과 사상과 철학이 있으며,

언젠가는 누군가가
한라산 백록을 바르게 활용할 수 있기를
기대하면서…….

백두산 천지

통일을 향한 새로운 천지판이 만들어져야 하는 이치일 것이며,
분단과 분쟁을 종식시키고 통합할 수 있는
새로운 천지판이 만들어져 만백성을 이롭게 할 수 있어야 할 것이며,
사람이 살아가는 데 이로움을 주는 모든 이치와
사람이 살아가는 데 이로움을 주지 못하는
모든 이치를 바르게 파악하여
새로운 천지판을 만들 수 있어야 할 것이며,
천지란 하늘과 땅 양과 음 태양과 같은 이치이며,
대한민국은 통합을 통하여 태양과 같은 나라를 만들어
만백성을 이롭게 할 수 있어야 할 것이며,
세상 사이에 존재하는 온갖 문화와 사상과 철학과

수많은 기성종교와 신흥종교를 통합할 수 있는
새로운 백두산 천지판이 만들어져야만
분단과 분쟁을 종식시키고 통일을 이룰 수 있을 것이며,
세상만사 모든 이치를 통합할 수 있는 근본은
양과 음 천지판의 이치이며,
양과 음의 모든 이치 속에서
모든 만물과 생명체가 존재를 할 수 있기에
양과 음을 바르게 활용하여 태양과 같은 나라를 만드는 근본 속에
계룡산 태극 양을 활용해야 하는 이치이며,
천지판의 근본은 양과 음의 지리와 행정과 사상과 철학으로
통합할 수 있어야 하는 이치 속에
계룡산 태극 양을 활용하는 이치이며,
계룡산 태극 양을 바르게 활용하는 이치 속에
백두산 천지판의 이치가 있는 것이며,
사람이 살아가는 데 이로움을 주는 모든 이치는
세상 사이에 모두 다 나와 있는 이치이며,
사람이 살아가는 데 이로움을 주지 못하는 모든 이치 또한
세상 사이에 모두 다 나와 있는 이치이며,
도와 덕으로서 바르게 분별할 수 있어야만
새로운 백두산 천지판이 만들어질 수 있는 이치이며,
천지가 온갖 판을 총동원하여 분단과 분쟁과 분열로서
온갖 지리와 사상과 철학으로서 온갖 기성종교와
온갖 신흥종교로서 하나님 하느님 온갖 상제 천지신명
온갖 미륵 교주 부처 메시아 성인 성현 등등을 통하여
온갖 예와 도덕 성경 경전 예언서 기도문 염불경 등등을 통하였지만

백두산 천지의 등급에 도달하지 못한 형국이며,
천지는 봉황등급이며 온갖 판은 봉황등급에 도달하지 못한 형국이며,
봉황등급에 도달해야만 양과 음의 지리를 활용하여
내가 최고가 아니라 만백성이 최고인 세상을 만들 수 있는 이치이며,
신격화하는 모든 이치가 사라지고
만백성이 최고인 시대가 만들어질 때 통일은 이루어질 수 있는 이치이며,
천지의 함정 속에는 묘한 이치가 있는 것이며,
천지의 함정 속에서 벗어날 수 있는 모든 이치는
봉황등급에 도달하여 양과 음의 이치로
통합할 수 있어야 하는 이치이며,
사람은 천지를 선악분별할 수 있어야 가능하며,
봉황을 선악분별할 수 있어야 가능하며,
천지의 종과 노예가 되어선 안 되는 이치이며,
봉황의 종과 노예가 되어선 안 되는 이치이며,
하늘판의 종과 노예가 되어선 안 되는 이치이며,
땅판의 종과 노예가 되어선 안 되는 이치이며,
사람판의 종과 노예가 되어선 안 되는 이치이며,
이러한 이치가 백두산 천지판의 이치이며,
백두산 천지판의 근본은 백성이 주체인 세상이며,
백성이 최고인 세상이며,
이러한 이치 속에서 통일이 이루어질 수 있는 이치이며,
최고의 권력과 권위를 가지고 있는 집단과 조직은
백성이 주체인 백성이 최고인 사상과 철학으로 통합해야 할 것이며,
이러한 이치 속에서 내가 최고가 되기 위한 모든 욕심은 사라지고
만백성이 최고인 세상이 만들어지는 이치이며,

계룡산 태극 양을 활용하는 근본은 도덕정치이며,
봉황을 헛터 잡는 봉황정치이며,
언젠가는 이러한 이치로 누군가가
백두산 천지판을 만들 수 있기를
기대하면서…….

제4장 통합의 시대로

문화와 사상과 철학의 통합

태곳적부터 사람은 온갖 문화와 사상과 철학 속에서
살아가고 있는 이치이며,
계속 반복하여 이야기할 수밖에 없는 이치이며,
문화와 사상과 철학을 주도한 근본은 신도판이며,
신도판의 온갖 문화와 사상과 철학 속에서
살아가고 있는 형국이며,
신도판의 운행원리를 바르게 파악할 수 있어야 할 것이며,
세상 사이에 존재하는 온갖 신도판을 하나하나 헛터 잡아
진도가 나갈 수 있어야 하는 이치이며,
하나님, 하느님 등급을 사람이 헛터 잡지 못하면
하나님, 하느님 등급의 종과 노예처럼 살아가야 하는 이치이며,
천지신명 등급을 사람이 헛터 잡지 못하면
천지신명 등급의 종과 노예처럼 살아가야 하는 이치이며,
온갖 상제 등급을 사람이 헛터 잡지 못하면
온갖 상제 등급의 종과 노예처럼 살아가야 하는 이치이며,
세상 사이에 존재하는 온갖 천존주 칠성신 삼신 산신
용왕 천왕 대왕 등등의 등급을 사람이 헛터 잡지 못하면
온갖 신의 종과 노예처럼 살아가야 하는 이치이며,

긴긴 세월 동안 문화와 사상과 철학을 주도한 것은
신도판 문화와 사상과 철학이었으며,
사람은 신도판을 하나하나 헛터 잡지 못하면

영원히 동물띠의 영역에서 벗어나지 못하고
사람띠가 될 수 없을 것이며,
신도판을 만든 신도는 태양신이며,
하나님 하느님 등급을 만든 신도는 태양신이며,
천지신명 등급을 만든 신도는 태양신이며,
온갖 상제 등급을 만든 신도는 태양신이며,
사람 영혼을 만든 신도는 태양신이며,
사람 영혼을 만들면 영혼이 있는 이치이고
사람 영혼을 만들지 않으면 없는 이치이며,
태양신이 사람 영혼이 있는 것처럼
가식적으로 만들어 놓은 이치이며,
태양신이 온갖 신을 이용하여
가식적으로 제사판을 만들어 놓은 이치이며,
사람은 태양의 능력 속에서 살아가고 있는 이치이며,

사람은 세상 사이에 존재하는 온갖 신도판을 헛터 잡지 못하면
태양신의 등급에 도달하지 못하는 이치이며,
태양신의 근본은 양과 음의 이치 속에 있는 것이며,
모든 만물과 생명체는 양과 음의 이치 속에서
존재하는 이치이며,
태양신의 근본은 양과 음이며,
양과 음은 봉과 황이란 이치이며,
태양신의 근본은 봉황신이며,
봉황신 의 근본은 태양신이며,
신도판을 만든 신도는 봉황신이며,

신도판 최고의 등급은 봉황신이며,
봉황신 이 온갖 신도판을 만들어 신도를 운행한 이치이며,
사람은 긴긴 세월 동안 봉황신의 종과 노예처럼 살아온 이치이며,

이러한 이치 속에서
사람은 봉황신을 헛터 잡을 수 있어야만
신도판이 주체인 세상이 아니라
사람판이 주체인 세상을 만들 수 있는 이치이며,
봉황신을 헛터 잡지 못하면
사람 봉황판은 만들어질 수 없는 이치이며,
대한민국 문화와 사상과 철학의 근본은 봉황이며,
대한민국은 봉황판 등급의 문화와 사상과 철학으로
통합할 수 있어야 하는 이치이며,
봉황판 등급이 아니면 세상 사이에 존재하는
온갖 신도판을 통합할 수 없을 것이며,
온갖 문화와 사상과 철학을 통합할 수 없을 것이며,
문화와 사상과 철학을 통합하는 이치 속에
계룡산 태극 양을 활용해야 하는 이치이며,
계룡산 태극 양이 만들어진 근본은 봉황이며,
황매산 무극 음이 만들어진 근본은 봉황이며,
세상 사이에 존재하는 온갖 문화와 사상과 철학을
통합할 수 있는 근본은
양과 음, 태극과 무극의 이치 속에 있는 것이며,

대한민국은 세상 사이에 존재하는 온갖 문화와 사상과 철학을

양과 음의 이치로 통합하여 태양과 같은 나라가 봉황체의 나라이며,
봉황체의 나라로 통합할 때 세계 속의 대한민국은
태양과 같은 나라가 만들어져
봉황판 예와 도덕으로서 지구촌의 주인이 될 수 있을 것이며,
이러한 이치 속에서 계룡산 태극 양을 활용하여
태양과 같은 봉황체의 나라가 만들어져야 할 것이며,
신도판으로 만들어 놓은 천당, 극락, 지옥판이 사라질 것이며,
신도판으로 만들어 놓은 온갖 제사판을 바르게 조종해야 할 것이며,
신도판으로 만들어 놓은 동물띠가 사라질 것이며,
신격화하는 모든 이치는 사라질 것이며,
도덕이 주체인 세상
사람이 주체인 세상
도와 덕이 바르지 못한 사람은
사람띠가 될 수 없는 이치와도 같으며,

언젠가는 누군가가
온갖 문화와 사상과 철학을
봉황판 문화와 사상과 철학으로 통합하여
혁신과 혁명을 통하여 계룡산 태극 양을 활용할 수 있기를
기대하면서…….

지리통합

태곳적부터 지리의 분할로 인하여
분쟁과 대립과 분열 속에서 살아온 형국이며,
지리를 보는 모든 사상과 철학은
신도판의 이치 속에서 나온 이치이며,
풍수지리의 원리와 원칙과 명당 발복의 원리와 원칙은
신도판의 주체 속에서 만들어온 이치이며,
지리를 만든 근본이 신도의 능력이며,
지리형국의 근본이 신도의 능력이며,
세상을 만든 창조자의 능력으로 지리형국이 만들어져
지리판에 맞추어 살아가고 있는 이치이며,

사방위와 12지간 60갑자 오행 양택 음택 수맥 등등의
모든 이치는 신도판의 이치이며,
수맥봉이 움직이는 모든 능력은
신도의 능력으로 움직이는 이치이며,
지리판을 만든 창조자의 능력은 무한대의 능력이며,
신도판의 모든 지리판과 사상과 철학 속에서 살아온 이치이며,
창조자의 신통력과 능력은 무한대의 능력이며,
이 지구촌을 만든 능력과 금강산을 만든 능력과 계룡산
태극지리를 만든 능력 백두산 천지를 만든 능력과 한라산 백록을
만든 능력 등등 창조자가 지리를 만든 신통력과 능력은
무한대의 이치이며,

사람에게 신이 붙어 사람의 생각까지 조종할 수 있는 능력이며,
사람과 청조자와의 연결판은 신도판이며,
창조자가 사람을 통하여 신도판을 운영하는
원리와 원칙 속에는 분명 등급이 있으며,
무속신앙 등급 옥황상제 등급 천지신명 등급
온갖 천존주 칠성판 등급 하나님 하느님 등급 세상 사이에
존재하는 신도판 온갖 이치 속에는 등급이 있으며,
지리를 보는 이치 또한 마찬가지이며,
지리를 보는 능력 속에는 등급이 있으며,
상제판 금계는 닭이란 이치와 같은 것이며,
상제판 지리형국의 금계는 닭을 벗어나지 못하는 등급이며,
천지신명판 금계는 꿩에 비유할 수도 있으며,

지리형국을 만들어가는 형국 속에는
등급에 따라 지리형국을 만들어 운행을 한 이치와도 같으며,
대한민국의 현재는 옥황상제판 등급의 지리형국이며,
옥황상제가 발생하는 운행원리를
바르게 파악할 수 있어야 할 것이며,
옥황상제는 발생할 때마다 각기 다른 옥황상제가 발생하는 이치이며,
옥황상제판은 소라도 잡아 바치든지
아니면 돼지라도 잡아 바쳐야 하는 이치이며,
남북과 경상도 전라도 충청도 경기도 강원도 등등의 지리형국은
옥황상제 등급의 지리형국이며,
분열된 대한민국의 지리형국을 바르게 파악할 수 있어야 할 것이며,

지리 속에도 등급이 있는 이치를
바르게 파악할 수 있어야 할 것이며,
봉황판 지리형국과 옥황상제판 지리형국과는 완전히 다른 이치이며,
옥황상제판 계룡산 태극지리 형국과
봉황판 계룡산 태극지리 형국과는 완전히 다른 이치이며,
대한민국의 지리형국은 천지신명판이 아닌 천지판 지리형국이며,
대한민국의 지리등급은 천지신명 등급이 아닌
천지등급의 지리형국이며,

천지등급의 금계는 봉황이며,
창조자가 대한민국의 모든 이치 속에 모두 다 내놓은 이치이지만
사람의 도덕이 욕심으로 가득차 도덕 앞장 내가 최고가 되려고
하는 이치 속에서는 봉황판의 등급이 만들어지지 못하는 이치이며,
대한민국의 지리형국을 통합할 수 있는 등급은
천지등급의 봉황판 지리형국이며,
지리를 통합하는 이치 속에 봉황판이 만들어지는 이치이며,
봉황판의 지리형국을 통하여 만백성을 이롭게 하고
국민화합을 이루어야 할 것이며,
봉황판의 지리형국은 창조자가 다 만들어 놓은
태극기판 지리형국이며,
태극기판 지리형국이 아니면 국민화합은 이루어질 수 없을 것이며,

태극기판 지리형국은
천지 양과 음 태극과 무극 봉과 황
봉황 청룡 백호, 천지인 지리형국의 이치로 통합하여

만백성을 이롭게 할 수 있어야 할 것이며,
지리통합을 통하여 새로운 사상과 철학으로 통합해야 할 것이며,
지리통합을 통하여 도덕을 만든 신(성인)이 주체가 아니라
도덕이 주체인 세상이 만들어져야 할 것이며,
지리통합을 통하여 창조자가 주체인 세상이 아닌
사람이 주체인 세상을 만들어야 할 것이며,
지리통합을 통하여 만백성을 이롭게 할
도읍지판이 만들어져야 할 것이며,
지리통합을 통하여 새로운 사상과 철학으로
도덕이 주체인 사람판 세상을 만들어

만백성을 이롭게 할 도읍지판의 이치로
계룡산 태극지리를 활용할 수 있기를
기대하면서…….

행정통합

긴긴 세월 동안 남북과 동서로 분열된 행정 속에서
살아온 형국이며,
남북으로 분열된 행정 속에서
국민의 마음까지 분열 속에서 살아가는 형국이며,
동서로 분열된 행정 속에서
백성의 마음까지 분열 속에서 살아가는 형국이며,

경상남북, 전라남북, 충청남북, 경상도 전라도 경기도
강원도 충청도 등의 형국 속에서
남북과 동서간 도와 도 사이 간과 국민의 마음은
통합되지 못하고 대립과 분열 속에서
긴긴 세월을 살아온 행정과 정치형국이며,

대한민국의 지리형국을 바르게 파악할 수 있어야
행정을 통합할 수 있을 것이며,
세상 사이에 존재하는 풍수지리가 만들어진 운행원리를
바르게 파악할 수 있어야만 행정을 통합할 수 있을 것이며,
만백성을 이롭게 할 수 있는 지리형국이 필요할 때이며,
세상 사이에 존재하는 풍수지리란
내가 최고가 되기 위한 풍수지리판이며,
백성을 이롭게 하는 풍수지리판과 백성 위에 존재하기 위한
풍수지리판의 운행원리를 바르게 파악할 수 있어야 할 것이며,
풍수지리판을 바르게 파악할 수 있어야만
남북과 동서간 도와 도간의 행정을 통합할 수 있는 이치이며,

대한민국의 근본은 천지이며,
천지는 양과 음이며,
양과 음은 봉과 황이며,
봉과 황은 태극과 무극이며,
모든 만물의 근본은 양과 음이며,
모든 생명체의 근본은 양과 음이며,
사람이 살아가는 근본은 양과 음의 이치 속에 있으며,

대한민국 지리의 근본 또한 양과 음의 이치 속에 있으며,
대한민국의 사상과 철학 또한 양과 음의 이치 속에 있으며,
대한민국의 행정 또한 양과 음의 이치로 통합해야 하는 이치이며,
양 속에 음이 있으며, 음 속에 양이 있으며,
양이 주체가 될 수 없으며,
음이 주체가 될 수 없으며,

태극만 가지고서 주체가 될 수 없으며,
무극만 가지고서 주체가 될 수 없으며,
계룡산 태극만 가지고서 주체가 될 수 없는 이치이며,
행정을 통합하는 근본은 양과 음의 이치 속에 있는 것이며,
행정을 통합하는 근본은 천지의 이치 속에 있는 것이며,
행정을 통합하는 근본은 태극지리와 무극지리의 이치 속에 있는 것이며,
행정을 통합하는 근본은 봉과 황의 이치 속에 있는 것이며,
봉이 청룡이며 황이 백호이니
행정을 통합하는 근본은 봉황, 청룡, 백호의 이치 속에 있는 것이며,

봉황, 청룡, 백호가 천, 지, 인이니
행정을 통합하는 근본은 천, 지, 인의 이치 속에 있는 것이며,
이러한 모든 이치는 태극기판 행정구조이며,
전국 도의 경계를 모조리 폐지하고
태극기판의 행정구조로 통합해야 할 것이며,

행정을 통합하는 이치 속에 만백성이 화합하는 이치가 있는 것이며,
행정을 통합하는 이치 속에 대립과 분열이 사라질 것이며,

행정을 통합하는 이치 속에 새로운 지리판이 만들어져야 할 것이며,
행정을 통합하는 이치 속에 새로운 사상과 철학이 탄생하는 이치이며,
행정을 통합하는 이치 속에 태극기판 행정구조가 탄생하는 이치이며,
행정을 통합하는 이치 속에 종교통합이 이루어질 것이며,
행정을 통합하는 이치 속에
천지, 양과 음 태극과 무극, 봉과 황, 봉황 청룡 백호,
천지인판 행정구조로 통합하여
만백성을 이롭게 할 수 있어야 할 것이며,
행정을 통합하는 이치 속에
세상 사이에 존재하는 온갖 사상과 철학을
통합할 수 있어야 하는 이치이며,
행정을 통합하는 이치 속에
모든 예산의 흐름과 집행과정을 모조리 바르게 밝혀
유리처럼 투명한 세상을 만들어야 할 것이며,
대한민국의 근본은 태극기판 행정구조이며,
대한민국의 근본은 태극기판 지리형국이며,
대한민국의 근본은 태극기판 사상과 철학이며,
대한민국의 근본은 세상 사이에 존재하는
지리와 행정과 사상과 철학을 통합하여
만백성을 이롭게 해야 할 것이며,

언젠가는 누군가가
통합을 통하여 만백성을 이롭게 할 수 있기를
기대하면서…….

종교 통합

수입산 온갖 종교사상 속에서 살아온 긴긴 세월 속에서
만백성을 통합할 수 있는 문화가 만들어지지 못하고
각기 다른 온갖 종교사상으로 인하여 만백성이 분열 속에서
긴긴 세월을 살아가고 있는 형국이며,
기독교, 유불선 할 것 없이 수입산 온갖 종교사상은
대한민국판 사상과 철학으로 만백성을 통합할 수 있는 문화를
만들지 못하였으며,
세상 사이에 존재하는 온갖 하나님, 하느님, 유불선을 합친
옥황상제, 도교 옥황상제, 수많은 온갖 상제판이든
온갖 성인, 성현, 교주, 메시아, 진인, 해인, 정도령판이든
온갖 천존주판이든 신도를 통하여 만들어진
온갖 사상과 철학은 대한민국판 문화로
통합하지 못하였으며,

신통력을 통하여 만들어진 온갖 사상과 철학은
대한민국판 문화로 통합할 수 없을 것이며,
세상 사이에 존재하는 수입산 온갖 종교판은
대한민국판 민족종교로 통합하지 못하고
긴긴 세월을 살아온 형국이며,
분열된 종교문화 속에서는 만백성은 분열 속에서 살아가는 형국이며,
수입산 온갖 종교문화와 사상과 철학은
대한민국판 문화로 통합하지 못하고

백성이 최고가 아니라 내가 최고라는 이치 속에서
하나님, 하느님이 최고
각종 옥황상제가 최고
성인, 성현, 교주, 부처가 최고
메시아, 진인, 해인, 정도령이 최고
각종 미륵이 최고 등등의 이치 속에서
살아온 긴긴 세월이었으며,

사람은 내가 최고라고 하는 최고 앞에
치성상, 제사상 차려 놓고 빌고, 절하고, 기도하고, 염불하고
신통력을 부리는 최고 앞에 복종하는 형국이며,
온갖 종말론, 말세론, 겁운판 등등으로
복종하게 만드는 형국 속에서 살아온 이치이며,
내가 최고라고 하는 이치 속에서는
대한민국판 문화가 될 수 없는 이치이며,
백성 위에 존재하기 위한 온갖 사상과 철학과 문화는
대한민국판 문화가 될 수 없는 이치이며,

이러한 이치 속에서 종교를 통합할 수 있는
새로운 사상과 철학으로 새로운 문화가 만들어져
분열된 백성을 통합할 수 있어야 할 것이며,
세상 사이에 있는 온갖 종교판을
통합할 수 있는 근본은 봉황판일 것이며,
봉황판의 운행원리를 온갖 종교판은
바르게 파악할 수 있어야 할 것이며,

종교를 통합하는 이치 속에 만백성을 통합할 수 있는
새로운 문화가 탄생할 것이며,
종교를 통합하는 이치 속에 온갖 종교판은 사라질 것이며,
종교를 통합하는 이치 속에 새로운 사상과 철학이 탄생할 것이며,
종교를 통합하는 이치 속에 온갖 치성, 제사판이 사라질 것이며,
종교를 통합하는 이치 속에서 말세, 종말론, 겁운판이 사라질 것이며,
종교를 통합하는 이치 속에서
온갖 미륵, 부처, 메시아, 성인, 성현, 교주가 사라질 것이며,
종교를 통합하는 이치 속에서
신격화하는 신이 사라지고 사람이 주체인 세상이 만들어질 것이며,
종교를 통합해야만 온갖 지리와 행정과 사상과 철학을
통합할 수 있는 이치이며,
종교를 통합해야만 새로운 천, 지, 인판이 만들어지는 이치이며,
종교를 통합해야만 새로운 도읍지판이 만들어지는 이치이며,
종교를 통합해야만 올바른 계룡산 태극을 활용할 수 있을 것이며,
종교를 통합해야만 올바른 무극을 활용할 수 있을 것이며,
종교를 통합해야만 올바른 태극과 무극를 활용할 수 있는 이치이며,
종교를 통합해야만 올바른 봉황판을 만들 수 있을 것이며,
종교를 통합하는 근본이 봉황이니

언젠가는 누군가가
봉황을 활용하여
종교가 통합되기를
기대하면서…….

제사판

사람은 태곳적부터 음식 차려 제를 지내는
모든 이치는 신도판의 이치이며,
하늘에 제를 지내고 빌고 절하고 기도하고 염불하고
땅에 제를 지내고 빌고 절하고 기도하고 염불하고
물에 가서 제를 지내고 빌고 절하고 기도하고 염불하고
신격화하는 온갖 신과 영혼 등등에 제를 지내고 빌고 기도하고
절하고 염불하고 소, 돼지 잡아 바치고 하는 모든 이치는
신도판이 사람판을 조종하기 위한 이치이며,
온갖 신통력을 통하여 신도판이 사람판을 조종하기 위한 이치이며,
하늘과 땅과 신격화하는 사람 앞에 제를 지내는 근본은
신도판의 이치이며,
천심이 민심을 헛터 잡기 위한 것이며,

신도를 통하여 만들어진 세상 사이에 존재하는
온갖 종교판과 제사판과 사상과 철학은
천심이 민심을 헛터 잡기 위한 것이며,
민심이 천심에 복종하는 형국이며,
세상 사이에 존재하는 온갖 제사판과
천도재, 기우제, 산신제 등등 모든 이치는
만백성을 이롭게 하는 것이 아니라
만백성을 조종하기 위한 이치이며,
동물띠의 모든 이치 또한 만백성을 이롭게 하는 것이 아니라

만백성을 조종하기 위한 이치이며,
사주팔자 또한 만백성을 이롭게 하는 것이 아니라
만백성을 조종하기 위한 이치이며,
오행, 주역, 정역, 풍수지리 등등은
만백성을 이롭게 하는 것이 아니라
만백성을 조종하기 위함이며,
세상 사이에 존재하는 온갖 종교판 역시
만백성을 이롭게 하는 것이 아니라
만백성을 분열하고 조종하기 위한 신도판의 이치이며,

신도판이 제사판을 통하여 사람을 조종하는 운행원리를
바르게 파악할 수 있어야 할 것이며,
신도판이 천당, 지옥, 극락 등등을 통하여
사람을 조종하는 운행원리를 바르게 파악할 수 있어야 할 것이며,
신도판이 계룡산 몇백 년 도읍지설을 통하여
사람을 조종하는 운행원리를 바르게 파악할 수 있어야 할 것이며,
세상 사이에 존재하는 온갖 종교판은
신도판을 위한 온갖 성경, 경전, 예와 도덕, 제사판과
진언, 기도, 염불경 등등은 사라지고
사람을 이롭게 하는 만백성을 이롭게 하는
온갖 글과 예와 도덕만이 필요할 뿐이며,

세상 사이에 존재하는 온갖 종교판은
만백성을 이롭게 하는 글과 예와 도덕만이 필요할 뿐이며,
신도판을 이롭게 하는 글과 예와 도덕을 구분할 수 있어야 할 것이며,

만백성을 이롭게 하는 온갖 글과 예와 도덕만이 필요할 뿐이며,
하나님, 하느님을 위한 글과 예와 도덕은 사라져야 할 것이며,
온갖 미륵, 부처, 성인 등등을 이롭게 하는
글과 예와 도덕은 사라져야 할 것이며,
신도판을 통하여 분열된 모든 이치를
사람판의 글과 예와 도덕으로 통합해야 할 것이며,

이러한 이치 속에서 제사판이 만들어진 운행원리를 바르게 파악하여
신도판이 아닌 사람판의 예와 도덕으로
바르게 조종할 수 있어야 할 것이며,
신도판이 먹고 가지도 못하면서 제사음식을 먹는 것처럼
가식적으로 만들어 놓은
모든 이치를 사람판의 이치로 바르게 조종해야 할 것이며,
신통력을 통하여 제사음식을 먹는 것처럼 가식적으로 만들어 놓은
모든 이치를 바르게 조종해야 할 것이며,
신도가 주체인 세상이 아니라
사람이 주체인 세상을 만드는 것이 봉황판의 근본이며,
신도판 봉황을 헛터 잡을 수 있어야
사람판 봉황을 만들 수 있는 이치이며,
신도를 만든 신도가 봉황이며,

언젠가는 누군가가
가식적인 제사판을
바르게 조종할 수 있기를
기대하면서…….

정당정치

권력과 권위를 위한 정치는 사라져야 할 것이며,
수입산 정치구조가 아니라
대한민국판 정치구조가 만들어져야 할 것이며,
정치의 근본은 만백성을 이롭게 하는 데 있을 것이며,
대한민국판 정치구조를 만들기 위한 근본은 태극기판 정치구조이며,
권력과 권위를 위한 정치 속에서는
만백성이 권력과 권위를 위해 살아갈 것이며,
부정부패의 정치 속에서는 만백성이 부정부패 속에서
살아가는 형국이며,
당파싸움 속의 정치형태 속에서는
만백성이 당파싸움 속에서 살아가는 형국이며,
수입산 정당정치의 구조를 모조리 바르게 조종해야 할 것이며,
태극기판 정치구조의 형태로 모조리 바르게 조종해야 할 것이며,

붉은 것이 봉황이며 양이며 태극이며 봉이며,
푸른 것이 청룡이며 음이며 무극이며 황이며,
흰 것이 백호이며 백성이며 태극과 무극이며 봉황이며,
태극 속에 무극이 있으며 무극 속에 태극이 있으며,
봉황 속에 청룡이 있으며 청룡 속에 봉황이 있으며,
백호 속에 봉황이 있으며 봉황 속에 백호가 있으며,
청룡 속에 백호가 있으며 백호 속에 청룡이 있으며,

대한민국판 정치구조의 형태란 봉황판 정치이며,
정당정치의 구조를 모조리 바르게 조종하여
봉황판 정치구조의 형태로 바르게 조종해야 할 것이며,
이러한 이치 속에서 계룡산 태극판을 활용하는 이치이며,
계룡산 태극판이란 청룡판에 해당하는 형국이며,
태극 속에 무극이 있으니
청룡 속에 백호가 있으며 봉황이 있으며,
봉황 속에 청룡이 있으며 백호가 있으며,
백호 속에 봉황이 있으며 청룡이 있으며,

봉황, 청룡, 백호판의 정치구조의 형태가
태극기판 정치구조의 형국이며,
대한민국의 모든 지리와 행정과 사상과 철학을
봉황판으로 조종해야 할 것이며,
입법부, 사법부, 행정부를 봉황판의 지리형국으로
통합해야 할 것이며,
봉황이 하늘이며 청룡이 땅이며 백호가 사람이니
천, 지, 인의 지리형국으로 정치구조를
바르게 조종해야 할 것이며,
하늘과 땅이 양과 음이며,
천지가 양과 음이니
양과 음의 지리형국으로 정치구조를 바르게 조종해야 할 것이며,
이러한 이치가 태극기판 지리와 정치구조이며,
남한에 있는 남북을 통합하지 못하는 정치구조는
남한과 북한과의 통합은 이루어질 수 없을 것이며,

동, 서를 통합하지 못하는 정치구조는 봉황판을 만들지 못할 것이며,
지리를 통하여 남, 북과 동, 서를 통합하지 못하는 정치는
봉황판 정치구조가 만들어지지 못할 것이며,
계룡산 태극을 바르게 활용하지 못하면
봉황판 정치구조는 만들어지지 못할 것이며,

태극이 도이며 무극이 덕이며,
무극이 도이며 태극이 덕이며,
봉황이 도이며 청룡이 덕이며,
백호가 도이며 봉황이 덕이며,
청룡이 도이며 백호가 덕이며,
봉이 도이며 황이 덕이며,
황이 도이며 봉이 덕이며,
건이 도이며 곤이 덕이며,
하늘이 도이며 땅이 덕이며,
땅이 도이며 하늘이 덕이며,

태극기의 팔괘를 도덕으로 바르게 조종해야 할 것이며,
양과 음 태극과 무극을 도덕으로 바르게 조종해야 할 것이며,
봉황, 청룡, 백호를 도덕으로 바르게 조종해야 할 것이며,
천, 지, 인을 도덕으로 바르게 조종해야 할 것이며,
봉황정치의 근본은 도덕정치이며,
봉황정치의 근본은 내가 신격화되기 위한 것이 아니라
만백성을 이롭게 하기 위한 것이며,
봉황정치의 근본은 세상 사이에 존재하는

온갖 신격화하는 하나님, 하느님, 미륵, 부처, 메시아, 진인, 해인,
정도령 등등은 영원히 사라져야 할 것이며,
봉황정치의 근본 속에
계룡산 태극지리를 활용할 수 있어야 할 것이며,

신도판 하나님, 하느님을 만든 것이 봉황신이며,
신도판 온갖 미륵, 부처, 보살 등등을 만든 것이 봉황신이며,
신도판 메시아, 진인, 해인, 정도령 등등을 만든 것이 봉황신이며,
신도판 영혼, 온갖 신을 만든 것이 봉황신이며,
신도판 천당, 지옥, 극락을 만든 것이 봉황신이며,
신도판 온갖 옥황상제, 천지신명, 칠성신, 산신, 천왕,
대왕, 용왕, 천존 등등을 만든 것이 봉황신이며,
신도판 세상 사이에 존재하는 온갖 종교판을 만든 것이 봉황신이며,
신도판 용을 만든 것이 봉황신이며,
봉황신이 태양신이며,
신도판의 근본은 태양신이며,

봉황정치의 근본은 세상 사이에 존재하는
온갖 신도판을 봉황판으로 통합할 수 있어야 할 것이며,
신도판을 통하여 분열된 온갖 종교판과 신격화하는
온갖 신도판을 모조리 바르게 조종하여
봉황판으로 조종할 수 있어야 할 것이며,
봉황정치의 근본은 분열된 온갖 사상과 철학을
봉황판으로 통합하는 이치 속에 있으며,
봉황정치의 근본은 세상 사이에 존재하는

온갖 지리와 행정과 사상과 철학을
봉황판으로 통합하여 만백성을 이롭게 하는 데 있는 것이며,

언젠가는 누군가가
봉황판 정치의 이치로 만백성을 이롭게 하고
정당정치가 사라지기를 기대하면서…….

통일을 향한 새로운 도읍지판

계룡산 몇백 년 도읍지설이란 신도판 도읍지설이며,
계룡산이란 태극 양일 뿐이며,
태극만 가지고서 주체가 될 수 없으며,
양만 가지고서 주체가 될 수 없으며,
계룡산만 가지고서 주체가 될 수 없으며,
청룡만 가지고서 주체가 될 수 없으며,
봉만 가지고서 주체가 될 수 없으며,
황이 없는 봉이란 무용지물이며,
음이 없는 양이란 무용지물이며,
무극 없는 태극이란 무용지물이며,

계룡산이 만들어진 대한민국 지리의 형국과 원리를
바르게 파악해야 할 것이며,
계룡산 태극지리의 원리를 바르게 파악할 수 있어야 할 것이며,

계룡산 정도령 도읍지설이란 신도판 도읍지설이며,
사람판 도읍지판과는 완전히 다른 이치이며,
사람판 계룡산이란 태극, 양, 봉으로서 활용해야 하는 이치이며,

신도판 계룡산 도읍지판이 아닌
사람판 통일을 향한 새로운 도읍지판이란 금강산이며,
양과 음을 갖춘 곳이 금강산이며,
봉과 황을 갖춘 곳이 금강산이며,
태극과 무극을 갖춘 곳이 금강산이며,
태극을 갖춘 곳이 계룡산이며,
무극을 갖춘 곳이 황매산이며,
봉황이 금강산이며,
청룡이 계룡산이며,
백호가 황매산이며,

봉황과 청룡과 백호가 천, 지, 인이며,
금강산과 계룡산과 황매산이 천, 지, 인이며,
봉황이 양과 음이며 태극과 무극이며,
청룡이 태극이며 양이며 봉이며,
백호가 무극이며 음이며 황이며,
금강산이 양과 음이며 봉황이며 태극과 무극이며,
계룡산이 양이며 봉이며 태극이며,
황매산이 음이며 황이며 무극이며,

계룡산 태극지리를 바르게 파악하지 못하면

신도판 도읍지설에 맞추려고 할 것이며,
세상 사이에 존재하는 풍수지리의 원리는
신도가 조종하는 신도판 풍수지리이며,
명당 발복의 원리 또한 신도판으로 만들어 놓은 원리이며,
풍수지리를 보는 원리와 원칙을 모조리 바르게 헛터 잡아
만백성을 이롭게 할 수 있어야 할 것이며,
개인을 위한 풍수지리 발복판은 모조리 사라져야 하며,
성인과 교주를 위한 지리 발복판은 모조리 사라져야 하며,
권력과 권위를 위한 지리 발복판은 모조리 사라져야 하며,
내가 최고가 되기 위한 지리 발복판은 모조리 사라져야 하며,
미륵, 온갖 부처, 보살, 하나님, 하느님, 메시아, 진인, 해인,
정도령 등등을 위한 지리 발복판은 모조리 사라져야 하며,
신격화하는 신을 위한 지리 발복판은 모조리 사라져야 하며,
신도판 풍수지리를 통하여 사람을 조종하고 흥하고 망하게 만드는
풍수지리 발복판은 모조리 사라져야 하며,
만백성을 이롭게 하지 못하고 지리를 통하여
동, 서 분열과 남, 북 분열과 온갖 지리판과 사상과 철학과 행정으로
분열된 모든 이치는 모조리 사라져야 하며,
만백성을 이롭게 할 새로운 지리와 행정과 사상과 철학으로
통합할 수 있는 새로운 도읍지판이 만들어져야 할 것이며,

계룡산 태극과 황매산 무극을 활용하는 새로운 도읍지판은 금강산이며,
세상 사이에 존재하는 온갖 사상과 철학을 통합할 수 있는 도읍지판이
천, 지, 인 도읍지판이며,
양과 음 도읍지판이며,

태극과 무극 도읍지판이며,
봉황, 청룡, 백호 도읍지판이며,
금강산 태극과 무극, 봉황
계룡산 태극, 봉
황매산 무극, 황을 활용하여
봉황판 도읍지가 만들어져 만백성을 이롭게 할 수 있어야 할 것이며,
계룡산 태극이란 이러한 이치로 활용해야 하는 이치이며,
봉황판 봉황체의 지리형국이 아니면
세상 사이에 존재하는 온갖 지리판과 행정과 사상과 철학을
통합할 수 없을 것이며,

언젠가는 누군가가
봉황체의 도읍지판으로서 봉황체의 나라가
만들어지리라 기대하면서…….

금강산 봉황판

금강산이란 봉황판이 훌륭한 지리의 형국이며,
계룡산이란 청룡이 훌륭한 지리의 형국이며,
황매산이란 백호가 훌륭한 지리의 형국이며,
봉황과 청룡과 백호판의 지리형국이 대한민국이며,
청룡이 봉이며 백호가 황이며,
청룡이 태극이며 백호가 무극이며,

청룡이 양이며 백호가 음이며,
봉이 태극이며 양이며 도이며,
황이 무극이며 음이며 덕이며,
봉이 청룡이며,
황이 백호이며,
금강산이 천이며 계룡산이 지이며 황매산이 인이며,
금강산이 봉황이며,
금강산이 태극과 무극이며,
금강산이 양과 음이며,
금강산에 봉황판이 만들어져야 하는 이치이며,
계룡산에 청룡판이 만들어져야 하는 이치이며,
황매산에 백호판이 만들어져야 하는 이치이며,
금강산과 계룡산과 황매산이 천, 지, 인을 이룰 때
새로운 천, 지, 인판이 만들어지는 이치이며,

금강산에 봉황판이 만들어질 때
세계를 향한 새로운 문화가 만들어질 수 있는 이치이며,
금강산에 봉황판이 만들어질 때
신격화하는 신이 주체가 아닌
사람이 주체인 시대가 만들어질 수 있는 이치이며,
금강산에 봉황판이 만들어질 때
통일을 향한 새로운 시대가 만들어질 수 있는 이치이며,
금강산에 봉황판이 만들어질 때
온갖 권력과 권위가 사라지고 내가 최고가 아니라
만백성이 최고인 시대가 만들어질 수 있으며,

금강산에 봉황판이 만들어질 때
세상 사이에 존재하는 온갖 사상과 철학을
봉황판으로 통합할 수 있는 이치이며,
금강산에 봉황판이 만들어질 때
세상 사이에 존재하는 온갖 종교판을 통합할 수 있는 이치이며,

신도판 계룡산 도읍지설과 사람판 계룡산 도읍지의 이치와 형국은
완전히 다른 이치이며,
사람판 금강산 봉황판이 만들어질 때
옥황상제판 도읍지가 여기저기 변하는 도읍지설이 사라질 것이며,
금강산 봉황판이 만들어질 때
영원히 변하지 않을 천, 지, 인 도읍지판이
만들어질 수 있는 이치이며,
영원히 변하지 않을 도읍지의 근본은
양과 음의 이치 속에 있으며,
영원히 변하지 않을 도읍지의 근본은
봉과 황의 이치 속에 있으며,
영원히 변하지 않을 도읍지의 근본은
태극과 무극의 이치 속에 있으며,
대한민국 도읍지의 근본은 봉황판 속에 있으며,
세계를 향한 도읍지의 근본은
양과 음, 봉과 황, 태극과 무극, 천과 지, 건과 곤, 청룡과 백호,
천지인의 지리와 행정과 사상과 철학 속에 있으며,

도읍지의 근본은 사람이 주체인 사람판 세상이며

신도판 세상이 아니며,
양과 음이 도와 덕이며,
봉과 황이 도와 덕이며,
태극과 무극이 도와 덕이며,
천과 지가 도와 덕이며,
건과 곤이 도와 덕이며,
청룡과 백호가 도와 덕이며,
천, 지, 인이 도와 덕이며,
도읍지의 근본은 도덕이 주체인 사람판 세상이며,
금강산 봉황판의 근본은 도덕이 주체인 사람판 세상이며,
금강산 봉황판의 근본 속에 도읍지의 근본이 있는 것이며,
계룡산 봉황판의 근본 속에 도읍지의 근본이 있는 것이며,
황매산 봉황판의 근본 속에 도읍지의 근본이 있는 것이며,
백두산 천지가 양이며,
한라산 백록이 음이며,
백두산 천지가 봉이며,
한라산 백록이 황이며,

대한민국 도읍지의 근본은
백두산 태극과 한라산 무극 속에 있으며,
대한민국 도읍지의 근본은 천지와 백록의 이치 속에 있으며,
대한민국 도읍지의 근본은
세상 사이에 존재하는 온갖 문화와
세상 사이에 존재하는 온갖 사상과 철학과
세상사에 존재하는 온갖 종교판과

세상사에 존재하는 온갖 지리의 판을
봉황판으로 통합하는 이치 속에 있으며,

언젠가는 누군가가
새로운 도읍지판으로 만백성을
이롭게 하기를 기대하면서…….

신통력의 의미

천지가 만들어진 근본이 신통력이며,
신통력에 의해서 천지가 만들어져 생명체가 존재하면서
사람은 신통력과 함께 신의 판 속에서 살아가고 있으며,
사람은 신의 판 신통력 앞에 절대 복종하면서
사람은 신의 판 신통력을 통하여 만들어진 모든 이치 속에서
온갖 문화가 만들어져 다문화 속에서 온갖 판으로 살아가고 있으며,
사주팔자 오행 동물띠 명당 발복 온갖 종교 교주 부처 보살 하나님
하느님 천존 지존 대왕 천왕 용왕 천당 지옥 극락 치성 제사 영혼
온갖 신 삼신 상제 황제 등등등

이러한 모든 이치는 신도판 신통력을 통하여 만들어진 이치이며,
사람은 욕심을 버리지 못할 때 신통력을 이용하여
만백성 앞에 내가 최고가 되기 위하여 신통력을 사용하는 이치이며,
신통력을 이용하여 교주화 종교화되어 온갖 글들과 함께

만백성 위에 최고가 되기 위하여 미륵화, 메시아, 정도령화, 부처화,
하나님화, 하느님화, 온갖 상제화, 천존화, 대왕화, 천왕화하여
신도판 신통력을 사용하는 이치이며,
사람과 더불어 신도판 신통력이 존재하여 온 이치이며,

신통력의 운행원리를 모조리 바르게 파악할 수 있어야 할 것이며,
사람이 말을 하는 말 속에도 신통력의 운행원리가 있으며,
신통력을 헛터 잡지 못하면 신통력의 종과 노예가 될 수도 있으며,
신통력을 헛터 잡지 못한 사람만이 신통력을 사용하여 교주가 되고
종교가 만들어지고 무속인 예언가 등등이 만들어지는 이치이며,
신통력이 만들어 놓은 동물띠 속에서 살아온 이치이며,
사람은 욕심을 버리고 말과 행동이 바를 때
신통력과 동물띠의 영역에서 벗어나
사람띠 사람이 주체인 시대가 만들어지는 이치이며,
신격화하는 신도판 하늘의 잘못된 모든 이치를 바르게 조종하고
사람을 마음대로 조종하여 온 신도판 천지의 잘못된 모든 이치를
바르게 헛터 잡아 신격화하는 신이 최고가 아닌 시대를
만들어야 할 것이며,

신도판 하늘시대 속에서 살아온 이치이며,
신도판 땅시대 속에서 살아온 이치이며,
신도판 사람시대 속에서 살아온 이치이며,
신도판 천, 지, 인 시대 속에서 살아온 이치이며,
하늘이 하늘의 도리를 다하지 못한 시대였으며,
땅이 땅의 도리를 다하지 못한 시대였으며,

사람이 사람의 도리를 다하지 못한 시대였으며,
신격화한 하늘판이 최고인 시대
신격화한 땅판이 최고인 시대
신격화한 사람판이 최고인 시대였으며,
신격화한 세상을 만들어 온 근본이 태극과 무극이며,
태극과 무극이 양과 음이며,
양과 음이 봉과 황이며,
신격화한 세상을 만들어 온 근본이 봉과 황이며,
봉황이 양을 만들어 운행하였으며,
봉황이 음을 만들어 운행하였으며,
봉황이 태극을 만들어 운행하였으며,
봉황이 무극을 만들어 운행하였으며,
봉황이 온갖 생명체를 만들어 운행하였으며,
봉황이 천지판을 만들어 운행하였으며,
봉황이 신통력과 신도판을 만들어 운행하였으며,
봉황이 양과 음이며 태극과 무극이며 천지이며,
봉황이 용을 만들어 운행을 한 이치이며,

사람이 주체인 시대란
신격화하는 신의 최고봉인 봉황을 헛터 잡아야 하는 이치이며,
봉황이 사람 영혼을 만들어 운행한 이치이며,
봉황이 신통력을 만들어 운행한 이치이며,
봉황이 신격화하는 신도판 신이 주체인 시대를 만들어 운행한 이치이며,
봉황이 온갖 종교 교주, 부처, 미륵, 보살, 하나님, 하느님, 천존,
지존, 대왕, 천왕, 신도판 성인, 진인, 해인, 메시아, 용왕,

온갖 신 등등을 만들어 신통력을 통하여 신도판 세상을 만들어 왔으며,
천당, 지옥, 극락, 용화세상 등등으로 사람을 조종하여온 세상이었으며,
신도판 온갖 성경, 경전, 명당 발복, 진언, 염불, 오행, 주역, 정역,
사주팔자 등등으로 사람을 조종하여온
신도판 세상 속에서 살아온 이치이며,
봉황을 헛터 잡을 수 있어야만
사람이 주체인 시대가 만들어지는 이치이며,

신통력의 근본이 봉황이며,
봉황의 모든 운행원리를 파악할 수 있어야만
신도판 세상이 아닌 사람판 세상을 만들 수 있을 것이며,
세상 사이에 신도판으로 만들어 놓은
온갖 대겁 병겁 말세 종말 개벽 개화 등등을 바르게 헛터 잡아
하나님이 최고 온갖 상제가 최고 미륵이 최고 부처가
최고 진인, 해인, 메시아, 정도령이 최고가 아닌
만백성이 최고인 시대를 만들어야 할 것이며,
신도판 봉황시대가 사라지고
사람판 봉황시대를 만들어야 할 것이며,
신도판 천, 지, 인 시대가 사라지고
사람판 천, 지, 인 시대를 만들어야 할 것이며,
사람판 계룡산 태극지리를 활용하여
봉황체의 나라를 만들 수 있어야 할 것이며,
사람판 황매산 무극지리를 활용하여
봉황체의 나라를 만들 수 있어야 할 것이며,
사람이 살아가는 근본이 양과 음의 이치 속에 있으니

태극과 무극을 활용하여
사람이 주체인 봉황판을 만들 수 있어야 할 것이며,

언젠가는 누군가가
이러한 이치로
새로운 세상이 만들어지기를
기대하면서…….

지리형국

태고적 창조자에 의해 천지가 만들어져
모든 만물과 생명체가 존재하는 가운데
창조자도 인간과 더불어 진화를 하는 형국이며,
지구촌에 존재하는 모든 만물과 생명체가 창조자일 수도 있으며,
사람은 창조자와 더불어 수많은 세월과
온갖 다문화를 만들어 온 이치이며,
신격화하는 온갖 신도 창조자가 만들어 온 이치이며,

하나님 하느님 각종상제 각종 천존주 용왕 천왕 대왕 지옥
극락 천당 오행 동물띠 사주팔자 등등 온갖 이치는
창조자와 더불어 사람이 만들어 온 이치이며,
지리의 형국 또한 창조자에 의해서 만들어 온 이치이며,
창조자에 의해서 사람과 더불어 온갖 지리형국론을 만들어

사람이 맞추어 살도록 만들어 놓은 형국이며,
패철을 통하여 사방위와 지리형국론을 논하는 모든 이치 또한
창조자와 사람이 만들어 온 이치이며,
지리형국론을 통하여 흥하고 망하는 모든 이치를 만들어
사람과 더불어 사람을 조종하여온 이치이며,
창조자의 모든 이치는 사람을 통하여 사람을 조종하는
온갖 종교판과 지리명당 발복판 등등을 만들어 운행을 한 이치이며,
사람 죽은 영혼도 창조자에 의해서 만들어진 이치이며,
온갖 신을 이용하여 신통력을 통하여
사람을 조종하고 지리형국을 통하여
지리 발복을 만들어 사람을 조종하는 모든 이치 또한
창조자에 의해서 만들어지는 이치이며,

사람에게 신이 붙어 신통력을 보이면
그 사람은 신통력을 이용하여 교주가 되고
부처가 되고 메시아가 되고 미륵이 되고
하나님이 되고 하느님이 되고 진인 해인이 되고
성인이 되고 상제가 되고 천존주가 되고

온갖 진언과 성경과 경전을 통하여 신격화하고
사람판이 아닌 신도판 세상 용화세상 등등이 나오는 이치이며,
정도령 사상 또한 마찬가지이며,
신도를 통한 온갖 정도령판 사상과 철학 또한 마찬가지이며,
신도를 통한 온갖 교주는 신도판의 종과 노예가 되어
신도판 세상을 만들려고 하는 이치이며,

신통력을 통하여 최고의 권력과 권위판을 만들어
신격화하도록 만들어온 이치이며,

이러한 모든 이치는 사람이 창조자와 더불어
같이 만들어 온 이치이며,
폐철을 사용하는 지리형국론이든 폐철을 사용하지 않는 지리형국론이든
지리형국론에 맞추어 흥하고 망하게 만드는 모든 이치는
사람이 창조자와 더불어 만들어 온 이치이며,
주역, 정역, 온갖 사괘, 팔괘 24방위, 12지간 등등
사람이 창조자와 더불어 만들어 온 이치이며,
이러한 모든 이치로 창조자가 사람을 조종할 수 있도록
사람(하나님, 부처, 미륵, 보살, 메시아, 진인, 정도령, 해인,온갖 성인)을
통하여 만들어 온 이치이며,

이러한 모든 이치는 사람이 창조자의 능력에 복종하는 형국이며,
신도를 이용한 계룡산 정도령 사상과 사람판 계룡산 정도령 사상과는
완전히 다른 이치이며,
신도판 봉황사상과 사람판 봉황사상은 완전히 다른 이치이며,
신도가 사람을 조종하는 봉황사상과
사람이 신도를 조종하는 봉황사상과의 차이이며,
사람은 긴긴 세월 함께 신도판 지리형국론 속에서 살아온 이치이며,
양택과 음택을 통하여 흥하고 망하게 만드는 모든 이치는
신도판 사상이며,
신도와 신통력을 사용한 온갖 사상과 철학은
사람이 주체인 시대가 아니며,

신도와 신통력을 사용한 온갖 극락, 천당, 지옥판의 사상과 철학은
사람이 주체인 시대가 아니며,
대한민국 모든 지리의 이치와 형국을
바르게 조종할 수 있어야 할 것이며,

사람이 살아가는 근본은 양과 음의 이치 속에 있으며,
대한민국 모든 지리의 형국을 양과 음의 지리형국으로
통합할 수 있어야 할 것이며,
동, 서, 남, 북으로 분열된 온갖 지리와 행정과 사상과 철학을
양과 음의 이치로 통합할 수 있어야 할 것이며,
양이 태극이며 음이 무극이니 태극만 가지고서
이루어질 수 없는 세상이며,
무극만 가지고서 이루어질 수 없는 세상이며,
계룡산이란 태극 형국이며, 계룡산만 가지고서
사람이 주체인 시대는 만들어질 수 없는 이치이며,
무극, 음이 없는 계룡산 태극, 양이란 무용지물인 이치이며,
사람이 주체인 지리형국이란 이러한 이치이며,
신격화하는 모든 지리의 형국은 사라져야 하며,
분열된 전국 도의 경계를 모조리 폐지하고
양과 음의 이치로 조종하여 권력과 권위가 최고가 아니라
만백성이 최고인 사람판 지리형국으로 통합할 수 있어야 할 것이며,
이러한 이치 속에서 계룡산 태극산을 활용하는 이치란
묘한 이치가 있을 수도 있을 것이며,

언젠가는 누군가가

계룡산 태극산을 바르게 활용하여
신격화하는 신이 주체가 아닌
사람이 주체인 만백성이 최고인 시대를 만들 때
신도판으로 만들어 놓은 온갖 대겁, 병겁, 개벽, 개화,
종말, 말세 등등을 헛터 잡아
새로운 도덕시대가 만들어지리라
기대하면서…….

제5장

신의 판에서 사람판으로

대한민국 문화의 진실

태곳적부터 만들어진 온갖 문화의 이치 속에서 살아가고 있으며,
수천 년간 내려온 사람이 살아가는 데 필요한 문화의 근본은
신화와 같은 이치 속에서 문화가 만들어져 이 지구촌에
인종간 부족간 지역간의 수많은 문화를 형성하면서 종교화 신격화되어
사람은 종교화 신격화된 문화 앞에 복종하면서 살아온 이치이며,
지구촌에 존재하는 온갖 문화가 사람을 조종하는 이치이며,
문화를 형성하는 근본은 사람과 천심이 합작으로
신통력과 기적과 이적과 감화를 통하여
믿음의 주체가 만들어낸 문화 속에서 사람은 신통력 앞에 복종하면서
문화와 되고 거대한 신전이 만들어지고 거대한 종교가 만들어지고
사람 눈에 보이지 않는 온갖 천당, 지옥, 극락판이 만들어지고
온갖 하나님판 문화와 온갖 상제판 문화와 온갖 부처판 문화와
온갖 미륵판 문화와 온갖 신도(신명, 영혼)판 문화가 만들어지고
온갖 다문화의 이치 속에서 긴긴 세월을 살아온 이치이며,
온갖 진리가 만들어낸 온갖 문화의 이치 속에서
온갖 판에 맞추어 사람은 살아가고 있는 형국이며,
사람은 수천 년 수백 년 수십 년 내려온
과거의 진리와 논리에 맞추어 살아가고 있으며,
온갖 역과 오행 60갑자 사주팔자 동물띠
온갖 종교판과 정치판에 맞추어 살아가고 있으며,
사람과 천심이 만들어낸 온갖 풍수지리 명당 발복 등등에
맞추어 살아온 이치이며,

사람(성인, 부처)과 천심과 지(땅)심이 온갖 판의 문화를 만들어
남북, 동서의 분열과 경쟁과 대립으로,
온갖 종교판의 분열과 경쟁과 대립으로,
온갖 사주팔자 동물띠로서 분열과 경쟁과 대립으로,
온갖 다문화의 분열과 경쟁과 대립 속에서 살아온 형국이며,
세상 사이에 존재하는 온갖 다문화는
대한민국판 문화로 통합할 수 없을 것이며,
대한민국 문화의 근본은 양과 음의 이치 속에 있는 것이며,
대한민국 문화의 근본은 태극과 무극의 이치 속에 있는 것이며,
대한민국 문화의 근본은 봉과 황의 이치 속에 있는 것이며,
대한민국 문화의 근본은 청룡과 백호의 이치 속에 있는 것이며,
대한민국 문화의 근본은 천, 지, 인의 이치 속에 있는 것이며,
세상 사이에 존재하는 온갖 다문화를 봉황판으로
통합하는 이치 속에 대한민국 문화의 진리가 있는 것이며,
동서, 남북으로 분열된 모든 이치를
양과 음의 이치로 통합할 수 있어야 할 것이며,
세상 사이에 존재하는 온갖 종교문화와 사상과 철학을
태극과 무극 봉황판으로 통합하는 이치 속에
대한민국 문화의 진리가 있는 것이며,
계룡산 태극판을 양의 이치로, 봉의 이치로, 청룡의 이치로 활용하여

분열과 대립으로 만들어진
다문화를 통합하여
새로운 봉황판 도덕문화가 만들어지기를
기대하면서…….

사람띠의 진실

천지와 천심 속에서 만들어진 온갖 판의 이치 속에서
사람은 사람 스스로 사람띠의 경지에 도달하지 못하고
동물띠의 영역 속에서 살아가고 있으며,
온갖 신도판의 이치 속에서 살아가고 있으며,
동물띠의 영역 속에서 미륵이란 신도판의 이치로
미륵이 신격화되어 신통력과 함께 종교화 교주화되어
신도로서 사람 위에 존재하여 신격화되고
천당, 극락, 지옥판이 만들어져 사람들로 하여금
복종하게 만드는 이치이며,

옥황상제판 천지신명판 온갖 천존주판 온갖 신명판 신도판이란
백성 위에 존재하기 위한 성경과 경전판이며,
동물띠의 영역 속에서 만들어진 온갖 성경과 경전,
온갖 미륵, 부처, 온갖 상제, 온갖 천지신명,
온갖 천존주, 온갖 신명판의 권력과 권위란 신격화되어
백성 위에 존재하기 위한 도덕판이며,
온갖 하나님판 온갖 하느님판 온갖 천왕 대왕 등등 역시
백성 위에 존재하기 위하여 신격화되고 있으며,
세상 사이에 존재하는 온갖 정도령판 역시
신격화되기 위한 정도령판이며 모조리 신도판의 이치이며,

사람은 긴긴 세월 동안 신격화하는

온갖 신도판의 이치 속에서 살아온 이치이며,
신통력 앞에 복종하면서 살아온 이치이며,
사람은 신도판 동물띠의 영역에서 벗어나
사람띠의 경지에 도달할 수 있을 때
도덕시대가 만들어지는 이치이며, 도덕세계가 만들어지는 이치이며,
말과 행동이 바르지 못하면
영원히 신도판의 영역에서 벗어날 수 없을 것이며,
동물띠의 영역에서 살아갈 것이며,
말과 행동이 바르면 신도판이 사람을 조종할 수 없을 것이며,
신통력이 사람을 조종할 수 없을 것이며,
동물띠의 영역에서 벗어나 사람띠의 경지에 도달할 수 있을 것이며,
이러한 이치 속에서 사람이 주체인 시대가 만들어지는 이치이며,

사람띠의 미륵이란 도덕이며,
사람띠의 부처란 도덕이며,
사람띠의 하나님이란 도덕이며,
사람띠의 하느님이란 도덕이며,
사람띠의 온갖 상제란 도덕이며,
사람띠의 천지신명이란 도덕이며,
사람띠의 온갖 천존주란 도덕이며,
사람띠의 온갖 신명이란 도덕이며,
사람띠의 온갖 정도령이란 도덕이며,
사람띠의 영역이란 신격화하는 온갖 신도판이 사라지고
사람이 주체인 도덕시대이며,

언젠가는 이러한 이치로
사람띠 사람이 주체인 도덕세계가 만들어지기를
기대하면서…….

차기 대통령의 진리

사람이 살아가는 근본은 양과 음의 진리 속에 있을 것이며,
모든 생명체의 근본 또한 양과 음의 이치 속에 있을 것이며,
양과 음의 근본이 천지이며 천지의 근본이 태양이며,
태양의 근본이 양과 음의 이치이며 양이란 봉이며 음이란 황이며,
눈에 보이지 않는 태양신의 근본이 양과 음의 이치 속에 있으며,
양과 음의 이치 속에 봉과 황의 이치가 있으며

천지의 근본이 봉황판이며,
봉황판의 근본이 천지이며,
양의 근본이 태극이며 음의 근본이 무극이며,
태극이 봉이며 무극이 황이며 태극과 무극이 봉과 황이며,
태극과 무극이 봉과 황의 이치이며,

대한민국의 근본은 천지의 이치 속에 있으며,
대한민국의 근본은 양과 음의 이치 속에 있으며,
대한민국의 근본은 봉과 황의 이치 속에 있으며,
대한민국의 근본은 태극과 무극의 이치 속에 있으며,

대한민국 지리의 근본 또한 천지와 양과 음
봉과 황 태극과 무극지리의 이치 속에 있으며,
양, 태극의 지리를 갖춘 곳이 계룡산이며,
음, 무극이 없는 태극, 양이란 무용지물이며,
태극 양을 봉황판으로 활용해야 할 것이며,
무극 음을 봉황판으로 활용해야 할 것이며,
태극 양의 지리와 무극 음의 지리를 바르게 활용하여
태극 봉과 무극 황의 이치로서
봉황판을 활용할 수 있어야 할 것이며,
계룡산을 태극 양의 이치로서
봉황판을 만들 수 있어야 할 것이며,
황매산을 무극 음의 이치로서
봉황판을 만들 수 있어야 할 것이며,
대한민국의 지리와 행정과 사상과 철학을
봉황판으로 통합할 수 있어야 할 것이며,
세상 사이에 존재하는 온갖 종교판을
봉황판으로 통합할 수 있어야 할 것이며,

지리의 이치로서 전국 도의 경계를 모조리 폐지하고
양과 음의 이치로서 봉황판으로 통합할 수 있어야 할 것이며,
수입산 정치구조의 형태 속에서 당파싸움과 분열된
모든 정치구조를 양과 음 태극과 무극, 봉황판으로
통합할 수 있어야 할 것이며,
분열된 지리와 행정과 사상과 철학을 봉황판으로
통합할 수 있어야 할 것이며,

계룡산 태극 양의 지리를 봉황판으로 활용할 수 있을 때
권력과 권위가 최고인 세상은 사라질 것이며,
신격화하는 온갖 사상과 철학은 사라질 것이며,
온갖 미륵 부처 보살 상제 하나님 하느님 천존주 삼신 칠성신
무슨 대왕 오행 사주팔자 동물띠 천당 지옥 극락 등등
신과 관련된 온갖 이치는 사라지고
사람이 주체인 세상 만백성이 최고인 세상이 만들어질 것이며,
태극 양의 주인은 만백성이며,
무극 음의 주인은 만백성이며,
건, 곤의 주인이 만백성이며,
태극이 도이며 무극이 덕이니
태극과 무극의 주인은 만백성이며 모든 생명체와 만물이며,
계룡산 태극 양의 지리를 활용할 수 있을 때
도덕시대가 만들어지는 이치이며,
황매산 무극 음의 지리를 활용할 수 있을 때
도덕시대가 만들어지는 이치이며,
미래판 지리와 행정과 사상과 철학은
천지, 양과 음, 태극과 무극, 봉과 황으로서 봉황체의 나라이며,
분열된 온갖 이치를 봉황판으로 통합하는 이치이며,
하늘 천도의 판으로 사람을 마음대로 조종한
온갖 이치를 헛터 잡아야 할 것이며,
땅 지도의 판으로 명당 발복이란 이치로 사람을 마음대로 조종한
온갖 이치를 헛터 잡아야 할 것이며,
사람 인도의 판으로 권력과 권위로서 사람을 마음대로 조종한
온갖 이치를 헛터 잡아야 할 것이며,

천, 지, 인을 바르게 헛터 잡아 내가 최고가 아니라
만백성이 최고인 세상을 만들어야 할 것이며,
봉황이 청룡이며 봉황이 백호이며
봉황과 청룡과 백호판이 천, 지, 인판이며 양과 음의 판이며,
청룡과 백호가 양과 음의 이치이며 음과 양의 이치이며,
천, 지, 인의 근본이 양과 음의 이치 속에 있으며,
봉과 황의 이치 속에 있으며 청룡과 백호의 이치 속에 있으며,
태극기판 지리와 행정과 사상과 철학으로 통합하는 이치 속에
대한민국의 진리가 있는 것이며,
내가 최고라고 하는 대통령, 총리, 장관제도를 폐지하고
태극기판 양과 음의 이치와 천, 지, 인의 이치와
봉황과 청룡과 백호판의 이치로
새로운 지리와 행정과 사상과 철학으로 통합하여
새로운 도덕시대와 문화를 만들어야 할 것이며,
이러한 이치 속에 계룡산 태극 양의 지리가 있는 것이며,
무극 음의 지리가 있는 것이며 천의 지리가 있는 것이며,
지의 지리가 있는 것이며 인의 지리가 있는 것이며,
봉황의 지리가 있는 것이며 청룡의 지리가 있는 것이며,
백호의 지리가 있는 것이며,
대한민국 지리의 근본은 태극기판 지리의 이치 속에
새로운 사상과 철학으로 새로운 혁신과 혁명으로
새로운 도덕시대를 만들 수 있을 것이며,
도덕 앞장으로 신격화하는 종교의 권력과 권위가 사라지고
만백성이 최고인 세상 신도판 세상이 사라지고
사람이 주체인 시대를 만들어야 하는 것이 대한민국의 진리이며,

봉황판의 진리이며, 미래판의 진리일 것이며,
정치, 행정의 구조 또한 마찬가지이며,
양이 없는 음이란 무용지물이며, 음이 없는 양이란 무용지물이며,
정치, 행정의 구조를 양과 음의 이치로 조종해야 할 것이며,
모든 만물의 근본은 양과 음의 이치 속에 있으며,
모든 생명체의 근본 또한 양과 음의 이치 속에 있으며,
사람이 살아가는 근본 또한 양과 음의 이치 속에 있으니
정치, 행정의 구조 또한 양과 음의 이치로 조종해야 할 것이며,
양과 음이 봉과 황이니 이것이 태극기판 대한민국의 진리이며,
봉이 청룡이며 황이 백호이며,
봉황판, 청룡판, 백호판의 진리가 태극기판 속에 있으며,
세상 사이에 존재하는 온갖 지리와 행정과 사상과 철학을
태극기판으로 통합하는 것이 미래판의 진리이며 대한민국의 진리이니

언젠가는 누군가가
이러한 이치로서 혁신과 혁명을 통하여
새로운 도덕시대 문화가 만들어지기를
기대하면서…….

행정복합도시의 진실

지구촌에 생명이 존재하는 근본이 태양이며,
지구촌에 모든 만물이 존재하는 근본이 태양이며,

지구촌에 사람이 존재하는 근본이 태양이며,
지구촌에 존재하는 온갖 신의 판 근본이 태양이며,
지구촌에 존재하는 온갖 종교판의 근본이 태양이며,
태양의 운행원리는 양과 음의 이치 속에 있으며,
모든 만물과 생명체가 존재하는 근본이 양과 음의 이치이며,
양과 음의 이치를 갖춘 태양신의 근본이 봉황이며,
봉이 양이며 황이 음이며,
봉황의 근본이 태양이며 양과 음의 근본이 봉황이며,
대한민국 지리의 근본이 양과 음의 지리형국이며,
태극이란 양이며 무극이란 음이며,

천지의 근본이 양과 음의 이치 속에 있으며,
천지의 근본이 태극과 무극의 이치 속에 있으며,
천지의 근본이 봉과 황의 이치 속에 있으며,
온갖 신들의 근본이 봉황이며,
온갖 종교판의 근본이 봉황이며,
사람이 살아가는 근본이 양과 음의 이치이며,
사람이 살아가는 근본이 봉과 황의 이치이며,
사람이 살아가는 근본이 태극과 무극의 이치이며,
사람이 살아가는 근본이 도와 덕의 이치이며,
사람이 살아가는 근본이 천과 지의 이치이며,
대한민국의 근본은 양과 음의 이치이며,
봉과 황의 이치이며 태극과 무극의 이치이며,
도와 덕의 이치이며 천과 지의 이치이며,

대한민국의 지리와 행정과 사상과 철학의 근본은
양과 음의 이치 속에 있으며 봉과 황의 이치 속에 있으며,
태극과 무극의 이치 속에 있으며 도와 덕의 이치 속에 있으며,
천과 지의 이치 속에 있으며,
계룡산 태극의 이치를 지리와 행정과 사상과 철학으로
통합할 수 있어야 할 것이며,
계룡산 태극을 활용하는 근본은 양과 음의 이치 속에 있으며,
봉과 황의 이치 속에 있으며 도와 덕의 이치 속에 있으며,
천과 지의 이치 속에 있으며,
봉이 청룡이며 황이 백호이며 봉황과 청룡과 백호를
천, 지, 인판으로 활용하는 이치이며,
계룡산 태극을 양의 이치로 봉의 이치로 도의 이치로
천의 이치로 청룡의 이치로 활용하는 근본이 계룡산 태극의 근본이며,

세종시 행정복합도시는 계룡산 태극의 근본을
활용하지 못하는 행정도시이며,
대한민국의 모든 지리와 행정과 사상과 철학으로 통합하여
만백성이 최고인 시대를 만드는 근본 속에
계룡산 태극지리를 활용하는 근본이 있으며,
태극 양이란 무극 음이 없으면 무용지물이며,
계룡산 태극 양의 지리를 활용하는 근본 속에
무극 음의 지리를 활용하는 근본이 있으며,

이러한 모든 이치는 태극기판 지리와 행정과 사상과 철학의 근본이며,
대한민국을 봉황체의 나라로 만드는 근본 속에

계룡산 태극을 활용하는 지리, 행정, 사상, 철학으로
통합하여야 하는 것이 대한민국의 진실이며,
계룡산 태극을 활용하여 세상 사이에 존재하는
온갖 종교판을 통합할 수 있어야 할 것이며,

계룡산 태극을 활용하여
세상 사이에 존재하는 권력과 권위와 하나님 하느님
온갖 미륵 부처 보살 옥황상제 무슨 대왕 온갖 신 등등
신격화하는 온갖 사상과 철학을 종말시키고
새로운 정신문화를 형성하여 권력과 권위와 신격화하는
신이 최고가 아닌 만백성이 최고인 새로운 도덕세계를
만들어야 하는 것이 계룡산 태극의 운명이며,
새로운 지리와 행정과 사상과 철학으로 통합하는 이치 속에
계룡산 태극을 활용하는 근본이 있는 것이며,
계룡산 태극의 이치를 활용하지 못하는 세종시 행정복합도시란
백성을 이롭게 하지 못하는 무용지물이며,
태극기판 지리와 행정과 사상과 철학이 없는
세종시 행정복합도시란 무용지물이며,
대한민국을 양과 음 봉황체의 나라로 만들지 못할 것이며,
대한민국을 태극기판 지리와 행정과 사상과 철학으로 통합하여
국민 화합과 새로운 문화를 형성하여
새로운 세상을 만드는 것이 계룡산 태극의 근본이니

언젠가는 누군가가
이러한 이치로서

새로운 문화가 만들어지기를
기대하면서…….

건곤의 진리

사람은 건곤의 이치 속에서 살아가고 있으며,
건곤의 근본은 양과 음이 근본이며,
건이 없으면 곤이 필요 없으며 곤이 없으면 건이 필요 없을 것이며,
건이 있는 곳에 곤이 있으며 곤이 있는 곳에 건이 있으며,
양과 음이 건곤이며 건곤이 양과 음이며,

사람이 살아가는 근본이 양과 음이며,
사람이 살아가는 근본이 건과 곤이며,
사람이 살아가는 근본이 태극과 무극이며,
사람이 살아가는 근본이 봉과 황이며,
사람이 살아가는 근본이 청룡과 백호이며,

건이 태극이며 곤이 무극이며 곤이 태극이며 건이 무극이며,
건이 봉이며 곤이 황이며 곤이 봉이며 건이 황이며,
건이 청룡이며 곤이 백호이며 곤이 청룡이며 건이 백호이며,
건이 계룡산이며 곤이 황매산이며 곤이 계룡산이며 건이 황매산이며,
건이 백두산이며 곤이 한라산이며 곤이 백두산이며 건이 한라산이며,
건이 천지이며 곤이 백록이며 곤이 천지이며 건이 백록이며,

건곤이 금강산이며,

태극과 무극이 금강산이며,

봉과 황이 금강산이며,

청룡과 백호가 금강산이며,

계룡산과 황매산이 금강산이며,

백두산과 한라산이 금강산이며,

천지와 백록이 금강산이며,

양과 음이 금강산이며,

금강산과 건곤이 천, 지, 인이며,

금강산과 태극과 무극이 천, 지, 인이며,

금강산과 봉과 황이 천, 지, 인이며,

금강산과 계룡산과 황매산이 천, 지, 인이며,

금강산과 백두산과 한라산이 천, 지, 인이며,

백두산과 계룡산과 황매산이 천, 지, 인이며,

한라산과 계룡산과 황매산이 천, 지, 인이며,

계룡산과 백두산과 한라산이 천, 지, 인이며,

황매산과 백두산과 한라산이 천, 지, 인이며,

백두산과 계룡산이 건곤이며,

백두산과 황매산이 건곤이며,

한라산과 계룡산이 건곤이며,

한라산과 황매산이 건곤이며,

건 가운데 곤이 있으며 곤 가운데 건이 있으며,

건이 곤이며 곤이 건이며,

양과 음의 근본이 태양이며,
건과 곤의 근본이 태양이며,
모든 만물의 근본이 태양이며,
모든 생명체의 근본이 태양이며,
온갖 신의 판 근본이 태양이며,
온갖 종교판의 근본이 태양이며,
온갖 지리판의 근본이 태양이며,
태극과 무극의 근본이 태양이며,
사람이 살아가는 근본이 태양이며,

사람이 살아가는 근본이 도와 덕이며,
양과 음이 도와 덕이며 건곤이며,
태극과 무극이 도와 덕이며 건곤이며,
건과 곤이 도와 덕이며 곤과 건이며,
봉과 황이 도와 덕이며 건곤이며,
청룡과 백호가 도와 덕이며 건곤이며,
백두산과 한라산이 도와 덕이며 건곤이며,
계룡산과 황매산이 도와 덕이며 건곤이며,
금강산과 계룡산이 도와 덕이며 건곤이며,
금강산과 황매산이 도와 덕이며 건곤이며,
백두산과 금강산이 도와 덕이며 건곤이며,
백두산과 계룡산이 도와 덕이며 건곤이며,
백두산과 황매산이 도와 덕이며 건곤이며,
한라산과 금강산이 도와 덕이며 건곤이며,
한라산과 계룡산이 도와 덕이며 건곤이며,

한라산과 황매산이 도와 덕이며 건곤이며,
금강산과 백두산이 도와 덕이며 건곤이며,
금강산과 한라산이 도와 덕이며 건곤이며,
봉황과 청룡이 도와 덕이며 건곤이며,
봉황과 백호가 도와 덕이며 건곤이며,

도덕시대의 근본이 건곤 속에 있으며,
도덕세계의 근본이 건곤 속에 있으며,
도덕정치의 근본이 건곤 속에 있으며,

건이란 양이며 태극이며 봉이며,
곤이란 음이며 무극이며 황이며,
건곤의 진리 속에 태극기판 지리가 있는 것이며,
건곤의 진리 속에 태극기판 행정의 이치가 있는 것이며,
건곤의 진리 속에 태극기판 사상과 철학이 있는 것이며,
건곤의 진리 속에 양과 음의 이치가 있는 것이며,
건곤의 진리 속에 태극과 무극의 이치가 있는 것이며,
건곤의 진리 속에 봉과 황의 이치가 있는 것이며,
건곤의 진리 속에 청룡과 백호의 이치가 있는 것이며,

하늘판의 건곤을 바르게 헛터 잡아야 하며,
땅판의 건곤을 바르게 헛터 잡아야 하며,
사람판의 건곤을 바르게 헛터 잡아야 하며,
신격화하는 하늘판의 도덕은 사라져야 하며,
신격화하는 땅판의 도덕은 사라져야 하며,

신격화하는 사람판의 도덕은 사라져야 하며,
세상 사이에 존재하는 신격화하는 모든 이치는 사라져야 하며,
만백성이 최고인 세상 민심이 최고인 세상이 미래판 도덕세계이며,
신격화하는 온갖 예와 도덕과 성경과 경전은 사라지고
사람을 이롭게 하는 온갖 예와 도덕과 성경과 경전만이 필요할 뿐이며,
신격화하는 신이 주체가 아니라
사람이 주체인 시대를 만드는 것이 미래판 시대이며,

언젠가는 누군가가
새로운 건곤의 진리와 이치로
도덕시대가 만들어지기를
기대하면서…….

민심과 천심

사람이 살아가는 모든 이치 속에는 민심과 천심의 이치 속에서
사람이 천심을 이야기할 수 있으며 사람이 민심을 이야기할 수 있으며
천심은 사람을 통해야만 천심을 이야기할 수 있으며,
민심 또한 사람을 통해야만 민심을 이야기할 수 있으며,
천심과 민심은 사람을 통해야만 천심을 밝힐 수 있으며,
민심을 밝힐 수 있으며 천심이 민심이며 민심이 천심이며,
민심이 흉흉하면 천심이 흉흉한 이치이며,
천심이 흉흉하면 민심이 흉흉한 이치이며,

천심이 바르지 못하면 민심이 바르지 못할 것이며,
민심이 바르지 못하면 천심이 바르지 못한 이치이며,

천심이 분열과 갈등과 세력 싸움판이면
민심이 분열과 갈등과 세력 싸움판 속에서 살아갈 것이며,
천심이 하늘의 이치로 온갖 종교판과 온갖 신도(신명)판의 이치로
분열과 갈등과 세력 싸움판이면 민심이 하늘의 이치로 온갖 종교판과
온갖 신도판의 이치로 분열과 갈등과 세력 싸움판 속에서 살아갈 것이며,
천심이 땅의 이치로 온갖 나라의 판과 지리의 이치로
분열과 갈등과 세력 싸움판이면
민심이 땅의 이치로 온갖 나라의 판과 지리의 이치로
동, 서, 남, 북 분열과 갈등과 세력 싸움판 속에서 살아갈 것이며,
천심이 사람의 이치로 온갖 인종간 부족간
분열과 갈등과 세력 싸움판이면
민심이 사람의 이치로 온갖 인종간 부족간 분열과 갈등과
세력 싸움판 속에서 살아갈 것이며,
천심이 온갖 동물띠의 이치로 분열과 갈등과 세력 싸움판이면
민심이 온갖 동물띠의 이치로
분열과 갈등과 세력 싸움판 속에서 살아갈 것이며,

천심이 민심이며 민심이 천심이며,
천심이 흉흉해야 민심이 흉흉한 이치이며,
천심이 사주팔자판으로 사람의 생각까지 조종할 수 있으며,
천심이 선하면 민심이 선할 것이며,
천심이 악하면 민심이 악할 것이며,

민심이 선하면 천심이 선한 이치이며,
민심이 악하면 천심이 악한 이치이며,
천심이 욕설을 하면 민심이 욕설을 하는 이치이며,
천심이 명당 지리란 이치로 도적을 만들면
민심이 도적질을 하는 이치이며,
천심이 명당 지리란 이치로 망하게 만들면
민심이 망하는 이치이며,
천심이 명당 지리란 이치로 부귀영화를 만들면
민심이 부귀영화를 누릴 것이며,
천심이 대겁, 병겁, 종말론, 말세론, 개벽, 지각변동 등등을 만들면
민심 속에 대겁 병겁 종말론 말세론 개벽 지각변동 등등이
만들어지는 이치이며,

천심이 고기를 먹으면 민심이 고기를 먹는 이치이며,
천심이 고기를 먹어야만 민심이 고기를 먹는 이치이며,
천심이 피, 돼지, 소를 잡아먹어야만
민심이 돼지, 소를 잡아먹는 이치이며,
하나님 등급을 끝까지 파고들면 그 중심 핵 속에는 천심이 있으며,
천지신명 등급을 끝까지 파고들면 그 중심 핵 속에는 천심이 있으며,
옥황상제 등급을 끝까지 파고들면 그 중심 핵 속에는 천심이 있으며,
세상은 천심의 운행원리 속에서 움직이고 있는 이치이며,
사람은 천심의 온갖 이치 속에 복종하면서
종과 노예처럼 살아온 이치이며,
천심이 부지런해야 민심이 부지런한 이치이며,
천심이 신통력을 만들면 민심 속에 신통력이 만들어지는 이치이며,

천심의 능력은 상상을 초월하는 무궁무진한 능력이며,
천심이 제사판을 만들어야 민심이 제사를 지내는 이치이며,
천심이 등급에 따라 제사판을 만들지 않으면
제사를 지내지 않아도 되는 이치이며,

천심이 매장을 하면 민심이 매장을 할 것이며,
천심이 화장을 하면 민심이 화장을 할 것이며,
천심이 온갖 나라의 판과 등급에 따라 매장을 할 수도 있고
화장을 할 수도 있는 이치이며,
천심이 영혼판을 만들면 민심 속에 영혼이 존재하는 이치이며,
천심은 주는 만큼 받아가야 하는 이치이며,
천심이 선을 주면 민심 속에서 악을 받아가는 원리이며,
천심이 악을 주면 민심 속에서 선을 받아가는 원리이며,
천심이 부를 주면 민심 속에서 빈을 받아가는 이치이며,
천심이 빈을 주면 민심 속에서 부를 받아가는 이치이며,
천심이 부를 크게 하면 민심 속에 빈이 커지며,
천심이 빈을 크게 하면 민심 속에 부가 커지며,

천심은 명당 지리를 통하여 부귀영화를 주는 만큼
천심은 명당 지리를 통하여 패가망신을 받아가는 이치이며,
천심이 온갖 판의 이치로 민심을 조종한 긴긴 세월이었으며,
민심 속에 있는 악이란 천심이 만들어온 이치이며,
민심 속에 있는 온갖 종교란 천심이 만들어온 이치이며,
민심 속에 있는 온갖 명당 지리란 천심이 만들어온 이치이며,
사람은 접신을 통해야만 천심을 이야기할 수 있으며,

사람은 접신을 통해야만 신통력을 만들어낼 수 있으며,
신통력을 통하여 종교가 만들어지고
교주가 탄생하는 이치이며 믿음이 만들어지는 이치이며,
천심을 통하여 민심을 모조리 헛터 잡아온 이치이며,

천심은 대겁 병겁 말세 종말 개벽 지각변동 등등으로
민심을 모조리 죽여 새로운 세상을 만들려고 하는
살인마와 같은 형국으로 온갖 판을 모조리 신격화하여
천심이 최고인 판으로 만들어 놓은 형국이며,
사람도 천심으로 만들어 놓은 형국이며,
사람은 접신을 통하여 천심을 이야기할 수 있으며,
천심을 이야기할 수 있는 것은 사람뿐이며
천심이 접신을 통하여 사람을 마음대로 조종한
긴긴 세월 속에서 살아온 형국이며,

천심이 사람을 조종한 만큼
사람도 천심을 조종할 수 있는 원리이며,
천심이 온갖 종교판으로 민심을 조종하였으면
민심은 온갖 종교판을 폐지하고 천심을 조종할 수 있으며,
천심이 온갖 명당 지리, 발복 등으로 민심을 조종하였으면
민심은 온갖 명당 지리, 발복을 폐지하여 천심을 조종할 수 있으며,
천심이 온갖 동물띠로 민심을 조종하였으면
민심은 온갖 동물띠를 폐지하여 천심을 조종할 수 있으며,
천심이 세상 사이에 존재하는 온갖 신을 총동원하여
민심을 조종하였으면 민심은 세상 사이에 존재하는

온갖 신을 모조리 종말시키고 천심을 조종할 수 있으며,
천심이 만들어 놓은 지옥, 극락, 천당도
민심이 지옥, 극락, 천당을 폐지하여 천심을 조종할 수 있으며,
천심이 온갖 권력과 권위로서 민심을 조종하였으면
민심은 권력과 권위를 폐지하여 천심을 조종할 수 있으며,
천심이 온갖 제사판으로 민심을 조종하였으면
민심은 온갖 제사판을 폐지하면 제사판을 폐지할 수 있으며,
천심이 온갖 영혼판으로 민심을 조종하였으면
민심은 온갖 영혼판을 폐지하면 온갖 영혼판은 사라질 수 있으며,

천심이 말세 종말 말운론 개벽 지각변동 등등으로 민심을 조종할지
민심이 말세 종말 말운론 개벽 등등으로 천심을 조종할지
세상만사 이치는 묘한 이치이며,
천심이 민심을 종말시킬지
민심이 천심을 종말시킬지
이러한 모든 이치가 계룡산 미래판이며,
권력과 권위로 만들어 놓은 정치의 모든 구조 또한
천심의 이치와 같은 이치이며,
천심이 최고인 세상을
민심이 최고인 세상으로 바꾸는 것이 미래판 정치이며,
권력과 권위가 최고인 세상을
민심이 최고인 세상으로 바꾸는 것이 미래판 정치이며
미래판 정치의 복지란
천심과 정치의 잘못된 모든 판을 바르게 헛터 잡아
유리처럼 투명한 세상을 만드는 이치이며,

분열된 지리의 모든 판을 폐지하고
양과 음의 이치로 통합하는 것이 미래판 복지이며,
양이 없으면 음이 필요 없으며,
음이 없으면 양이 필요 없는 이치이며,
태극기판 지리의 이치로 통합하여
민심이 최고인 세상을 만드는 것이 미래판 복지이며,

태극기 속에서 무극을 이루어야 하는 이치이며,
태극이 있는 곳에 무극이 있으며
무극이 있는 곳에 태극이 있으며,
양이 있는 곳에 음이 있으며
음이 있는 곳에 양이 있으며,

태극기의 이치로 민심을 통합하는 것이 미래판 복지이며,
정치의 모든 구조 또한 양과 음의 이치로 조종하는 이치이며,
양이 봉이며 음이 황이며 양이 태극이며 음이 무극이며,
계룡산이 태극이며 황매산이 무극이며,
계룡산이 청룡이며 황매산이 백호이며,
양과 음이 봉황이며 양과 음이 청룡과 백호이며,
정치의 구조를 봉황과 청룡과 백호의 이치로 조종하여
태극기판 정치구조의 형태로 조종하여
민심이 최고인 세상을 만드는 것이 미래판 복지이며,
하늘판의 모든 이치를 바르게 조종해야 하며,
땅판의 모든 이치를 바르게 조종해야 하며,
사람판의 모든 이치를 바르게 조종해야 하며,

천, 지, 인의 모든 구조와 판을 바르게 조종하고
봉황과 청룡과 백호를 천, 지, 인판으로 조종하는 이치이며,
금강산과 계룡산과 황매산을 천, 지, 인판으로 조종하는 이치이며,
천, 지, 인 지리와 행정과 사상과 철학으로
민심이 최고인 세상을 만드는 것이 미래판 복지이며,
정치, 행정, 국 공 개인기업, 사립 국립학교 등등
모든 예산의 흐름과 집행과정을 유리처럼 모조리 바르게 밝혀
민심이 최고인 세상을 만드는 것이 미래판 복지이며,
투명한 세상을 만드는 것이 미래판 복지이며,
전국 도의 경계를 모조리 폐지하고
양과 음 천, 지, 인 지리의 이치로 민심을 통합해야 하며,
동, 서, 남, 북으로 분열된 지리와 행정과 사상과 철학을
양과 음 천, 지, 인의 이치로 지리와 행정과 사상과 철학을 통합하여
민심이 최고인 세상을 만드는 것이 미래판 복지이며,
양과 음이 봉황이니 봉황체의 나라를 만드는 것이 미래판 복지이며,
봉이 도이며 황이 덕이며 태극이 봉이며,
무극이 황이며 태극이 도이며 무극이 덕이니,
태극과 무극의 이치로 도덕정치의 기틀을 마련하여
민심이 최고인 세상을 만드는 것이 미래판 복지이며,

언젠가는 누군가가
민심이 최고인 세상을 만들 것이라
기대하면서…….

사주팔자

천지가 오행 주역 정역 선천 후천 온갖 괘 사주팔자
온갖 신 온갖 종교를 통하여
사람을 조종하는 이치 속에 살고 있는 형국이며,
명당 지리란 이치 또한 사람을 조종하기 위하여 만들어 놓은 형국이며,
사람은 천지가 만들어 놓은 온갖 이치 속에서 살고 있는 형국이며,

천지가 사람의 사주팔자를 통하여
세상을 선과 악의 이치로 판을 만들어온 이치이며,
천지가 사주팔자판을 통하여 사람을 선하게도 할 것이며,
천지가 사주팔자판을 통하여 사람을 악하게도 할 것이며,
천지가 사주팔자판을 만들어 선과 악의 이치로 세상을 움직인 이치이며,
사주팔자가 좋은 사람은 어느 정도 좋게 살아갈 것이며,
사주팔자가 나쁘게 태어난 사람은
나쁘게 살아가야 하는 천지의 사주팔자판이며,
천지가 사람의 사주팔자를 모두 다 선하고 착하게 살도록 만들면
세상은 모두 다 선하고 착하게 살아가는 세상일 것이며,
천지가 사람의 사주팔자를 모두 다 악과 분열과 세력싸움과
당파 종파싸움판으로 만들면
세상은 분열과 악과 싸움판 속에서 살아갈 것이며,

천지가 접신을 통하여 세상 사이에 수많은 종교판을 만들어
분열과 세력싸움과 종파싸움과 하나님이

최고 부처가 최고 미륵이 최고 상제가 최고 등등
갈등과 분열 속에서 살고 있는 형국이며,
천지가 도덕 앞장으로 지리의 분열과 사상과 철학의 분열 속에서
정신문화를 통합하지 못하고 있으며,
천지가 하늘과 땅 건곤이며 건곤이 사람의 사주팔자판을 통하여
선과 악의 분열 속에서 살고 있는 형국이며,
천지 건곤이 온갖 상제판으로
분열과 세력싸움과 내가 최고 속에서 살고 있는 형국이며,
천지 건곤이 온갖 하나님판으로
분열과 세력싸움과 내가 최고 속에서 살고 있는 형국이며,
천지 건곤이 만들어 놓은 사람의 동물띠 사주팔자판의 이치란
묘한 이치이며,
사람은 동물띠 사주팔자판의 이치 속에서 살며
신도(신명)의 세상 속에서 살고 있는 이치이며,
사람은 긴긴 세월 동안 신도판 천지 건곤판에 절대 복종하며,
종과 노예처럼 살아가고 있는 형국이며,

사람은 천지 건곤이 만들어 놓은
사주팔자판의 영역에서 벗어날 수 있으며,
사람은 천지 건곤이 만들어 놓은
동물띠의 영역에서 벗어날 수 있으며,
사람은 천지 건곤이 만들어 놓은
신도판의 영역에서 벗어날 수 있으며,
사람은 천지 건곤이 만들어 놓은
천도, 지도의 영역에서 벗어날 수 있으며,

사람은 동물의 탈을 쓴 사람이 아니라
사람의 탈을 쓴 사람띠가 될 수 있으며,
백두산 천지 건곤의 진실은 사람판 도덕 앞장이며,
신도판을 헛터 잡아야만 대겁 병겁을 헛터 잡는 이치이며,
신도판을 헛터 잡아야만 말세 종말을 헛터 잡는 이치이며,
대겁 병겁 말세 종말 천지개벽 지각변동 등등에 복종하는 것이 아니라
이 판을 만든 천도 지도판을 헛터 잡아야만
대겁 병겁 말세 종말 개벽 개화 지각변동 등등이 사라지는 이치이며,

이러한 이치 속에 신격화하는 온갖 이치가 사라지고
사람이 주체인 사람판 세상을 만들 수 있는 이치이며,
내가 최고인 대통령시대가 사라지는 판이 계룡산 미래판이며,
총리시대가 사라지는 판이며 최고라는 장관시대가 사라지는 판이며,
권력과 권위로서 만백성 위에 존재하는 모든 이치가 사라지고
만백성을 이롭게 할 책임자시대가 만들어져야 할 것이며,
이것이 사람판이며 미래시대이며,
사람이 살아가는 근본이 양과 음의 이치이며,
천지 건곤을 헛터 잡아 천, 지, 인을 평등하게 만들어야 할 것이며,
대한민국의 진리는 신도판이 아니며,
대한민국의 진리는 양과 음의 이치 속에 있으며,
양이 봉이며 음이 황이니 봉황의 운행원리와 진리 속에 있을 것이며,
봉황신을 헛터 잡아야만 사람 봉황판을 만들 수 있는 이치이며,

언젠가는 누군가가
혁신과 혁명으로 사람판 시대가 만들어져

내가 최고 구세주 하나님 미륵 상제 용화세상 등등이 아닌
만백성이 최고인 시대
신도판 정도령이 아닌
사람판 정도령 시대가
만들어지기를 기대하면서…….

명당 발복

천계와 지계와 인계의 이치와 판으로서
천, 지, 인의 모든 운행원리 속에
명당 지리와 명당 발복판이 존재하면서 세상 사이에는
온갖 지리의 이치와 지리의 형국으로
천, 지, 인의 운행원리 속에서 살아가고 있는 이치이며,
천계의 이치만으로 발복이 이루어지는 것이 아니며,
지계의 이치만으로 발복이 이루어지는 것이 아니며,
인계의 이치만으로 발복이 이루어지는 것이 아니며,
천, 지, 인 삼계의 삼합 속에서 발복이란 이치가 이루어지는 이치였으며,

천도를 통하여 지도를 통하여 인도를 통하여
명당 지리판을 만들어
발복이란 이치로서 긴긴 세월 동안 온갖 지리의 형국론 속에서
눈에 보이지 않는 지리 발복의 원리 속에서
천, 지, 인 삼계가 내가 최고가 되기 위한 지리 발복판이며,

세상 사이에 존재하는 온갖 천도(신도)의 이치 속에도
내가 최고 높고 높으신 어른이며 성인이며 구세주이며,
하느님 미륵 상제 등등
모두가 다 내가 최고가 되기 위한 발복판이며,
지도의 이치 속에도 내가 최고 높고 높으신 지상지존이며,
어른이며 성인이며 구세주이며 하나님(하느님) 미륵 황제 상제 등등
모두가 다 내가 최고가 되기 위한 발복판이며,
인도의 이치 속에도 내가 최고 높고 높으신 어른이며,
하나님 재림 하느님 온갖 미륵 온갖 상제 화신이며,
구세주이며 등등 모두가 다 내가 최고가 되기 위한 발복판이며,
천, 지, 인 삼계를 통하여 하나님이 최고 하느님이
최고 미륵이 최고 상제가 최고 구세주 등등
모두가 다 내가 최고가 되기 위한 발복판이며,
만백성 앞에 온갖 대겁 병겁 말세론 종말론 말운론 천지개벽 개화
지각변동 등등으로 모두가 다 내가 최고가 되기 위한 발복판이며,
세상 사이에 존재하는 교주 성인판 역시
내가 최고가 되기 위한 명당 발복판이며,
만백성 앞에 신격화하여
모두가 다 내가 최고가 되기 위한 명당 발복판이며,
세상 사이에 존재하는 온갖 성경 경전의 수많은 글들과 기도문
염불경 할 것 없이 모두가 다 내가 최고가 되기 위한 발복판이며,

명당 발복이란 천, 지, 인 삼계의 이치 속에서
명당 발복이란 원리가 만들어져
수많은 세월 동안 존재를 한 이치이며,

천, 지, 인 삼계를 통하여
내가 최고가 되기 위한 욕심으로 가득찬 명당 발복판을
세상 사이에 존재하는 온갖 교주 성인판이
명당 발복의 진리와 진실을 바르게 파악할 수 있어야 할 것이며,
만백성을 이롭게 하는 명당 발복판인지
만백성 위에 존재하는 내가 최고가 되기 위한 명당 발복판인지
세상만사 모든 이치는 묘한 이치 속에서 살고 있으며,

도덕 앞장 성인은
도덕이 최고인지 성인이 최고인지 알 수 없으며,
도덕 앞장 성인이며,
도덕 속에 성인 있고
성인 속에 도덕 있네
성인 앞장 도덕은 성인이 최고이며,
도덕 앞장 성인은 성인이 최고이며,
명당 발복 있는 곳에 성인이 최고이며,
천, 지, 인 삼계 중에 성인이 최고이며,
도덕 자랑 있는 곳에 성인이 최고이며,
만백성 앞에 성인이 최고이며,
태극 중에 성인이 최고이며,
무극 중에 성인이 최고이며,
성인이 하나님이며,
성인이 미륵이며,
성인이 부처이며,
성인이 상제이며,

하나님이 있는 곳에 내가 최고이며,
미륵이 있는 곳에 내가 최고이며,
부처가 있는 곳에 내가 최고이며,
상제 있는 곳에 내가 최고이며,

신격화하는 성인 앞에 만백성은 절하고 기도하고 빌고 염불하고
돼지, 소 잡아 바치고 돈 바치고
만백성은 신통력 앞에 복종하며, 기도하고 엄불하네,
만백성을 이롭게 하는 명당 발복이란
도덕 자랑 성인 자랑이 아니며 신통력 자랑이 아니며,
천, 지, 인 삼계의 잘못된 모든 지리와 행정과 사상과 철학을
바르게 헛터 잡아 만백성을 이롭게 할 수 있어야 하는 명당 발복이며,
모든 만물의 근본과 생명체의 근본은 양과 음의 이치이며,
동, 서로 분열된 모든 이치를 양과 음의 이치로 통합하는 명당 발복이며,
남, 북으로 분열된 모든 이치를 양과 음의 이치로
통합하는 명당 발복이며,
천, 지, 인 삼계를 바르게 조종하는 명당 발복이며,
동, 서, 남, 북으로 분열된 모든 지리와 행정과 사상과 철학을
양과 음의 이치로 통합하는 이치가 만백성을 이롭게 하는 명당 발복이며,

이러한 이치 속에서
계룡산 태극, 양, 봉의 지리가 존재하는 이치이며,
무극, 음, 황의 지리가 존재하는 이치이며,
양과 음의 이치로 만백성을 이롭게 하는 지리 발복이며,
이러한 지리 발복은 만백성이 최고인 명당 발복이며,

이러한 지리 발복은 새로운 정신문화를 형성하는 명당 발복이며,
내가 최고가 되기 위한 명당 발복은 사라져야 하며,
세상 사이에 존재하는 나를 위한 지리 발복과 명당 발복은 사라져야 하며,
성인을 위한 명당 발복도 사라져야 하며,
온갖 하나님 하느님 미륵 상제 용 봉황신 등등을 위한
명당 발복은 사라져야 하며,
세상 사이에 존재하는 온갖 교주와 종교를 위한
명당 발복은 사라져야 하며,
세상 사이에 존재하는 조상 영혼신과 관련된 명당 발복은 사라져야 하며,
만백성을 이롭게 하는 명당 발복이 아니면 세상 사이에 존재하는
모든 지리형국론의 명당 발복은 모조리 사라져야 하며,
이러한 이치 속에 계룡산 사람판의 진리와 진실이 있는 이치이며,

언젠가는 누군가가
양과 음의 지리와 이치로서
새로운 정신문화로 통합하여 새로운 시대가 만들어지기를
기대하면서…….

신도(신명)의 진실

태고적 천지가 만들어져
신도(신명)판을 만들어 운행을 한 천지의 이치가 있을 것이며,
사람은 천지가 만들어 놓은 신도판과 함께 살아온 이치이며,
천지가 사람판을 만들어 신도판의 이치로
사람을 조종하여 온 긴긴 세월이었으며,
사람은 신명을 통하여 아는 소리와 신통력을 보일 수도 있을 것이며,
사람과 신명이 소통할 수 있어야만 아는 소리를 할 수 있으며,
신통력을 일으킬 수도 있으며,
교주가 되고 성인이 되고 무속인이 되고
예언가가 되고 종교가 만들어지고 성경, 경전이 만들어질 수 있으며,
하나님 하느님 부처 보살 미륵 옥황상제 영혼 천존주 세상 사이에
존재하는 온갖 신도판이 나올 수 있는 이치이며,
사람은 신도(신명)를 통하여 지옥이 있고 천당이 있고
극락이 있는 이치가 나오는 것이며,

명당 발복이란 모든 이치도 신명판의 이치로 만들어지는 판이며,
사람의 사주팔자도 신명판의 이치로 만들어지는 판이며,
사람은 날 잡아 이사하고 결혼하고 방위 찾고 하는 이치도
신도판의 이치로 만들어진 판이며,
사람은 기도문이나 염불경을 통하여 사람의 몸과 마음을
조종할 수 있는 능력도 신도판의 무궁무궁한 능력이며,
사람은 수행을 통하여 사람 몸에 기가 생기고

기가 통하여 기의 흐름을 느낄 수 있는 이치도 신도판의 이치이며,
수맥봉을 이용하여 수맥봉이 움직이는 이치도 신도판의 이치이며,
사람은 생각과 환상과 꿈을 통하여
눈에 보이지 않는 용이 만들어지고 봉황이 만들어지고
주작 현무 등 사신이 만들어지고 하는 모든 이치도
신도판의 무궁무궁한 능력이며,

사람을 통하여 천지개벽 병겁 대겁 종말론 말세론 말운론 지각변동 등등
또한 신도판의 이치 속에서 만들어진 신도의 세계이며,
사람은 돼지, 소 잡아 치성상 차리고 제물을 바치고
촛불 켜고 향 피우고 청수 모시고 절하고 기도하고 염불하고
천도재 조상님 제사 49재 삼오제 산신제 기우제 등등
온갖 신도판의 이치 속에서 살고 있으며,
사람을 통하여 불기 몇천 년 운도 무슨 몇천 년 운도
선천이 어떻고 후천이 어떻고 선천 운도가 어떻고
후천 몇만 년 운도가 어떻고 이러한 모든 이치도
신도판을 통하여 만들어진 이치이며,

사람은 겁운을 통하여 질병으로 얼마가 죽고 얼마가 살고
지각변동으로 바다가 육지 되고 육지가 바다 되고
신도의 능력으로 만들어질 수 있는 신도판의 이치이며,
사람은 도를 통하여 도통을 이루어 신도판을 이야기할 수도 있으며,
신도와 합작으로 신통력을 만들어 낼 수도 있으며,
하나님판처럼 제사를 지내지 않게 할 수도 있으며,
신도의 능력으로 사람의 말과 행동을 조종할 수도 있으며,

사람의 생각 속에 생각을 조종할 수도 있으며,
사람이 잠잘 때 사람 생각 속에
꿈을 만들어 넣을 수 있는 능력이 신도의 세계이며,

약육강식과 선과 악의 모든 이치도
신도판의 이치 속에서 만들어지는 이치이며,
사람은 천지가 만든 신도세계의 능력 앞에
신도세계의 신통력 앞에 절대 복종하면서 평등하지 못한
긴긴 세월 속에서 살아온 이치이며,
사람은 천지가 만든 온갖 나라의 판과 인종간을 통하여
분열과 지역갈등으로 세력싸움 속에서 살아가고 있는 형국이며,
천지가 온갖 신도(신명)판을 통하여
하늘의 이치로 신도의 세상으로
신도 설교로서 사람 위에 존재하면서
사람을 마음대로 헛터 잡아온 긴긴 세월이며,

사람을 신격화하여 신도판에 복종하는
종과 노예처럼 만들어 놓은
평등하지 못한 천지의 신도(신명)판이며,
천지가 온갖 지리의 판을 통하여
땅의 이치로 온갖 나라의 판으로
분열 속에서 살아온 긴긴 세월이며,
온갖 인종을 통하여 분열 속에서 살아온 긴긴 세월이며,
동, 서 지역간 분열과 남, 북간 분열과 명당 지리란 이치로
사람을 마음대로 죽이고 살리고 흥하고 망하게 하는

평등하지 못한 천지의 신도(신명)판이며,
약육강식과 선과 악이란 이치 또한 신도로서 사람 마음과 생각을
선하게 만들지 못하고 약육강식과 선과 악이란 이치로
분열과 분열 속에서 긴긴 세월 살아가고 있는 이치이며,

천지가 만든 사람판이 신도판에 복종하며,
종과 노예처럼 살고 있는 형국이며,
천지를 선악분별하여 바르게 헛터 잡아
천, 지, 인을 평등하게 만들어 만백성을 이롭게 하는 이치가
계룡산 미래판이며,
계룡산 미래판이란 사람판을 바르게 조종하여
사람이 살아가는 이치는 신도판이 아닌 사람판의 이치로서
분열된 모든 판을 통합할 수 있어야 할 것이며,

미래판은 신도판 메시아도 아니며,
신도(신명)판 미륵도 아니며 부처도 아니며,
보살도 아니며 하나님(하느님)도 아니며 진인도 아니며 해인도 아니며,
신도판 상제도 아니며 천존주도 아니며 지상지존도 아니며,
교주도 아니며 성현도 아니며 성인도 아니며 도통군자도 아니며,
용도 아니며 봉황도 아니며,
용과 봉황신과 대결할 수 있는 세상 사이에 살아가는 사람일 뿐이며,
하나님, 상제라는 신과 대결할 수 있는
세상 사이에 살아가는 사람일 뿐이며,
신도의 세상 속에 있는 온갖 신명과 신도의 세계 속에 있는
온갖 신명을 헛터 잡아 신도의 세상과 세계를 종말시키고

사람이 살아가는 세상은 사람판의 이치로
모든 지리와 행정과 사상과 철학을 통합할 수 있어야 하는 것이
대한민국의 진실이며 사람판의 진실이며 계룡산 태극지리의 근본이며,
대한민국의 정신문화를 신도(신명)판 세상에서
사람판 세상으로 통합하여
분열된 지리와 행정과 사상과 철학을
사람 봉황, 사람 청룡, 사람 백호로서
만백성이 최고인 시대 만백성을 이롭게 할
도덕시대를 만들어야 하는 이치이며,

언젠가는 누군가가
신도판 세상이 아닌 사람판 세상의 이치와 판으로서
내가 최고가 아닌 내가 구세주가 아닌
새로운 혁신과 혁명으로 새로운 사람판 시대가
만들어지기를 기대하면서…….

봉황정치의 진실

세상은 태고적 창조주에 의해서
모든 만물과 생명체가 존재하는
이치의 근본이 양과 음의 이치이며 양과 음의 근본이 봉황이며,
봉황이란 눈에 보이지 않는 신과 같은 존재이며,
세상 사이에 존재하는 온갖 신들의 근본이 양과 음이며 봉황이며,

봉황의 운행원리와 진리를 바르게 파악할 수 있어야만
만백성을 이롭게 할 봉황판이 만들어질 수 있는 이치이며,
봉황판의 진리가 아니면 분열된 정신문화와
분열된 지리와 사상과 철학은 영원히 통합할 수 없는 이치이며,

긴긴 세월 동안 정치란 권력과 권위로서
만백성 위에 존재하는 최고의 판이며,
사람이 살아가는 이치 속에 신격화하는 종교판과 함께
정치판의 권력과 권위 앞에 복종하는 형국이며,
정치판이 욕심으로 가득 차면 만백성이 욕심으로 가득할 것이며,
종교판이 욕심으로 가득 차면 만백성이 욕심으로 가득할 것이며,
정치판이 분열과 당파싸움으로 가득 차면
만백성이 분열과 당파싸움으로 가득할 것이며,
종교판이 분열과 종파싸움으로 가득 차면
만백성이 분열과 종파싸움으로 가득할 것이며,

정치판이 바른 도와 바른 덕으로서 도덕정치를 펼칠 때
만백성이 바른 도와 덕으로서 도덕세계가 만들어질 것이며,
종교판이 바른 도와 덕으로서 통합할 때
만백성이 바른 도와 덕으로 도덕시대가 만들어질 것이며,
정치판이 부정과 부패와 비리가 가득하면
만백성이 부정과 부패와 비리 속에서 살아갈 것이며,
정치판이 권력과 권위로서 내가 최고라고 하면
만백성이 내가 최고, 내가 최고가 되는 이치이며,
종교판이 권력과 권위로서 내가 최고라고 하면

만백성이 내가 최고, 내가 최고가 되는 이치이며,
정치판과 종교판이 새로운 진리와 사상과 철학으로 통합할 때
만백성의 정신문화를 통합할 수 있는 이치이며,

대한민국의 진리란 신의 판 속에 봉황이 있으며,
정치판 속에 봉황이 있으며 신의 판이 종교판이며,
종교판 속에 봉황의 진리가 있으며,
정치판 속에 봉황의 진리가 있으며,
종교판이 봉황의 진리를 밝혀야 할 것이며,
정치판이 봉황의 진리를 밝혀야 할 것이며,
정치판과 종교판이 봉황의 진리를 밝혀
만백성의 지리와 행정과 사상과 철학으로
통합할 수 있어야 할 것이며,
이러한 이치 속에 봉황정치의 진실이 있는 것이며,

언젠가는 누군가가
봉황의 진리를 밝혀 만백성의 정신문화를 통합하여
새로운 도덕시대가 만들어지기를
기대하면서…….

진리의 진실

사람은 긴긴 세월 동안 온갖 진리와 예와 도덕과 규칙과 법 속에서
살아온 세월 동안 신격화하는 성인이라고 하는 성인을 통하여
성경과 경전과 온갖 글을 통하여 진리가 만들어져
사람이 살아가는 문화로 자리잡아온 이치이며,
문화를 형성하는 사상과 철학은 진리를 통하여
사람이 살아가는 정신문화를 형성하는 이치이며,

사상과 철학을 가진 진리를 통하여
온갖 다문화가 대한민국에 존재하면서
정치 사회 경제 모든 부분에 있어
온갖 문화의 진리로 분열 속에서 살아가고 있는 형국이며,
사상과 철학이 다른 온갖 진리는 대한민국판 사상과 철학으로
통합하지 못하고 분열 속에서 욕심으로 가득 차 있는 형국이며,
정치문화 또한 대한민국판 정치문화를 형성하지 못하고
수입산 정치문화 형태로 분열과 분열 속에서 욕심으로 가득 차
대한민국판 정치문화를 형성하지 못하고
수입산 정치문화 형태로 변질된 형국이며,
수입산 정치문화의 진리 속에서 부정과 부패와 비리 속에서
선거공신들이 판치는 세상이며 선거공신들이 판치는 세상 속에서
정당정치를 통해서 화합과 통합이 아닌 당파싸움만 하는 형국이며,
당내에서도 당파싸움 당과 당 사이에서도
당파싸움 수입산 정치문화의 형태가

온 국민을 분열과 당파싸움과 지역감정으로 분열되고
대한민국판 정치문화의 진리를 이루지 못하고 있는 형국이며,
종교판 또한 수입산 정치문화와 같은 형국이며,
수입산 온갖 종교판의 정신문화 속에서
대한민국판 정신문화의 진리를 이루지 못하고
세상 사이에 존재하는 온갖 종교문화의 진리가
만백성을 분열시키고 종파싸움만 하는 형국이며,

유 불, 선, 기독교 등등 신격화하는 온갖 수입산 종교문화의 진리가
대한민국판 사상과 철학으로 자리잡지 못하고 있는 형국이며,
수입산 종교문화의 진리란 글자 숫자만 많은 수많은 글들은
시골 계시는 할머니 할아버지께서는
읽을 수도 들어서 이해할 수도 없는 글들이 많을 것이며,
수많은 한문과 글들은 만백성이 누구나 읽을 수 있고
들어서 알 수 있도록 만들어진 진리가 없을 것이며,
만백성이 읽을 수 없고 들어서 알 수 없는 진리란 무용지물이며,
시골 계시는 할머니 할아버지께서 읽을 수 있고 들어서 이해할 수 있는
진리가 아니면 대한민국판 진리가 될 수 없는 이치이며,
도교사상을 포함하여 수입산 온갖 종교판의 진리란
만백성을 이롭게 하는 대한민국판 진리를 이루지 못하고
신격화하여 만백성 위에 존재하기 위하여
종파싸움만 하는 형국이며,
세상 사이에 존재하는 수입산 온갖 종교판은
대한민국판 사상과 철학이 될 수 없는 이치이며,
수입산 정치문화의 형태도

대한민국판 정치문화가 될 수 없는 이치이며,

모든 만물과 생명체의 근본이 양과 음의 이치이며,
양만 가지고서 이루어질 수 없는 세상이며,
음만 가지고서 이루어질 수 없는 세상이며,
태극만 가지고서 이루어질 수 없는 세상이며,
무극만 가지고서 이루어질 수 없는 세상이며,
태극시대 따로 무극시대 따로가 아니며,
태극 속에 무극이 있으며 무극 속에 태극이 있으니
양과 음의 이치로 대한민국판 지리와 행정과 사상과 철학으로
통합하는 것이 대한민국의 진리 속에 있는 진실이며,

양과 음의 이치로 동서분열과 남북분열과 만백성의 정신문화를
통합하는 이치가 대한민국의 진리이며,
이러한 이치 속에서 계룡산 태극지리를 활용하는 이치이며,
황매산 무극지리를 활용하는 이치이며,
동서 양립과 경상남북 전라남북 등등
남북으로 이루어진 분열된 지리형국을
양의 지리와 음의 지리판으로 천, 지, 인 지리판으로
바르게 조종할 수 있어야 할 것이며,
양 속에 음이 있으며, 음 속에 양이 있으며,
분열된 지리와 행정과 사상과 철학을 양과 음의 이치로
통합하는 이치 속에 계룡산 양의 지리를 활용하는 이치이며,
태극이 도이며 무극이 덕이니 도 속에 덕이 있으며,
덕 속에 도가 있으며 도덕의 근본이

태극과 무극의 이치 속에 있으며,

도덕정치의 진리 속에 계룡산 태극 양의 지리형국이 있는 이치이며,
만백성을 이롭게 하는 진리란 권력과 권위로서
만백성 위에 존재하려는 온갖 진리가 사라져야 하며,
신격화하는 교주, 성인시대가 사라져야 하며,
기도하고 염불하고 빌어서 도덕을 이루는 것이 아니라
말과 행동이 도덕일 뿐이며,
세상 사이에 존재하는 온갖 종교를 통합하는 이치 속에
계룡산 태극지리가 있는 이치이며,
양과 음의 이치로 혁신과 혁명을 통하여
새로운 대한민국판 지리와 행정과 사상과 철학으로 통합하여
새로운 정신문화를 형성하여 새로운 도덕세계를 만드는 이치가
대한민국의 진리라 생각하면서

언젠가는 누군가가
새로운 도덕정치로서 새로운 도덕세계를
만들어 가리라
기대하면서…….

구원의 진실

사람은 긴긴 세월 동안 신의 판 영역을 벗어나지 못한 이치 속에서

종교를 통하여 믿음을 통하여 구원받기 위해 엎드려 절하고 기도하고
염불하고 상 차려 제물을 바치고 하는 형국 속에서
사람은 신의 판 종과 노예처럼 살아온 이치이며,
사람이 죽어 영혼이 있고 없고 천당과 지옥과 극락 등등의
모든 판의 형국은 신의 판 형국이며,
사람은 십승지를 통하여 구원받기를 원하는 것도 신의 판 형국이며,

말세판을 만들어 말세에 죽지 않고 살아남기 위하여
구원받기를 원하는 것도 신의 판 형국이며,
병겁을 통하여 죽지 않고 살아남기 위하여
구원받기를 원하는 것도 신의 판 형국이며,
지각변동을 통하여 죽지 않고 살아남기 위하여
구원받기를 원하는 것도 신의 판 형국이며,
천도를 통하여 구원받기를 원하는 것도 신의 판 형국이며,

사람은 죽어서 지옥에 가지 않고 구원받기를 원하는 것도
신의 판 형국이며, 사람은 죽어서 극락과 천당에 가려고
구원받기를 원하는 것도 신의 판 형국이며,
사람은 세상 사이에 존재하는 온갖 종교판을 통하여
구원받기를 원하는 것도 신의 판 형국이며,
도덕이란 이치 또한 믿음을 통하여
도덕이 이루어지는 것도 신의 판 형국이며,

세상 사이에 존재하는 온갖 예언서 비결서 강계서 성경 경전 등등
또한 신의 판 형국이며 예언서 비결서를 통하여

도읍지가 어디에 몇백 년 도읍지 어디에 몇백 년 도읍지 등등
또한 신의 판 도읍지 형국이며,
사람은 명당 지리를 통하여 구원받기를 원하는 것도 신의 판 형국이며,
사람은 신과 관련된 온갖 신을 통하여 구원받기를 원하는 것도
신의 판 형국이며, 사람은 온갖 신의 판 형국을 통하여
구원받기 위해서 절대 복종하는 형국이며,

사람과 신과의 관계는 영원히 변할 수 없는 관계이며,
사람은 사주팔자 오행 주역 정역 팔괘 동물띠 등등
온갖 이치의 신의 판 세상 속에서 살아온 이치이며,
사람의 마음속에는 온갖 신의 판 등급이 모두 다 존재하는 이치이며,
사람의 마음속에는 하느님판 등급도 존재하며,
상제판 등급도 존재하며, 세상 사이에 존재하는
온갖 신의 판 등급은 사람 마음속에 모두 다 존재하는 이치이며,
선과 악의 모든 이치도 사람 마음속에 모두 다 존재하는 이치이며,

사람이 신의 판 영역을 벗어날 수 있는 경지가 도덕의 마지막 경지이며,
도란 믿음을 통한 도의 이치란 신의 판 도이며,
덕이란 믿음을 통한 덕의 이치란 신의 판 덕이며,
도덕이란 믿음을 통하여 구원받기를 원하는 것은 신의 판 도덕이며,
도덕의 마지막 경지란 말과 행동이 도덕일 뿐이며,
구원받기 위한 도덕이 아니며,

사람은 신의 판 영역을 벗어날 수 있을 때
구원받기 위하여 하나님도 필요 없을 것이며,

상제도 필요 없을 것이며,
부처도 필요 없을 것이며 미륵도 필요 없을 것이며,
세상 사이에 존재하는 온갖 신의 판 종교가
필요 없는 경지에 도달하는 이치이며,
사람은 신의 판 영역을 벗어날 수 있을 때
대지 명당도 필요 없을 것이며 동물띠가 사라지는 이치이며,
지옥 천당 극락도 필요 없을 것이며,
신이 주체가 아닌 사람이 주체인 세상을 만들 수 있는 이치가
이 속에 있을 것이며,

사람은 전생과 후생의 이치와 윤회사상도 모두가 신의 판 이치이며,
영혼과 상 차려 제사를 모시는 이치도 신의 판 이치이며,
사람은 신의 판 영역 앞에 절대 복종을 하여온 긴긴 세월이었으며,
신통력을 가진 신의 판 앞에 사람은 믿음의 주체가 신격화되어
신의 판 종과 노예처럼 살아온 긴긴 세월이었으며,
사람은 신통력을 가진 신의 판을 통하여 구원받기 위해
살아가고 있는 형국이며 세상 사이에 존재하는
온갖 신의 판 근본이 봉황이며 봉황이 용의 판을 만들어
세상 사이에 존재하는 이치이며,

양과 음의 근본이 봉황이니 세상 사이에 존재하는
온갖 신의 판을 통합할 수 있는 이치는 봉황판이며,
세상 사이에 존재하는 온갖 신의 판 조종은 봉황이 하는 것이며,
봉황이 신의 판 대장격이며 사람은 봉황의 경지에 도달할 때
봉황의 운행원리와 이치를 파악할 수 있는 이치이며,

사람과 봉황과의 사이에서 봉황이 사람을 헛터 잡으면
신의 판 세상이 만들어지는 이치이며,
사람이 봉황을 헛터 잡으면 사람판 세상이 만들어지는 이치이며,
이러한 이치 속에서 구원의 진실이 있는 것이며,
사람은 신의 판을 통하여 구원받기를 원하는 것은
신의 판 세상이며 사람판 세상이 아니며,
신의 판 권력과 권위란 상상을 초월하는 절대 복종의 형국이며,

사람은 신의 판 영역을 벗어날 수 있을 때
자기완성이 이루어지는 이치이며,
사람은 자기완성을 통하여
동물띠에서 사람띠로 변할 수 있는 이치이며,
사람이 사람띠의 경지에 도달할 때
자기완성을 통하여 신의 판 영역에서 벗어나
도와 덕을 이루는 것이 사람판 세상이며,
사람띠의 경지에 도달한 사람만이 신의 판 봉황을
헛터 잡을 수 있을 것이며,
신의 판 봉황을 헛터 잡아야만
사람판 봉황시대를 만들 수 있는 이치이며,
사람이 주체인 시대를 만들 수 있을 것이며,
사람은 신의 판 동물띠의 영역에서
벗어날 수 있는 경지 속에 구원의 진실이 있을 것이며,

사람은 사람띠의 경지에 도달할 때
세상만사 모든 이치를 파악할 수 있을 것이며,

도덕의 마지막 경지란 신통력이 아니며,
신통력을 헛터 잡아야 하는 이치이며,
도덕의 마지막 경지란
양과 음의 이치로 통합할 수 있어야 할 것이며,
도덕의 마지막 경지란
태극과 무극의 이치로 통합할 수 있어야 할 것이며,
도덕의 마지막 경지란
봉과 황의 이치로 통합할 수 있어야 할 것이며,
도덕의 마지막 경지란
천, 지, 인을 바르게 조종할 수 있어야 할 것이며,
구원의 진실 속에는 대한민국의 모든 판을 양과 음의 이치로
사람판 세상을 만드는 이치이며 사람 봉황판을 만드는 이치이며,
천, 지, 인을 평등하게 조종하여
만백성이 최고인 세상을 만드는 이치이며,

구원이란 자기 스스로 자기를 완성시키는 것이 구원이며,
빌어서 기도하여 염불하여 구원받는 것이 아니며,
자신을 구원할 사람은 자기 자신이며,
하느님(하나님)이 구원해 주는 것이 아니며,
믿음을 통하여 도와 덕을 이루는 것이 아니며,
도와 덕의 완성체가 봉황체이며,
사람은 봉황신을 선악분별하여 헛터 잡을 수 있을 때
사람이 봉황체를 이루는 이치이며,
사람이 봉황체의 경지에 도달할 때 대한민국의 사상과 철학을
봉황판으로 만들 수 있는 이치이며,

언젠가는 누군가가
혁신과 혁명을 통하여
대한민국의 모든 지리와 행정과 사상과 철학을
봉황판으로 통합할 수 있기를
기대하면서…….

용의 진실

사람은 긴긴 세월 동안 신의 판 속에서 살아온 이치 속에서
용이란 눈에 보이지 않는 신격화하는 신의 판으로
만들어진 상상의 영물이며,
용의 판이란 신격화하는 판이며,
용의 판이란 절대 권력과 권위의 판이며,
용의 판이란 절대 복종의 판이며,
하늘과 땅이 용의 판을 만들어 사람을 조종하여온 세월이었으며,
신을 통하여 사람의 생각 속에 환상을 만들어 넣어
용의 형상이 만들어진 이치이며,
신이 사람의 꿈을 통하여 사람의 생각 속에
생각을 만들어 넣어 용을 형상화할 수도 있으며,

신격화하는 하늘의 모든 이치로 용의 판을 만들어
사람을 조종하여온 세월이었으며,
땅의 모든 이치로 사람을 조종하여온 세월이었으며,

사람의 모든 이치 속에도 절대 권력과 복종의 상징물로
임금을 용으로 신격화하였으며,
신격화하는 최고 권력과 절대 복종의 상징으로
용안을 사용하고 있을 것이며,
최고 권력의 상징으로 황룡을 많이 사용하고 있으며,
긴긴 세월 동안 하늘과 땅과 사람이
천, 지, 인 삼계가 만백성 위에 존재하기 위하여
황룡을 활용하여 최고의 권력과 권위와 절대 복종의 상징으로
황포 입은 용안이 만들어진 이치이며,

천, 지, 인 삼계가 용을 활용하여
최고의 권력과 권위로서 신격화하여
선과 악의 이치로 만백성 위에
존재하기 위한 상징물이 용이란 이치이며,
예를 들어 상제판 역시 용의 판이며,
절대 권력의 상징으로 용을 사용하는 이치이며,
상제판 최고 권력의 상징으로
황포 입은 황룡을 사용하는 이치이며,
황포 입은 황룡이 신격화되는 이치이며,
상제판의 금계란 닭일 뿐이며,
닭을 금계로 보는 판이 상제판 등급의 경지이며,
천지신명판 등급의 금계란 꿩을 금계로 보는 판이며,
꿩을 금계로 보는 판의 등급이 천지신명판 등급의 경지이며,

사람은 묘하게 신의 판 영역 속에서 살아가고 있으며,

사람은 사주팔자 천운 지운 동물띠 동물판의 이치로 만들어
용이 동물판의 최고 권력과 권위로 만들어 놓은 이치이며,
용은 눈에 보이지 않는 신격화하는 최고의 영물이며,
용과 봉황과의 관계를 모조리 바르게 밝힐 수 있어야 할 것이며,
황룡, 청룡, 흑룡 할 것 없이 용이란 용의 신을 끝까지 파고들면
용의 중심 핵 속에는 봉황이 존재하는 이치이며,
봉황이 황룡, 청룡, 흑룡 할 것 없이
온갖 용의 판을 만들어 운행을 한 이치이며,
봉황이 천지이며 천지가 온갖 용의 판을 만들어 운행를 한 이치이며,

사람의 사주팔자 동물띠 또한 봉황이 만들어 운행을 한 이치이며,

사람은 봉황(천지)이 만들어 놓은 온갖 신의 판과
동물띠의 영역에서 벗어날 수 있어야
사람은 사람띠가 될 수 있는 이치이며,
사람이 남에게 욕설을 하는 것은 상제판 등급이며,
사람은 남에게 욕설을 하는 그 사람은 상제판 등급 속에서
영원히 동물띠 동물판의 이치 속에서 살아가야 하는 이치이며,
온갖 종교판과 용의 판으로 신격화하여
내가 최고 권력과 권위로서
도덕을 신격화하는 사람은 동물띠 동물판의 이치 속에서
닭과 꿩을 금계로 보면서 영원히 살아갈 것이며,

사람은 봉황판이 만들어 놓은 온갖 신의 판을
선, 악 분별하여 헛터 잡을 수 있어야

신격화하는 신이 주체가 아니라
사람이 주체인 세상을 만들 수 있는 이치이며,
내가 최고가 아니라 만백성이 최고인 세상을 만들 수 있을 것이며,
교주와 성인이 최고가 아니라
만백성이 최고인 세상을 만들 수 있을 것이며,
권력과 권위가 최고가 아니라
만백성이 최고인 세상을 만들 수 있을 것이며,

태극기의 근본이 이러한 이치이며,
태극기 속의 양과 음이 천지이며,
양과 음이 봉과 황이며,
양과 음이 태극과 무극이며,
양과 음이 도와 덕이며,
양과 음이 백두산 천지이며 한라산 백록이며,
양과 음이 계룡산 태극이며 황매산 무극이며,
대한민국의 모든 판을 양과 음의 이치로
통합할 수 있어야 할 것이며,
동, 서 양립과 남, 북으로 이루어진 모든 판을 양과 음의 판으로
모든 지리와 행정과 사상과 철학으로
통합할 수 있어야 할 것이며,
모든 만물의 근본이 양과 음이며,
모든 생명체의 근본이 양과 음이며,
사람이 사람띠의 경지에 도달할 때
천, 지, 인이 평등해질 수 있으며,
대한민국의 모든 지리와 행정과 사상과 철학을

양과 음의 이치로 통합하는 것이 봉황판이며,
봉황판을 헛터 잡을 수 있을 때 봉황판을 만들 수 있는 이치이며,

언젠가는 누군가가
봉황판으로 통합하여 봉황체의 나라가 만들어지기를
기대하면서…….

봉황의 진실

대한민국의 근본이 천지이며,
긴긴 세월 속에 사람이 살아가는 세월 속에
사람은 양과 음의 이치 속에서 살아가고 있는 이치이며,
모든 만물과 생명체 또한
양과 음의 이치 속에서 존재하고 있는 이치이며,
양이 없으면 음이 필요 없는 이치이며,
음이 없으면 양이 필요 없는 이치이며,
양과 음의 관계란 이러한 관계이며,
대우주를 만들어가는 근본 또한
양과 음의 이치 속에서 존재하는 이치이며,
천지를 만들어가는 근본 또한
양과 음의 이치 속에서 존재하는 이치이며,

대한민국을 만들어가야 하는 근본 또한

양과 음의 이치 속에서 모든 지리와 행정과 사상과 철학으로
만들어가야 할 것 같기도 하며,
눈에 보이지 않는 봉황이란 눈에 보이지 않는 신과 같은 존재이며,
신격화하는 신도 양과 음의 이치가 없으면
신도 존재할 수 없는 이치이며,
신이란 없는 것이 아니며,
신이란 양과 음의 이치 속에서 존재하는 이치이며,
양과 음의 이치가 아니면 신도 존재할 수 없는 이치 속에
신의 근본이 양과 음의 이치이며,
양과 음의 이치 속에서 신이 존재할 수 있으며,
양과 음의 이치 속에서 모든 생명체가 존재할 수 있는 것이며,
긴긴 세월 동안 눈에 보이지 않는 봉황의 근본이
양과 음의 이치이며,
세상 사이에 만들어진 온갖 신의 근본이
양과 음 봉황이 근본이며,
세상 사이에 만들어진 태극과 무극의 근본이
양과 음 봉황이 근본이며,
긴긴 세월 동안 사람은 신의 판 세상 속에서 살아온 이치이며,
봉황이란 눈에 보이지 않는 신의 판이며,
신의 판 양과 음이 봉황이며,

사람은 영혼, 사주팔자, 오행, 궁합, 온갖 괘, 사방위, 온갖 종교,
온갖 천존주, 칠성신, 온갖 신, 온갖 대왕, 용왕, 천당, 극락, 지옥,
접신을 통하여 만들어진 온갖 대겁, 병겁, 지각변동, 말세론,
종말론, 말운론, 접신을 통하여 만들어진

온갖 예와 도덕, 대지 명당, 온갖 성경, 경전, 강계서, 예언서,
비결서 등등, 천지신명, 상제, 하나님, 하느님, 부처, 보살, 기독교,
불교, 유교, 도교,황제 등등

사람은 신의 판 세상 속에서 살아가고 있는 형국이며,
이러한 신의 판 근본이 봉황이며,
봉황이 양과 음이며 양과 음이 태양신이며 봉황이 태양신이며,
사람은 동물띠의 형국 속에서 살아가고 있으며,
동물띠의 근본이 봉황이며,
사람은 신의 판 앞에 기도하고 절하고 빌고 염불하고 치성하고
제물을 바치고 양, 소, 돼지 잡아 바치고 하는
모든 이치의 근본이 봉황이며,
신의 판 근본이 양과 음이며 양과 음이 태극과 무극이며
태극과 무극이 봉과 황이며

사람은 봉황의 모든 운행원리를
바르게 파악할 수 있어야 할 것이며,
사람은 욕심을 버리지 못할 때 내가 최고가 되는 이치이며,
동물띠의 형국 속에서 벗어날 수 없을 것이며,
태극 따로 무극 따로 양 따로 음 따로가 될 수도 있을 것이며,
천지란 양과 음일 뿐이며,
천지란 봉과 황일 뿐이며,
천지란 태극과 무극일 뿐이며,
천지란 도와 덕일 뿐이며,

천지의 근본이 봉황이며,
사람은 욕심을 버리고 말과 행동이 바를 때
봉황의 함정에서 벗어날 수 있으며,
천지의 함정에서 벗어날 수 있으며,
봉황판을 흑백의 이치로 선악분별할 수 있을 것이며,
봉황판을 선악 분별할 수 있을 때
사람은 신의 판 영역에서 벗어날 수 있는 이치이며,
대한민국의 비밀은 봉황의 진실 속에 있으며,
대한민국의 진실은 봉황을 헛터 잡을 수 있을 때
새로운 지리와 행정과 사상과 철학이 만들어질 수 있는 이치이며,
계룡산 태극 양 봉황판이 만들어질 수 있으며,
무극 음 봉황판이 없는 계룡산이란 무용지물이며,
천, 지와 사람이 평등해지는 관계가 대한민국판이며,
대한민국의 지리와 행정과 사상과 철학이
양과 음의 이치 속에 있으며,
대한민국의 지리와 행정과 사상과 철학이
봉황의 이치 속에 있으며,

언젠가는 누군가가
계룡산 태극 양을 활용하여 봉황체의 나라가
만들어지기를
기대하면서……

대한민국의 사상과 철학

대우주를 운행하고 조종하는 어떤 기의 원리와 이치 속에서
태곳적부터 사람이 존재하면서 수많은 사상과 철학 속에서
문화를 형성하면서 살아온 이치이며,
지구촌에 존재하는 수많은 민족과 민족이
각기 다른 사상과 철학 속에서 문화를 형성하여
민족간의 경쟁 속에서 국가간의 경쟁 속에서 부족간의 경쟁 속에서
약육강식이란 이치 속에서 살아온 이치일 수도 있으며,

과학의 급속한 발전과 문화의 개방으로
지구촌에 존재하는 수많은 사상과 철학이 대한민국에 존재하면서
온갖 사상과 철학의 이치 속에서 살아가고 있는 형국이며,
사람은 신격화하는 온갖 종교의 사상과 철학의 이치 속에서
살아온 세월동안 과학과 함께 공존하면서
다문화의 사상과 철학 속에서
대한민국판 사상과 철학을 만들 수도 있으나
사람은 온갖 동물띠 동물판의 이치 속에서 살아오면서
신의 판 다문화를 벗어나지 못하여
대한민국판 사상과 철학이 만들어질 수 없는 이치이며,
사람은 동물띠 동물판을 벗어날 수 있어야만
사람띠 사람판의 경지에 도달할 수 있는 이치이며,
사람띠 사람판의 경지에 도달해야만
신의 판 영역에서 벗어날 수 있으며,

온갖 신들의 판 운행원리를 모조리 파악할 수 있을 것이며,

대한민국판 사상과 철학의 모든 이치는
봉황의 모든 운행원리와 이치를 모조리 파악할 수 있어야 할 것이며,
봉황의 모든 운행원리와 이치를 파악하지 못하면
대한민국판 사상과 철학은 만들어질 수 없을 것이며,
천지를 만들어가는 모든 운행의 근본은 양과 음이며,
양이 봉이며 음이 황이니 양과 음의 이치가 아니면
대한민국판 사상과 철학이 될 수 없으며,
상제판, 부처판, 하나님판 등등 신격화하는 온갖 판은
한국판 사상과 철학이 될 수 없으며,

사람은 신을 헛터 잡지 못하여
신의 판 종과 노예처럼 살아온 이치이기에
신의 판이 한국판 사상과 철학이 될 수 없으며,
무한대의 능력을 가진 신의 판을 벗어날 수 있어야만
한국판 사상과 철학을 만들 수 있는 이치이며,
양이 태극이며 음이 무극이니 대한민국 모든 지리의 이치 또한
신의 판 지리를 벗어날 수 있어야만
사람판 지리를 만들 수 있는 이치이며,
계룡산 태극지리의 이치 또한 신의 판 계룡산 태극지리판과
사람판 계룡산 태극지리판과는 완전히 다른 이치이며,
신의 판 계룡산 몇백 년 도읍지설 등등은
사람판 계룡산 태극의 이치와 완전히 다른 이치이며,

태극이란 양으로서 태극만 가지고서 이루어질 수 없는 이치이며,
양만 가지고서 이루어질 수 없는 이치이며,
계룡산만 가지고서 이루어질 수 없는 이치이며,
계룡산 태극 양의 이치 속에 대한민국판 사상과 철학이 있으며,
무극이란 음으로서 무극만 가지고서 이루어질 수 없는 이치이며,
음만 가지고서 이루어질 수 없는 이치이며,
황매산만 가지고서 이루어질 수 없는 이치이며,
황매산 무극 음의 이치 속에 대한민국판 사상과 철학이 있으며,
대한민국 모든 지리의 이치와 판을 양과 음의 이치로
조종할 수 있어야 할 것이며,
대한민국 모든 지리의 이치와 판을
봉황판으로 조종할 수 있어야 할 것이며,
모든 만물의 근본은 양과 음이며,
모든 생명체의 근본은 양과 음이며,
모든 지리의 근본은 양과 음이며,
천지의 근본이 양과 음의 이치이며,
양과 음의 이치가 아니면
대한민국판 사상과 철학이 될 수 없으며,
대한민국의 모든 지리의 근본이 양과 음의 이치이니
양과 음의 지리의 이치 속에 대한민국판 새로운 사상과 철학으로
통합할 수 있는 이치가 있는 것이며,
행정구조의 모든 이치와 판 역시 양과 음의 이치 속에
새로운 행정구조를 만들 수 있어야 할 것이며,
대한민국판 새로운 행정구조의 이치로서
양과 음의 행정구조로 통합할 수 있어야 할 것이며,

이것이 봉황판의 이치이며,
계룡산 태극판 속에 신의 판 정도령과
사람판 정도령과는 완전히 다른 이치이며,

신이 사람을 헛터 잡으면 신의 판 세상이 만들어질 것이며,
사람이 신을 헛터 잡으면 사람판 세상이 만들어질 것이며,
계룡산을 신의 판 봉황으로 만들 수도 있을 것이며,
계룡산을 사람판 봉황으로 만들 수도 있을 것이며,
사람은 사람판의 이치 속에서 살아가야 할 것이며,
봉황체의 근본이 태극지리와 무극지리의 이치 속에 있으며,
만백성을 이롭게 하는 근본이 봉황체의 이치 속에 있으며,
봉황, 청룡, 백호의 모든 이치를 사람 봉황판, 사람 청룡판,
사람 백호판의 이치 속에 한국판 사상과 철학이 있을 수 있으며,
사람은 욕심을 버리고 말과 행동이 바를 때
사람판의 경지에 도달할 수 있을 것이며,
만백성이 동물띠의 영역에서 벗어나
사람띠 사람판의 경지에 도달할 때
대한민국판 새로운 사상과 철학이 탄생할 수 있는 이치이며,

세상 사이에 존재하는 수많은 다문화와 온갖 사상과 철학에서 벗어나
새로운 한국판 사상과 철학의 이치로
새로운 시대를 만들어야 할 것이며,
천, 지, 인의 모든 이치가 지리의 이치 속에 있으며,
봉황의 모든 이치가 지리의 이치 속에 있으며,
청룡의 모든 이치가 지리의 이치 속에 있으며,

백호의 모든 이치가 지리의 이치 속에 있으며,
천지가 도덕이며,
양과 음이 도덕이며,
태극과 무극이 도덕이며,
봉과 황이 도덕이며,
청룡과 백호가 도덕이며,

만백성을 이롭게 할 새로운 도덕시대를 만드는 것이
대한민국판 사상과 철학일 것이며,
봉황체의 근본이 도덕이며 도덕의 근본이 봉황체일 때
대한민국판 새로운 사상과 철학은 봉황체의 나라이며,
온갖 종교가 만들어 놓은 온갖 예와 도덕과 경전과 성경은
신격화하는 모든 이치는 사라져야 하며,
신을 이롭게 하는 온갖 글들과 예와 도덕은 사라지고
사람을 이롭게 하는 온갖 예와 도덕과 글과 경전과 성경만이
필요한 이치가 봉황판이며,
온갖 다문화와 온갖 종교판과 온갖 신들의 판과
온갖 지리의 판과 온갖 행정구조의 판과 만백성을 이롭게 하는
온갖 이치와 판을 봉황판으로 통합하여
봉황체의 나라로 새로운 도덕시대를 만들어
새로운 사상과 철학으로 통합할 때
세계를 향한 새로운 시대를 만들 수 있을 것이며,
신들의 판은 모조리 흑, 백의 원리로 만들어진 이치이며,
사람이 흑, 백을 분별하지 못하면
대한민국판 사상과 철학은 만들어질 수 없는 이치이며,

대한민국판 지리 행정 사상과 철학은
태극기의 모든 이치 속에 있을 것이며,

태극기 속에 봉황 청룡 백호의 모든 지리 행정 사상과 철학이 있으며,
태극기 속에 양과 음의 지리와 행정과 사상과 철학이 있으며,
태극기 속에 태극과 무극의 지리와 행정과 사상과 철학이 있으며,
태극기 속에 천, 지의 지리와 행정과 사상과 철학이 있으며,
태극기 속에 도덕의 지리와 행정과 사상과 철학이 있으며,
사람의 생각이 신의 생각일 수도 있으며,
신의 생각이 사람의 생각일 수도 있으며,
태극기가 만들어진 원리란 천지가 신을 통하여 만들어진 이치이며,
태극기판이 대한민국판이며,
대한민국판이 태극기판이며,
태극기의 지리와 행정과 사상과 철학이 아니면
대한민국의 사상과 철학이 될 수 없으며,
태극기가 봉황체이며 봉황체가 태극기이며 대한민국 태극기 봉황체이며,
천, 지, 인의 모든 지리와 행정과 사상과 철학이 태극기의 이치이니
천, 지, 인 태극기 봉황의 모든 사상과 철학이 대한민국이니

언젠가는 누군가가
새로운 사상과 철학으로
새로운 시대를 만들어가리라
기대하면서…….

꿈의 진실

사람이 살아가는 모든 이치 속에는
묘한 이치와 원리 속에서 살아가고 있으며,
꿈의 모든 이치와 판의 원리 또한 묘한 이치 속에서
꿈을 통하여 사람의 생각 속에
생각을 만들어 넣어 꿈을 꾸게 하는 이치이며,
사람은 누구나 잠잘 때 꿈을 꾸면서 살아가고 있으며,
꿈을 만들어 넣을 수 있는 능력은 사람의 능력이 아니며,
사람의 생각 속에 생각을 만들어 넣을 수 있는 능력은 신의 능력이며,
신의 능력으로 잠잘 때 사람의 생각 속에
생각을 만들어 꿈을 만드는 이치이며,
신의 능력으로 사람의 생각 속에 환상을 만들어 넣을 수도 있으며,
꿈과 환상을 통하여 신의 능력으로 현실과 같이 만들 수도 있으며,
신의 능력이란 무한대의 능력이었으며,

사람은 신의 능력 앞에 절대 복종이었으며,
꿈을 통한 모든 이치도 신을 통한 모든 이치이며,
사람의 생각 속에 생각과 환상을 만들 수 있는 능력이란
모두가 신의 능력이기에 사람은 신의 신통력 앞에
믿음과 복종을 통하여 온갖 신의 판 앞에 기도하고 절하고 치성하고
제물을 바치고 염불하고 소, 돼지 잡아 바치고 하는 이치이며,
사람이 없으면 신의 존재를 밝힐 수 없었던 세월이었으며,
사람과 신과의 관계는 어쩔 수 없는 관계이며,

세상 사이에 수많은 옥황상제가 만들어지는
운행원리를 깨우쳐야 할 것이며,
세상 사이에 수많은 교주, 종교가 만들어지는
운행원리를 깨우쳐야 할 것이며,

세상은 선과 악이란 두 판 속에서 살아가고 있으며,
사람은 신의 판 영역에서 벗어날 수 있을 때
악이란 모든 이치가 사라질 것이며,
사람은 신의 판 영역에서 벗어날 수 있을 때
신의 판이 만들어 놓은 동물띠의 영역에서
벗어날 수 있을 것이며,
사람은 말과 행동이 바르지 못하면
대대손손 영원히 동물띠의 영역에서 벗어날 수 없을 것이며,
영원히 동물띠의 이치 속에서 살아갈 것이며,
사람은 욕심을 버리지 못하면
대대손손 영원히 신의 판 온갖 종교 속에서
영원히 살아갈 것이며,
사람은 욕심을 버리지 못하면
사람은 영원히 신의 판 영역에서 벗어날 수 없을 것이며,
사람이 신이며 신이 사람이며,

사람 생각이 신의 생각을 헛터 잡지 못하면
그 사람은 영원히 동물띠이며,
신의 생각이 사람 생각을 헛터 잡으면
사람은 영원히 신의 판 세상 속에서 살아갈 것이며,

사람 생각이 신의 생각을 헛터 잡으면
그 사람은 영원히 사람띠가 될 수 있으며,
사람 생각이 신의 생각을 헛터 잡으면
그 사람은 신의 판 영역에서 벗어날 수 있으며,
그 사람은 지옥도 필요 없으며 천당도 필요 없으며 천국도 필요 없으며,
극락도 필요 없으며 종교도 필요 없으며 대지명당도 필요 없으며,
영혼도 필요 없으며, 기도하고 절하고 염불하는 이치도 필요 없으며,
사주팔자도 필요 없으며 궁합도 필요 없으며,
대겁 병겁 종말론 말세론도 필요 없으며,
제물을 바치는 모든 이치도 필요 없으며 부정이란 이치도 필요 없으며,
신의 판이 아닌 사람판의 이치로 살아갈 수 있으며,
신이 주체가 아닌 사람이 주체인 이치로 살아갈 수 있으며,
사람은 죽어서 이름만 남길 뿐이며 뼈와 영혼을 남겨 지리의 이치와
영혼판으로 후손에게 영향을 주는 신의 판이 필요 없을 것이며,

사람은 말과 행동이 바르지 못하면
신의 판 영역에서 벗어날 수 없으며,
사람은 욕심을 버리지 못하면
신의 판 영역에서 벗어날 수 없는 이치이며,
사람은 신의 판 영역에서 벗어날 때
상제판은 사람만을 이롭게 할 도덕만이 필요할 뿐이며,
하나님(하느님)판 또한 사람만을 이롭게 할 도덕만이 필요할 뿐이며,
신격화하는 신이 주체가 아닌 사람이 주체인 시대가
만들어질 수 있는 이치이며,
온갖 종교판이 사라지고 사람판 시대를 만들 수 있는 이치가

계룡산 미래판이며,
꿈의 진실 속에도 계룡산 미래판의 진실이 있는 이치이며,
사람은 내가 최고가 될 수 없으며 만백성이 최고이며
만백성이 주체이며 만백성이 주인인 시대
이것이 계룡산 미래판 시대이며,

언젠가는 누군가가
사람판 시대를 만들어 모든 지리 행정 사상과 철학을 통합하고
신의 판 종과 노예에서 벗어나 동물띠가 아닌
사람띠의 세상을 만들어가리라
기대하면서…….

덕의 진실

사람이 살아가는 모든 이치는 동, 서양을 통하여 만들어진
모든 사상과 철학 속에서 살아가고 있으며,
모든 정치의 이치 속에서 살아가고 있으며,
온갖 사상과 철학과 종교 속의
예와 도덕의 이치 속에서 살아가고 있으며,
온갖 정치가 만들어 놓은
규칙과 법과 행정의 이치 속에서 살아가고 있으며,

사람을 마음대로 조종할 수 있는 사상과 철학과 정치의 이치 속에서

사상과 철학과 정치의 권력과 권위 속에서 살아가고 있으며,
사람이 살아가고 있는 도덕의 주체가 사상과 철학이
도덕의 주체인 이치 속에서 살아가고 있으며,
사람은 구원받고 구제받기 위하여 사상과 철학 앞에
절대 복종하며 살아가고 있으며,
사람은 믿음을 통하여 구원받고 구제받기 위하여 살아가고 있으며,

사람은 사람 자체가 덕의 주체를 이루지 못하면
종교를 통하여 사상과 철학을 통하여 덕을 이루려고 하는 이치이며,
종교를 통하여 덕을 이루어 구제받고 구원받으려는 이치이며,
사람 자체가 덕을 이루지 못하면 사람은 종교에 빠지는 이치이며,
사람 몸 자체가 덕을 이루면 종교도 필요 없으며,
신도 필요 없으며 천당과 지옥도 필요 없으며 명당 대지도 필요 없으며
죽어서 극락도 필요 없으며,
권력도 필요 없으며 권위도 필요 없으며 미륵도 필요 없으며,
하나님도 필요 없으며 성인도 필요 없으며,
신의 판 영역에서 벗어날 수 있으며,
동물띠가 아닌 사람띠로 살아갈 수 있으며,
신의 판 모든 괘와 영역을 헛터 잡을 수도 있으며,
신이 사람을 조종하지 못하는 이치이며,
덕의 주체가 사람인 이치이며,
사람이 덕의 주체가 되는 이치이며,
이러한 이치 속에서 사람이 주체인 시대가 만들어지는 이치이며,
사람이 도덕의 주체를 이룰 때 백성이 최고인 시대
도덕정치가 만들어지는 이치이며,

신의 판 도덕주체가 사라지고 세상 사이에 존재하는
온갖 종교판이 사라질 것이며,

모든 만물의 근본은 양과 음의 이치 속에서 존재하는 것이며,
사람이 살아가는 근본 또한 양과 음의 이치 속에서 존재하는 것이며,
대한민국 모든 판의 근본은 양과 음의 이치 속에 있으며,
대한민국 모든 지리 행정 사상과 철학을
양과 음의 이치로 조종하는 가운데 계룡산 태극의 이치가 있는 것이며,
황매산 무극의 이치가 있는 것이며,
덕이란 사람에게 이로움을 주는 모든 이치가 덕이며,
덕의 근본이 사람이 주체여야 하며,
도의 근본이 사람이 주체여야 하며,
도덕의 근본이 사람이 주체여야 하며,

양과 음이 도와 덕이며,
양과 음이 태극과 무극이니
양과 음은 항상 같이 존재해야 하며,
도와 덕은 항상 같이 존재해야 하며,
태극과 무극은 항상 같이 존재해야 하며,
양과 음의 이치 속에 천, 지, 인의 이치가 있는 것이며,
계룡산 태극, 양만 가지고서 존재할 수 없는 이치이며,
태극시대 따로 무극시대 따로가 아니며,
태극과 무극이란 양과 음일 뿐이며,
태극과 무극은 신격화하는 이치가 아니며,
도와 덕은 신격화하는 이치가 아니며,

양과 음은 신격화하는 이치가 아니며,
천과 지는 신격화하는 이치가 아니며,
계룡산 사람판시대란 종교의 종말이 이루어지는 시대이며,

사람은 신의 판 영역에서 벗어나 바른 도와 바른 덕으로서
만백성이 최고인 사람판 시대이며,
덕 속에 도가 있으며 도 속에 덕이 있으며,
태극 속에 무극이 있으며 무극 속에 태극이 있으며,
대한민국 모든 지리와 행정과 사상과 철학은
봉황의 운행원리 속에 있으며,
대한민국의 금계는 닭도 아니며 꿩도 아니며 봉황일 뿐이며,
양과 음을 이루는 이치는 봉황일 뿐이며,
백두산 천지의 금계는 봉황이며,
대한민국의 모든 판이 봉황판으로 이루어질 때
새로운 이치로서 새로운 문명이 만들어지는 이치이며,

신의 판 최고 경지가 봉황이며,
상제 신을 파고들면 그 속에는 봉황이 있으며,
하느님 신을 파고들면 그 속에는 봉황이 있으며,
사람 영혼 신도 끝까지 파고들면 그 속에는 봉황이 있으며,
세상 사이에 존재하는 온갖 신들의 판을 끝까지 파고들면
봉황이 있으며 신들의 판이란 이러한 이치이며,
신들의 판 최고경지인 봉황판을
사람이 봉황을 헛터 잡아야만 신들의 판 세상이 아닌
사람판 세상을 만들 수 있는 이치이며,

신도의 세상 신명의 세상이 사라지고
사람판 봉황시대가 만들어질 수 있는 이치이며,

계룡산 사람판시대가 만들어질 때
종교의 종말이 이루어질 것이며,
온갖 신들의 판 종말이 이루어질 것이며,
사람은 바른 도와 바른 덕으로서 말과 행동이 바를 때
신의 판 종과 노예로부터 벗어날 수 있으며,
사람이 주체인 시대가 만들어질 수 있는 이치이며,
사람은 사람판의 이치로 살아가야 할 것이며,
널리 만백성을 이롭게 하는 것이 도덕정치이며,

언젠가는 누군가가
사람판 봉황시대를 만들어
만백성을 이롭게 할 도덕정치가
만들어지기를 기대하면서…….

도의 진실

동서양을 통하여 만들어진 온갖 사상과 철학 속에서
사람은 살아가고 있지만 긴긴 세월 동안 동양의 사상과 철학 속에
도의 사상과 철학의 이치로서 도가 존재하는 것이지만
수천 년 동안 도의 주체가 신격화되어

믿음의 주체가 되어 온 세월 속에서 살아온 이치이며,
노자의 도가 사상과 철학의 이치도 이러한 이치이며,
도가 믿음의 주체가 되어 온 세월 속에서
사람은 사람 몸 그 자체가 도가 아니라
도의 주체가 믿음의 주체가 되어 온 세월 속에서
옥황상제판의 모든 도교의 사상과 철학 또한
도의 주체가 사람이 아니라 도의 주체가 믿음이 주체가 되어 온
긴긴 세월 속에서 살아온 이치이며,

사람은 도가사상의 믿음 속에서
상제판 도교사상의 믿음 앞에 사람 자체가 도가 아니라
믿음의 도가사상과 철학 앞에 절하고 기도하고 빌고
상다리가 부러지도록 치성상 차려 바치고
돼지, 소 잡아 바치고 하는 형국이며,
믿음을 통하여 종교를 통하여
만들어진 도가 사상이란 도가 사람이 주체가 아니며,
믿음의 도 앞에 절대 복종이며,
도의 권력과 권위에 절대 복종이며,
도의 주체를 신격화하여 믿음을 통하여
온갖 종교가 만들어진 형국이며,
미륵판을 만들어 놓은 온갖 미륵 또한 이러한 형국이며,
미륵이 도의 주체가 되어 믿음을 통하여
종교를 통하여 도의 사상과 철학의 주체로서
사람 위에 존재하는 것이며,

사람은 도의 주체 앞에 절하고 기도하고 빌고 하면서
종교화되어진 이치이며,
도의 주체가 신격화되어 신의 판 도의 사상과 철학 속에서
수많은 세월을 지나온 이치 속에 사람이 갖추어야 할
모든 예의 근본이 신격화되어진 이치이며,
신이란 없는 것이 아니며 있는 것이 아니며,
사람은 믿음을 통하여 종교를 통하여 믿기만 하면
도를 이루는 이치는 모두 잘못된 이치이며,
사람은 믿음을 통하여 도를 닦는 이치는
도의 주체가 믿음 속에 있는 것이며,
믿기만 하면 도를 이룰 수 있고
구제받을 수 있다는 모든 이치는 잘못된 이치이며,
도란 믿음과 종교를 통하여 도를 이루는 것이 아니며,

사람이 갖추어야 할 모든 예의 근본이란 사람이 주체일 뿐이며,
사람과 사람 사이에 갖추어야 할 모든 예의 근본은
사람 자체가 주체여야 하며,
동서양을 통하여 만들어진 모든 사상과 철학은
믿음을 통하여 종교화되고 신격화되어 사람이 주체가 아니라
사람을 신격화하여 신이 주체인 시대이며,
이러한 모든 이치가 사라지고 모든 사상과 철학은
사람에게 이로움을 주는 이치만 필요할 뿐이며,
신격화하는 모든 이치는 사라져야 하며,
도교, 유교, 불교, 기독교 할 것 없이 세상 사이에 존재하는
온갖 미륵 온갖 부처, 보살, 하나님 등등이 만들어 놓은 대겁, 병겁,

종말론, 말세론, 말운론, 개벽 등등을 통하여 사람을 신의 종과
노예처럼 만드는 온갖 종교판의 이치는 사라져야 하며,
온갖 종교판이 만들어 놓은 대겁, 종말, 말세, 개벽 등등이
이루어지지 못하면 온갖 종교의 종말이 이루어지는 이치이며,

도란 사람 몸 자체가 도와 덕을 이루어 말과 행동이 바르면 사람은
신의 판 영역에서 벗어날 수 있으며,
신이 사람을 마음대로 조종하지 못할 것이며,
사람은 욕심을 버리지 못할 때 신의 종과 노예가 되는 이치이며,
세상 사이에 존재하는 동, 서양을 통하여 만들어진
온갖 사상과 철학은 대한민국판 사상과 철학이 될 수 없으며
노자, 장자의 도가사상과 철학이
대한민국판 사상과 철학이 될 수 없으며,
상제판 도교의 사상과 철학이 대한민국판 사상과 철학이 될 수 없으며,
유교, 불교, 기독교, 온갖 미륵판, 하나님판 등등 신격화하는
온갖 사상과 철학은 대한민국판 사상과 철학이 될 수 없으며,

신을 통한 신통력과 신을 통한 내가 최고인 판, 내가 미륵,
내가 옥황상제, 내가 부처, 내가 구세주, 내가 하나님, 내가 하느님,
내가 천존 지존, 내가 무슨 대왕, 신과 관련된
온갖 사상과 철학과 종교판은 대한민국의 사상과 철학이 될 수 없으며,
신이란 하늘을 뜻하는 이치이며,
하늘의 기로 땅을 조종할 수 있으며,
땅의 명당 지리란 이치로 사람을 조종하여온 이치이며,
하늘이 온갖 신의 판을 이용하여 사람을 조종한 세월이며,

땅이 온갖 명당 지리의 이치로 사람을 조종한 세월이었으며,
신을 통하여 사람은 무속인이 만들어지고 종교가 만들어지고
아는 소리를 하며 신을 통하여 사람을 미치게도 할 것이며,
신을 통하여 하늘과 땅이 사람을 마음대로 조종하는
모든 사상과 철학은
대한민국의 사상과 철학이 될 수 없으며,
백성을 이롭게 하지 못하고 권력과 권위로서
내가 최고인 판은 대한민국의 사상과 철학이 될 수 없으며,
도의 주체가 신격화될 수 없으며,
도의 주체가 사람이어야 하며,
신격화하는 신이 주체가 아닌 사람이 주체인 도의 사상과 철학이
대한민국의 사상과 철학이 될 수 있어야 할 것이며,

대한민국의 도의 사상과 철학은 봉황의 이치 속에 있는 것이며,
천, 지, 인의 모든 이치를 봉황판으로 만들 수 있어야 할 것이며,
대한민국의 모든 지리의 이치를 봉황판으로 만들 수 있어야 할 것이며,
대한민국의 모든 정치, 행정의 이치를
봉황판으로 만들 수 있어야 할 것이며,
대한민국의 모든 사상과 철학을 봉황판으로 만들 수 있어야 할 것이며,
대한민국 모든 지리, 행정, 사상과 철학을
봉황판으로 통합할 수 있어야 할 것이며,
내가 최고가 아닌 만백성이 최고인 시대
신이 최고가 아닌 사람이 주체인 시대
대한민국을 봉황판으로 통합하여
새로운 문명세계를 만들어야 하는 것이 대한민국의 운명이며,

태극기판의 모든 지리와 행정과 사상과 철학으로
새로운 도덕세계를 펼치는 것이 봉황판의 이치이며,

언젠가는 누군가가
봉황판의 이치로서 새로운 도덕 문명 세계를
만들어 가리라 기대하면서…….

태극기의 진실

대한민국의 모든 지리와 행정과 사상과 철학을 태극기의 모든 지리와
행정과 사상과 철학으로 맞출 수 있어야 할 것이며,
태극기를 만든 근본은 천지이며,
천지는 봉황이며 온갖 신의 조종은 봉황이며,
사람은 신을 통하여 아는 소리와 신통력을 가질 수 있으며,
신의 생각이 사람 생각일 수도 있으며,
사람 생각이 신의 생각일 수도 있으며,
천지 봉황신의 능력으로 사람을 통하여
태극기가 만들어진 이치일 수도 있을 것이며,
태극기의 모든 지리와 행정과 사상과 철학을 대한민국의 모든 지리와
행정과 사상과 철학의 이치로 조종할 수 있어야 할 것이며,

천지는 양과 음이며,
양과 음은 봉과 황이며,

봉과 황은 태극과 무극이며,
천지는 사람과 천지인이며,
양과 음은 사람과 천지인이며,
봉과 황은 사람과 천지인이며,
태극과 무극은 사람과 천지인이며,
태극기의 근본이 천지이며,
태극기의 근본이 양과 음이며,
태극기의 근본이 봉과 황이며,
태극기의 근본이 태극과 무극이며,
태극기의 근본이 천지인이며,
태극기 지리의 근본이 천지이며,
태극기 지리의 근본이 양과 음이며,
태극기 지리의 근본이 봉과 황이며,
태극기 지리의 근본이 태극과 무극이며,
태극기 지리의 근본이 천지인이며,

태극기의 행정과 사상과 철학의 근본이 천지이며,
양과 음이며 봉과 황이며 태극과 무극이며 천지인이며,
봉황이 태양신이며 태양신이 봉황이며,
모든 만물과 생명체의 근본이 태양이며,
태양신의 근본이 태양이며,
봉황의 근본이 태양이며,
천지의 근본이 봉황이며 태양이며,
양과 음의 근본이 봉황이며 태양이며,
태극과 무극의 근본이 봉황이며 태양이며,

천지인의 근본이 봉황이며 태양이며,

백두산 천지와 한라산 백록이 하늘과 땅의 관계이며,
백두산 천지와 한라산 백록이 양과 음의 관계이며,
백두산 천지와 한라산 백록이 봉과 황의 관계이며,
백두산 천지와 한라산 백록이 태극과 무극의 관계이며,
백두산 천지와 한라산 백록과 사람이 천지인의 관계이며,
금강산이 봉과 황이며,
금강산이 양과 음이며,
금강산이 태극과 무극이며,
계룡산이 태극이며 황매산이 무극이며,
계룡산이 하늘이며 황매산이 땅이며,
계룡산이 양이며 황매산이 음이며,
계룡산이 봉이며 황매산이 황이며,

태극기의 모든 판을 이러한 이치로 맞추어
조종할 수 있어야 할 것이며,
금강산이 봉황이며,
계룡산이 청룡이며 봉이며,
황매산이 백호이며 황이며,
태극기의 모든 판은 봉황판이며 청룡판이며 백호판이며,
이러한 이치로 모든 지리와 행정과 사상과 철학으로 통합하고 화합하여
만백성을 이롭게 하는 근본으로 조종할 수 있어야 할 것이며,

금강산과 계룡산과 사람이 천지인이며,

금강산과 황매산과 사람이 천지인이며,
계룡산과 황매산과 사람이 천지인이며,
금강산이 천이며 계룡산이 지이며 황매산이 인이며,
금강산이 지이며 계룡산이 인이며 황매산이 천이며,
금강산이 인이며 계룡산이 천이며 황매산이 지이며,
태극기의 지리형국을 이러한 이치로 조종할 수 있어야 할 것이며,
봉황이 천이며 청룡이 지이며 백호가 인이며,
봉황이 지이며 청룡이 인이며 백호가 천이며,
봉황이 인이며 청룡이 천이며 백호가 지이며,

태극기의 모든 형국을 이러한 이치로 조종할 수 있어야 할 것이며,
남북통일이 되기 전에도 봉황판과 청룡판과 백호판은
만들어질 수 있으며,
만약 남북통일이 된다면 온전한 판이 만들어질 수도 있는 이치이며,
금강산이 봉황판 지리와 행정과 사상과 철학으로
만백성을 이롭게 할 수 있어야 할 것이며,
계룡산이 청룡판 지리와 행정과 사상과 철학으로
만백성을 이롭게 할 수 있어야 할 것이며,
황매산이 백호판 지리와 행정과 사상과 철학으로
만백성을 이롭게 할 수 있어야 할 것이며,

붉은색이 태양이며 하늘이며 봉황이며,
푸른색이 땅이며 청룡이며,
흰색이 사람이며 백호이며,
붉은색과 푸른색과 흰색이

봉황이며 청룡이며 백호이며,
금강산이며 계룡산이며 황매산이며,
천이며 지이며 인이며,

태극기의 지리형국은 이러한 이치이며,
붉은색이 하늘이며 봉이며,
푸른색이 땅이며 황이며,
금강산이 봉황이며 계룡산이 봉이며 황매산이 황이며,
붉은색이 양이며 태극이며,
푸른색이 음이며 무극이며,
계룡산이 태극이며 양이며,
황매산이 무극이며 음이며,
붉은색이 백두산 천지이며 봉이며,
푸른색이 한라산 백록이며 황이며,
붉은색이 백두산 태극, 양이며,
푸른색이 한라산 무극, 음이며,

사람이 살아가는 근본이 하늘과 땅이며,
사람이 살아가는 근본이 양과 음이며,
사람이 살아가는 근본이 봉과 황이며,
사람이 살아가는 근본이 태극과 무극이며,
하늘과 땅이 도와 덕이며,
양과 음이 도와 덕이며,
봉과 황이 도와 덕이며,
태극과 무극이 도와 덕이며,

사람이 살아가는 근본이 도와 덕이며,
태극기의 모든 지리와 사상과 철학은 이러한 이치이며,
붉은색이 도이며 푸른색이 덕이란 이치이며,

대한민국 모든 도의 경계를 폐지하고
봉황판과 청룡판과 백호판의 이치로 통합하여
만백성을 이롭게 할 수 있어야 하는 것이 태극기의 진리이며,
태극이란 양이며 봉이며,
세상만사 모든 일은 태극만 가지고서 이루어질 수 없으며,
세상만사 모든 일은 양만 가지고서 이루어질 수 없으며,
태극만 가지고서 주체가 될 수 없으며,
양만 가지고서 주체가 될 수 없으며,
무극이 없는 태극이란 무용지물이며,
음이 없는 양이란 무용지물이며,
태극기 속에서 무극의 진리를 이루지 못하면
태극기는 무용지물이며,
붉은색이 태극이며 건이며,
푸른색이 무극이며 곤이란 이치이며,
세상만사 모든 만물과 생명체가 태극 아닌 것이 없으며,
세산만사 모든 만물과 생명체가 무극 아닌 것이 없으며,
양과 음의 모든 진리와 이치가 태극기 속에 있으며,

무극이란 음이며 무극이란 황이며,
무극이란 사람이 살아가는 데 이로움을 주는 모든 만물이 무극이며,
사람이 살아가는 데 필요한 모든 예과 도덕이 무극이며,

모든 산천초목, 옷, 집, 자동차 등등 사람을 이롭게 하는
온갖 글 등등 무극 아닌 것이 없으며,
너도 무극 나도 무극 세상만사 모든 이치는 양과 음의 이치 속에서
태극과 무극의 이치 속에서 살고 있으며,
이러한 이치가 태극기의 진리이며,
태극과 무극을 이루지 못하면 온전한 대한민국은
이루어질 수 없는 이치이며,
태극기 속의 사방 위의 괘도 모두가 다 이러한 이치이며,
바르지 못한 괘도 바르게 조종할 수 있어야 할 것이며,
건곤이 천지이며, 하늘과 땅이며, 양과 음이며, 봉과 황이며,
태극과 무극이며,
건이 백두산이며,
곤이 한라산이며,
건이 계룡산이며,
곤이 황매산이며,
건곤이 봉황이며, 봉황이 금강산이며,
모든 괘의 근본은 건, 곤이며,
모든 괘의 근본은 천, 지이며,
모든 괘의 근본은 양, 음이며,
모든 괘의 근본은 봉, 황이며,
모든 괘의 근본은 태극, 무극이며,
모든 괘의 근본은 천, 지, 인이며,
모든 괘의 근본은 도와 덕이며,

태극기가 태극과 무극을 이룰 때

새로운 도덕시대가 이루어지는 이치이며,
태극기가 양과 음을 이룰 때
새로운 도덕시대가 이루어지는 이치이며,
태극기가 봉과 황을 이룰 때
새로운 도덕시대가 이루어지는 이치이며,
태극기가 천, 지, 인을 이룰 때
새로운 도덕시대가 이루어지는 이치이며,
태극기가 봉황과 청룡과 백호를 이룰 때
새로운 도덕시대가 이루어지는 이치이며,
태극기가 도와 덕을 이룰 때
새로운 도덕시대가 이루어지는 이치이며,
이것이 계룡산 사람판의 진실이니

언젠가는 누군가가
태극기의 진리와 이치로서
새로운 도덕시대가 만들어지기를
기대하면서……

대한민국의 진실

천지가 만들어진 모든 운행의 원리와 이치 속에는
묘한 운행과 이치가 있는 것이며,
사람은 천지를 대신하여 만들어 놓은 만물의 영장이며,

천지가 만들어 놓은 모든 지리의 형국과
사람이 살아가는 데 만들어 놓은 온갖 형국과 온갖 판의 이치 속에서
모든 생명체와 모든 만물이 존재하는 것이며,
사람은 태양계의 운행원리 속에서 살아가고 있지만
사람과 신과의 관계 속에서 긴긴 세월을 지나온 이치이며,
태양계를 조종하고 운행하는 어떤 기의 발원지가 태양이며,
태양의 기로서 사람과 모든 생명체와
천지와 자연과 모든 만물이 존재하는 이치이며,
태양의 기를 운행하는 것이 태양신이며,
태양의 기와 태양신의 능력으로 태양계가 운행을 하는 이치이며,
천지를 만들어 운행하는 근본이 태양의 기와 태양신의 능력 속에서
모든 형국과 온갖 판의 이치로서 존재하는 형국이며,

태양의 기와 태양신의 근본이 양과 음이며,
태양계를 운행하는 근본이 양과 음의 이치 속에 있으며,
천지를 운행하는 근본이 양과 음의 이치 속에 있으며,
양과 음의 사상과 철학이 태극과 무극이란 이치이며,
양과 음의 사상과 철학을 갖춘 천지의 이치가 봉과 황이며,
봉이 양이며, 황이 음이란 이치이며,
양이 태극이며, 양이 봉이며,
음이 무극이며, 음이 황이란 이치이며,
태극과 무극이 봉과 황이며,
태극과 무극이 양과 음이며,
세상 사이에 존재하는 온갖 신의 판 근본이 태양신이며,
태양신의 근본이 봉황이며,

봉황의 근본이 양과 음이며,
양과 음의 근본이 태극과 무극이며,
태양계의 모든 운행원리와 사람과 모든 생명체와 모든 만물은
양만 가지고서 주체가 될 수 없으며,
태극만 가지고서 주체가 될 수 없으며,
봉만 가지고서 주체가 될 수 없으며,
음만 가지고서 주체가 될 수 없으며,
무극만 가지고서 주체가 될 수 없으며,
황만 가지고서 주체가 될 수 없는 이치이며,
천지의 모든 운행 이치는 봉황이며,
봉황의 모든 운행 이치는 양과 음이며,
양과 음의 모든 운행 이치는 태극과 무극이며,
천지가 태극과 무극이며,
봉황이 태극과 무극이며,
천지와 사람과의 관계를 파악해야 할 것이며,
봉황과 사람과의 관계를 파악해야 할 것이며,

천지 봉황이 온갖 신의 판을 만들어
사람을 마음대로 조종하여온 긴긴 세월이었으며,
천지 봉황이 온갖 신의 판을 만들어 사람을 마음대로 조종하여 왔으나
사람은 신을 조종하려 하지 못하고 온갖 신의 판 종과 노예처럼
살아가고 있는 형국이며,
이 지구촌은 사람이 살아가는 세상이며,
신의 판 봉황의 운행 이치와 사람판 봉황의 운행 이치를
모조리 파악할 수 있어야 할 것이며,

신의 판 봉황의 경지에 도달할 수 있는 이치도 있을 것이며,
사람판 봉황의 경지에 도달할 수 있는 이치도 있을 것이며,

신의 판 봉황의 경지에 도달해야만 미륵이든 하나님이든 하느님이
진인이든 해인이든 옥황상제든 아미타불이든 부처든 보살이든
사람을 신격화해서 최고의 신격화 존재가 될 수 있는 이치이며,
대한민국의 운명은 봉황의 비밀 속에 모든 이치가 있으며,
신의 판 봉황과 사람판 봉황과의 관계에서
서로의 형국과 판의 이치는 완전히 다른 이치이며,
신의 판 봉황이란 신도의 세상 신명의 세상 미륵세상 용화세상
하나님세상 등등으로 신격화하는 신이 최고인 세상이며,
신격화하는 신의 권력과 권위에 절대 복종이며,
사람판 봉황과는 완전히 다른 이치이며,
신의 판 봉황의 모든 이치를 모조리 바르게
신을 헛터 잡을 수 있어야만 사람이 살아가는 이치로
사람 봉황판을 만들 수 있는 이치이며,

백두산 천지가 태극이며 양이며 봉이며,
한라산 백록이 무극이며 음이며 황이며,
계룡산의 모든 형국은 태극이며 양이며 봉이며,
황매산의 모든 형국은 무극이며 음이며 황이며,
신의 판 봉황으로 보는 계룡산 태극의 이치와
사람판 봉황으로 보는 계룡산 태극의 이치는 완전히 다른 판이며,
계룡산이 신의 판 태극으로 이루어질지
계룡산이 사람판 태극으로 이루어질지

알 수 없는, 대한민국이여…….

사람판 봉황이란?
신격화하는 신이 사라지는 판이며,
미륵이 사라지는 판이며,
하나님(하느님)이 사라지는 판이며,
옥황상제가 사라지는 판이며,
천존, 지존, 부처, 보살 할 것 없이 세상 사이에 존재하는
온갖 신의 판이 사라지는 판이며,
세상 사이에 살아가는 사람일 뿐이며,
계룡산이란 태극일 뿐이며 양일 뿐이며 봉일 뿐이며,
계룡산만 가지고서 주체가 될 수 없으며,
계룡산이란 태극, 양, 봉일 뿐이며,
무극, 음, 황이 없는 계룡산이란 무용지물이며,
대한민국 모든 지리의 이치와 형국 속에는 묘한 이치가 있으며,
명당이란 이치로서 신의 판 지리의 형국 속에서
살아온 긴긴 세월이었으며,
명당 지리 발복의 모든 이치는 신의 판 속에서 이루어진 형국이며,
신이 사람을 조종하여 지리의 이치로서
흥하고 망하게 하는 형국이었으며,

사람은 신의 판 속에서 살고 있으며,
사주팔자, 오행, 역, 괘, 명당 지리, 온갖 미륵, 부처, 보살, 불교,
유교, 도교, 기독교, 하나님, 온갖 종교, 온갖 신의 판 신,
동물띠 속에서 살고 있는 신의 판 세상 속에서 살고 있는 이치이며,

이러한 신의 판 모든 이치를
사람판의 모든 이치로 조종할 수 있어야 할 것이며,
대한민국의 운명은 계룡산을 태극의 이치로
활용할 수 있어야만 하는 이치이며,
계룡산 태극을 활용하지 못하면
바른 세상이 만들어질 수 없는 이치이며,
사람은 사람판의 이치로 살아가야 할 것이며,
태극, 양이 없으면 모든 생명체와 모든 만물이
존재할 수 없는 이치와도 같으며,

이것이 사람판 봉황의 근본이며,
계룡산 태극, 양의 지리란 청룡이 훌륭한 지리의 형국 속에
봉황판 중심의 지리 이치이며, 계룡산을 태극, 양, 봉으로서
청룡의 이치로서 활용하는 것이 사람판 봉황이며,
사람 봉황이 사람 청룡을 이루어 만백성을 이롭게 하는 근본으로
모든 행정과 사상과 철학을 바르게 조종할 수 있어야 할 것이며,
황매산 무극, 음의 지리란 백호가 훌륭한 지리의 형국 속에
봉황판 중심의 지리 이치이며,
황매산을 무극, 음, 황으로서 백호의 이치로
활용하는 것이 사람판 봉황이며,
사람 봉황이 사람 백호를 이루어 만백성을 이롭게 하는 근본으로
모든 행정과 사상과 철학을 바르게 조종할 수 있어야 할 것이며,
봉황이 양과 음의 이치로 모든 행정과 사상과 철학을
조종할 수 있어야 할 것이며,
봉황이 태극과 무극의 이치로 모든 행정과 사상과 철학을

조종할 수 있어야 할 것이며,
봉황이 청룡과 백호의 이치로
모든 행정과 사상과 철학을 조종할 수 있어야 할 것이며,

천지가 도와 덕이며,
봉황이 도와 덕이며,
양과 음이 도와 덕이며,
태극과 무극이 도와 덕이며,
청룡과 백호가 도와 덕이며,
하나님(하느님)이 도와 덕일 뿐이며,
미륵이 도와 덕일 뿐이며,
세상 사이에 존재하는 온갖 종교란 도와 덕일 뿐이며,

모든 행정과 사상과 철학을 도덕판의 이치로 조종하여
만백성을 봉황의 이치로 통합하고 화합하여
새로운 도덕정치로서 도덕세계를 펼치는 이치가 대한민국의 운명이며,
금강산을 활용해야만 온전한 천, 지, 인이 이루어지는 지리의 형국이며,
금강산이 봉황이며 금강산이 천이며,
계룡산이 청룡이며 계룡산이 지이며,
황매산이 백호이며 황매산이 인이며,
이것이 사람판 봉황의 근본이며,
봉황과 청룡과 백호를 이루어
만백성을 이롭게 하는 것이 사람판 봉황의 근본이며,
천, 지, 인을 이루어 만백성을 이롭게 하는 것이
사람판 봉황의 근본이며,

대한민국의 운명이며,
이것이 백두산 천지와 한라산 백록이
양과 음을 이루는 근본이며,
봉과 황을 이루는 근본이며,
태극과 무극을 이루는 근본이며,
이것이 대한민국의 모든 지리의 이치와 형국이며,
모든 행정과 사상과 철학을 봉황의 이치로 통합하여
봉황체의 나라로 만드는 것이 대한민국의 운명이며,
천, 지, 인의 나라로 만드는 것이 대한민국의 운명이니

언젠가는 누군가가
이러한 이치로서 계룡산 태극을 활용하는 것이
계룡산 태극의 진실이니
계룡산 태극시대가 만들어지기를
기대하면서…….

성인의 진실

사람은 태곳적부터
사람이 살아가는 온갖 이치와 예의 근본으로서 성인을 통하여
만들어진 도덕의 이치로 온갖 선과 악의 이치와 함께
긴긴 세월을 지나온 이치이며,
성인이 만들어지는 사상과 철학과 예의 근본이

천지의 이치 속에서 만들어져 존재하는 이치이며,
성인이 만들어지는 근본이 천지이며,
천지가 양과 음이며 태극과 무극이며 봉과 황이니
성인이 만들어지는 근본이 양과 음이며,
성인이 만들어지는 근본이 태극과 무극이며,
성인이 만들어지는 근본이 봉과 황이니
봉황의 운행원리 속에서 온갖 성인판이 만들어져
세상 사이에 존재하면서 신격화되는 이치이며,
봉황의 운행원리 속에서 신격화되는 온갖 성인판이 만들어지는 이치이며,

봉황의 운행원리 속에서 상제판 온갖 성인이 만들어지며,
봉황의 운행원리 속에서 하나님판 온갖 성인이 만들어지며,
봉황의 운행원리 속에서 하느님판의 이치가 만들어지며,
봉황의 운행원리 속에서 천존, 지존판 온갖 성인이 만들어지며,
봉황의 운행원리 속에서 부처, 보살판 온갖 성인이 만들어지며,
봉황의 운행원리 속에서 미륵판 온갖 성인이 만들어지며,
봉황의 운행원리 속에서 신과 관련된 온갖 성인이 만들어지며,

모든 이치는 봉황 속에 있으며,
온갖 성인판의 비밀은 봉황 속에 있으며,
상제판 온갖 성인의 근본이 봉황이며,
하나님(하느님)판 온갖 성인의 근본이 봉황이며,
천존, 지존, 부처, 보살, 미륵 등등 신과 관련된
온갖 성인판의 근본이 봉황이며,
상제판을 조종하는 것이 봉황이며,

하나님(하느님)판을 조종하는 것이 봉황이며,
부처, 보살, 미륵, 천존주 등등 신과 관련된
온갖 신의 판을 조종하는 것이 봉황이며,
신과 관련된 신의 판 성인의 근본이 봉황이며,
신과 관련된 신통력을 갖추고 있는 세상 사이에 존재하는
온갖 성인판은 봉황의 비밀을 풀지 못하면
영원히 내가 최고인 판으로 영원히 존재하게 될 것이며,
만백성 앞에 내가 신격화되려고 할 것이며,
봉황의 비밀을 풀어도 마찬가지이며,
봉황이 천지이며 천지가 봉황이며,

세상 사이에 만들어 놓은 천지의 온갖 성인판은
모두가 다 신격화되어 내가 최고인 판으로 만들어 놓은 온갖 성인판이며,
봉황의 경지에 도달하여 봉황의 비밀을 풀 수 있는 사람은
천지의 금계를 봉황판으로 맞출 수 있으며,
대한민국의 모든 지리의 이치를 봉황판으로 맞출 수 있으며,
이 시대 최고의 미래판으로 자리할 수 있을 것이며,
이 시대 내가 최고의 신격화판을 만들려고 할 것이며,
봉황의 경지에 도달한 사람은 최고의 신의 판 성인이 될 수도 있으며,

내가 미륵이다 내가 상제다 내가 아미타불이다 내가 하나님(하느님)이다
온갖 부처, 보살, 천존주, 대왕, 용왕 등등 신격화할 수 있는
최고의 신격화 존재가 될 수도 있을 것이며,
닭과 꿩을 금계로 보는 성인판과 개고기를 특히 먹지 못하게 하는
개의 성인판과 봉황판 성인과는 완전히 다른 경지의 이치이며,

봉황의 경지에 도달한 사람이 신의 판 최고의 성인판이며,
모든 이치와 판을 봉황판으로 맞추어 신의 판
내가 최고의 성인판으로 최고의 신격화 존재가 될 수 있으며,
천지가 만들어 놓은 신의 판 최고의 경지가 봉황판이며,
천지가 사람을 만들어 온갖 이치와 신의 판 속에서
신의 종과 노예처럼 긴긴 세월을 살아온 이치이며,
천지가 온갖 신의 판 이치로서 사람을 조종하여온 세월 속에서
신의 판 이치로서 사람을 신통력과 신을 통하여 사람을 신격화하여
온갖 성인판의 예와 도덕 속에서
신의 판 성인 속에서 살아가고 있는 이치이며,
신의 판 성인으로서 과연 누가 봉황의 경지에 도달하여
신도로서 신도 설교의 세상 신의 판 도덕세계,
극락과 천당과 지옥판의 이치 속에서 대겁, 병겁, 말운론, 말세론,
종말론, 겁운판의 작동으로 새로운 세상 후천세상 등등으로
신의 판 세상을 만들 것인지…….

이것이 신의 판 성인의 최후의 작품이 될 것이며,
이것이 신의 판 봉황의 최후의 작품이 될 것이며,
신의 판 성인으로 신의 판 예와 도덕과 종교 속에서
사람은 절하고 기도하고 빌고 기도하고 음식 차려 치성하고
제물을 바치고 돈 바치고 하면서 영원히 미래시대를 살아갈 것이며,
사람은 사람띠가 아닌 동물띠의 이치 속에서
영원히 미래시대를 살아갈 것이며,
이러한 모든 이치는 신의 판 성인의 미래시대판이며,
과연 누가 신의 판 봉황의 경지에 도달하여

용화세계를 만들 것인지…….
세상만사 모든 일이 묘한 이치와 관계 속에서 살아가고 있으며,

신의 판 봉황의 경지가 있으면 사람판 봉황의 경지도 있을 것이며,
사람판 봉황의 경지란 성인도 아니며 미륵도 아니며,
하나님(하느님)도 아니며 상제도 아니며,
천존, 지존도 아니며 부처도 아니며 보살도 아니며 진인도 아니며,
세상 사이에 살아가는 사람일 뿐이며,
신격화하는 모든 이치가 사라지는 이치이며,
만백성 앞에 내가 최고란 있을 수 없으며 만백성이 최고인 판이며,

신의 판 봉황의 경지란
사람은 언제나 항상 늘 천지에 빌고 기도하고 절하고 치성하고
천지에 복종하는 천, 지, 인이 영원히 불평등한 판이며,
사람판 봉황의 경지란
신의 판 봉황을 모조리 바르게 헛터 잡아
천, 지, 인을 평등하게 만드는 판이며,
세상은 신의 판 봉황과 사람판 봉황과의 어쩔 수 없는 경쟁판이며,
사람이 사람답게 바르게만 살면 사람판의 이치로
새로운 도덕세계를 만들 수도 있는 이치이며,
이것이 계룡산 미래판의 진실이니

언젠가는 누군가가
사람판 봉황시대를 만들어 만백성을 이롭게 하기를
기대하면서…….

정감록의 진실

사람이 살아가는 모든 이치 속에는
태곳적부터 만들어진 모든 천지의 이치 속에서
하늘과 땅의 이치 속에서 모든 만물과 생명체가 만들어져
생존하고 있는 것이며,
사람이 살아가는 근본이 하늘과 땅이며,
하늘과 땅의 근본은 태양이며,
태양의 능력 속에서 하늘과 땅과 사람이 존재하면서
하늘의 근본이 태양이며,
땅의 근본이 태양이며,
사람의 근본이 태양이며,
천, 지, 인의 근본이 종교가 아니라 태양이며,
천지의 이치는 양과 음의 이치이며,
양과 음의 이치 속에서 모든 만물과 생명체가 존재하는 이치이며,
양의 근본이 태양이며,
음의 근본이 태양이며,
양의 이치가 태극이며 태극이 양이며,
음의 이치가 무극이며 무극이 음이며,
양과 음이 태극과 무극이며,
태극과 무극이 양과 음이며,

이러한 이치 속에서
정감록과 계룡산과의 관계는 밀접한 관계를 형성하고 있으며,

정감록이란 예언서를 통하여 민중의 새로운 세상을
염원하는 마음과 정감록이란 예언서 속의 진실이 있을 것이며,
계룡산과 정감록과의 관계를 통하여 만들어진
수많은 형국과 판을 바르게 파악할 수 있어야 할 것이며,
정감록을 통하여 만들어진 정도령의 진실과
계룡산 정감록을 통하여 만들어진
수많은 신흥종교가 발생한 원리와 이치를
바르게 파악할 수 있어야 할 것이며,
계룡산을 둘러싸고 신종교의 성지로
온갖 예언과 참언을 통한 피난처설로
민중의 새로운 세상을 기다리는 도읍지설로
진인이 출현할 것인지 신종교단체가 새로운 세상을 만들 것인지
계룡산 정감록 등을 통하여 모여든
수많은 종교 무속인 도사 할 것 없이 만들어진
모든 형국과 판과 운행원리를 모조리 파악할 수 있어야 할 것이며,
정감록의 거짓과 진실을 모조리 바르게 파악하여
흑백의 이치로 헛터 잡을 수 있어야 할 것이며,
계룡산 태극지리의 모든 형국과 이치를 바르게 파악하여
헛터 잡을 수 있어야 할 것이며,

계룡산이란 태극의 형국이며,
계룡산이란 양의 형국이며,
계룡산이란 봉(양)의 형국이며,
계룡산이란 청룡의 형국이며,
계룡산이란 천, 지, 인의 형국이며,

계룡산이란 태극기의 형국이며,
계룡산이란 종교가 주인이 아니며,
계룡산이란 권력과 권위가 주인이 아니며,
사람의 마음은 변할 수 있지만
지리의 형국은 변함이 없을 것이며,
양의 근본이 계룡산이며,
태극의 근본이 계룡산이며,
봉의 근본이 계룡산이며,
청룡의 근본이 계룡산이며,

계룡산만 가지고서 새로운 세상은
만들어질 수 없는 이치이며,
양만 가지고서 존재할 수 없으며,
태극만 가지고서 존재할 수 없으며,
봉만 가지고서 존재할 수 없으며,
청룡만 가지고서 존재할 수 없으며,
양이 있으면 음이 있어야 할 것이며,
태극이 있으면 무극이 있어야 할 것이며,
봉이 있으면 황이 있어야 할 것이며,
청룡이 있으면 백호가 있어야 할 것이며,
양과 음의 이치가 아니면
새로운 세상은 만들어질 수 없으며,
태극(도)과 무극(덕)의 이치가 아니면
새로운 세상은 만들어질 수 없으며,
봉과 황의 이치가 아니면

새로운 세상은 만들어질 수 없으며,
청룡과 백호의 이치가 아니면
새로운 세상은 만들어질 수 없으며,
천, 지, 인의 이치가 아니면
새로운 세상은 만들어질 수 없으며,

대한민국 모든 지리의 형국 속에 이러한 모든 지리의 형국이 있으며,
천, 지, 인 지리의 형국과 태극기 지리의 형국과 양과 음, 태극과 무극,
봉과 황, 청룡과 백호의 지리의 형국으로 모든 판을
헛터 잡을 수 있어야 할 것이며,
현재의 대한민국 모든 지리의 형국을 폐지하고
양과 음의 이치로 조종할 수 있어야 하며,
태극과 무극지리의 형국으로 조종할 수 있어야 하며,

봉과 황, 청룡과 백호의 지리형국으로 조종하여
혁신 혁명의 이치로 새로운 판을 짜는 것이 계룡산 정도령판이며,
동, 서 양립과 남한에 있는 남북을 통합, 화합하지도 못하면서
남한과 북한과의 통일을 이야기할 때가 아니며,
지리적으로 변화와 혁신을 통하여 새로운 판을 짜야 하는 것이
계룡산 미래판의 진실이며,
양과 음, 태극과 무극, 봉과 황, 청룡과 백호의 지리형국 속에
봉황체의 지리형국으로 통합하는 것이 계룡산 미래판이며,
세상 사이에는 온갖 사상과 철학이 있으며,
수백 종의 온갖 종교판과 온갖 신의 판이
긴긴 세월 동안 수없이 존재하여 왔으며,

주역, 정역, 무극대도 할 것 없이
모조리 신의 판 세상 속에서 살아온 이치이며,
정감록, 격암유록, 천부경 등등 온갖 이치를 봉황의 이치로 통합하고
국민화합을 이루어 새로운 혁신과 혁명으로
모든 사상과 철학을 봉황체의 이치로 통합하여
새로운 도덕세계를 만들어 만백성을 이롭게 하는 것이
계룡산 미래판이며,

모든 정치 사회의 구조와 판 역시 마찬가지이며,
지금의 정치 사회 구조란 이름만 봉황일 뿐이며,
미래판 정치의 근본은 봉황판이며,
봉이 도이며 황이 덕이니 도덕정치의 근본은 사람이 근본이며,
신의 판이 모조리 사라지고 사람이 주체인 도덕정치이며,

모든 예산의 흐름과 집행과정을 모조리 바르게 밝혀
유리처럼 투명한 세상을 만드는 것이 도덕정치의 근본이며,
황룡시대는 영원히 사라질 것이며,
봉황과 청룡과 백호를 이루어 만백성을 이롭게 하는 정치구조이며,
이런 가운데 태극판이 봉이며 청룡이며 계룡산이며,
무극판이 황이며 백호이며 황매산이며,
모든 정치 행정의 구조를 양, 태극, 봉, 청룡판을 이루어
청군의 이치로 행정의 중심이 될 곳이 정감록 속의 계룡산이며,
양, 태극, 봉, 청룡판 지리의 구조와 형국이며,
음, 무극, 황, 백호판을 이루어 백군의 이치로 행정의 중심이 될 곳이
경상남북, 전라남북, 제주도를 통합하여 황매산이 무극의 이치이며,

백호판의 이치로 백군을 이루어 행정의 중심이 될 것이며,
도, 양, 태극, 천, 봉, 청룡판
덕, 음, 무극, 지, 황, 백호판

이러한 이치와 원리로서 도덕정치가 만들어지는 이치이며,
만약 통일이 될 수도 있고 안 될 수도 있는 이치이며,
계룡산의 형국은 청룡판 형국 속에 봉황이며,
황매산의 형국은 백호판 형국 속에 봉황이며,
금강산의 형국은 봉황판 형국 속에 봉황이며,
통일이 안 될 수도 있지만 만약 통일이 된다면 지금의 청와대가
금강산 봉황판 형국의 이치로 자리잡을 때
금강산이 봉황의 이치로 천을 이룰 것이며,
계룡산이 청룡의 이치로 지를 이룰 것이며,
황매산이 백호의 이치로 인을 이루어
봉황, 청룡, 백호의 정치구조 형국이 만들어질 수 있으며,
천, 지, 인판 정치구조 형국이 만들어질 수도 있을 것이며,
이것이 대한민국의 미래상이 될 수도 있을 것이며,
계룡산 미래판의 근본은 사람이 주체인 판이며,
사람 봉황판의 이치로 천지를 조종하여
만백성이 최고인 새로운 도덕세계를 만드는 형국이며,
정감록의 거짓과 진실은 봉황의 비밀 속에 있으며,
계룡산 신도 안에 내가 최고라고 몰려왔던
수많은 신종교와 온갖 판은 모두가 다 봉황의 비밀 속에 있으며,
계룡산의 진실은 양, 태극일 뿐이며,
계룡산의 진실은 청룡이며,

계룡산 미래판의 진실은 계룡산이 주체가 아니며,
대한민국 전체를 봉황판 봉황체의 나라로 만드는 것이 진실이며,

언젠가는 누군가가
정감록의 진실을 헛터 잡아 새로운 계룡산판이
만들어지기를 기대하면서…….

기도의 진실

사람은 태곳적부터 신격화하는 신의 존재를 믿어 왔으며,
사람은 태곳적부터 신격화하는 존재에게 기도하고
절하고 빌고 하면서 긴긴 세월을 보내왔으며,
사람은 신통력이 있어야만 믿음의 존재가 되어
신격화되고 성인이 되고 교주가 되고 종교가 만들어지고
기도하고 절하고 빌고 하는 이치가 만들어지는 원리이며,
사람은 언제나 항상 믿음 속에서 구원을 바라며,
복을 바라며 부귀영화를 바라며,
몸과 마음의 수양을 통하여 수도를 통하여
사람이 사람답게 바르게 살기를 원할 것이며,
사람은 죽어서 극락이 있고 천당이 있고 지옥이 있는 모든 이치도
믿음 속에서 나오는 이치이며,
극락이 있어 있는 것이 아니며 없어 없는 것이 아니며,
천당과 지옥이 있을 수도 없을 수도 있는 이치이며,

신의 능력으로 사람 생각 속에
이러한 극락과 천당과 지옥이 있는 것처럼 판을 만들어 놓은 이치이며,
성인과 종교와 무속인 예언가 등등이 만들어지는 능력 또한
어떤 신의 조종에 의해서 아는 소리와 신통력과 믿음이
만들어지는 이치이며,
사람은 욕심이 있어 내가 성인이 되고 내가 교주가 되고
내가 천존, 지존이 되고 내가 하나님이 되고 내가 옥황상제가 되고
무슨 대왕이 되고 하는 것이며,
신의 운행원리란 이러한 이치이며, 사람은 욕심이 있어 기도하고
절하고 빌고 염불하고 제물을 바치고 소, 돼지 잡아 바치고
명당 찾고 하는 것이며,
사람이 욕심을 부리면 신이 계속 그렇게 판을 맞추어
만들어가는 이치이며,
신통력과 함께 믿도록 만들어가는 이치이며,

세상 사이에 존재하는 온갖 성경 경전 강계서 등등 또한 마찬가지이며,
신의 글 능력이란 무한대이며, 세상 사이에 존재하는
온갖 글의 판 또한 신의 능력 속에서 만들어진 이치이며,
글의 능력이 있는 사람에게 붙은 신의 판 글이란 온갖 이치와 판으로
온갖 성경 경전 강계서가 만들어질 수 있으며,
그 글에 맞추어 무한대의 능력으로 사람을 통하여
신의 판 세상을 만들어갈 수 있으며,

사람은 신이 붙어야만 말과 행동이 달라지며,
사람은 신이 붙어야만 종교를 만들 수 있으며,

신들린 사람이 아니면 아는 소리와 신통력이 만들어질 수 없으며,
도통이란 신이 들어야 온갖 이치와 지리 등등이 등급에 맞게 말하고
행동할 수 있는 경지가 되는 이치이며,
세상 사이에는 수백 종의 종교가 만들어지는 이치는 당연한 이치이며,
세상에는 수많은 종교가 모두가 다 내가 최고인 신의 판 종교의
운행원리와 함정에 빠져 있는 형국이며,
수천 종의 종교를 수없이 만들어낼 수 있는 것이
신의 판 원리이며 함정이며,
계룡산 태극 봉황 지리의 판이 만들어질 수 없는 이치가
사람의 욕심 때문이며,
사람이 욕심을 부리면 내가 최고 성인, 종교 등등이 만들어지기에
태극 봉황 지리판이 만들어질 수 없는 신의 판 함정이며,
무극 봉황 지리판이 만들어질 수 없는 신의 판 함정이며,

사람이 욕심을 버리면
내가 최고의 성인이 될 수 없으며,
내가 교주가 될 수 없으며 내가 하나님이 될 수 없으며,
내가 옥황상제가 될 수 없으며 내가 천존, 지존이 될 수 없으며,
등등의 이치 속에서 하늘이 사람을
마음대로 조종하여온 모든 이치를 파악할 것이며,
땅이 사람을 마음대로 조종하여온 모든 이치를 파악할 것이며,

천지가 사람을 마음대로 헛터 잡아온 이치는
천, 지, 인의 욕심 때문이며,
하늘이 욕심을 버리면 기도하는 이치가 사라질 것이며,

땅이 욕심을 버리면 기도하는 이치가 사라질 것이며,
사람이 욕심을 버리면 기도하는 이치가 사라질 것이며,
천, 지, 인이 융합하여 기도하고 빌고 염불하고
절하고 하는 이치가 만들어진 이치이며,
하늘이 최고 땅이 최고 신격화하는 사람이 최고인 이치 속에서
기도하는 이치가 만들어진 이치이며,
사람은 바른 도와 덕으로서 기도하여 복을 받고
구원을 받는 것이 아니라 스스로 노력하여 복을 받아야 하는 이치이며,

천지가 만들어 놓은 온갖 판 속에는 선악이 있으며
선악을 분별하지 못하면 계룡산 태극 봉황판이
만들어질 수 없는 이치이며,
천, 지의 선악을 분별하지 못하기 때문에 세상 사이에는
수많은 종교가 계속 발생하고 분파하여 천지가 최고인 판으로서
신격화하는 모든 이치 속에 기도하는 이치가 존재하고 있으며,
사람이 주체인 시대가 만들어질 수 없으며,
천, 지, 인의 권력과 권위 속에서 긴긴 세월을 살아가고 있으며,
천, 지, 인이 바른 도와 바른 덕으로서 바로 설 때만이
기도하는 이치가 사라지는 것이며,
종교가 사라지는 이치이며,
온갖 교주판이 사라지고 부처 보살 하나님 옥황상제 천지신명
온갖 신명 신장 대왕 천존 지존 등등이 사라질 것이며,
이것이 사람 봉황판의 원리이며 이치이니
대한민국의 모든 지리의 형국은 사람 봉황판 지리의 형국이니
사람은 신격화하는 신의 종과 노예가 될 수 없으며,

천, 지, 인을 바른 도와 덕으로서 조종하여
만백성을 이롭게 하는 것이 계룡산 미래판의 이치이니

언젠가는 누군가가
기도하는 모든 이치가 사라지고 사람이 주체인
만백성이 최고인 시대를 만드는 것이 대한민국의 근본이니
이러한 도덕시대가 만들어지기를
기대하면서…….

봉황판 태극시대

사람이 살아가는 근본이 태양이며,
사람이 살아가는 근본이 천지이며,
사람이 살아가는 근본이 양과 음이며,
양과 음이 태극과 무극이며,
태극과 무극과 사람이 천, 지, 인이며,
양과 음과 사람이 천, 지, 인이며,
양이 봉이며 음이 황이며,
태극이 봉이며 무극이 황이니
봉과 황과 사람이 천, 지, 인이며,
태극이 계룡산이며 무극이 황매산이니
계룡산과 황매산과 사람이 천, 지, 인이며,
계룡산이 청룡이며 황매산이 백호이니

청룡과 백호와 사람이 천, 지, 인이며,
금강산이 봉황이며 계룡산이 청룡이며 황매산이 백호이니
금강산과 계룡산과 황매산이 천, 지, 인이며,
봉황과 청룡과 백호가 천, 지, 인이며,
백두산 천지가 태극이며 한라산 백록이 무극이니
백두산 천지와 한라산 백록과 사람이 천, 지, 인이며,
백두산 천지가 양이며 봉이며,
한라산 백록이 음이며 황이며,
대한민국은 양과 음의 판이며,
대한민국은 태극과 무극판이며,
대한민국은 봉과 황의 판이며,
대한민국은 청룡과 백호판이며,
대한민국은 천, 지, 인판이며,

대한민국의 모든 지리와 형국의 이치가 이러한 판이며,
천, 지, 인의 형국 속에 태극의 이치가 있는 것이며,
태극 속에 무극이 있으며 무극 속에 태극이 있으며,
태극은 태극일 뿐이며,
무극은 무극일 뿐이며,
태극은 양일 뿐이며,
무극은 음일 뿐이며,
태극과 양이 없으면 우주가 존재할 수 없으며,
무극과 음이 없으면 우주가 존재할 수 없으며,
태극과 무극이 태양이며,
태양이 없으면 존재할 수 없는 이치이며,

태극은 하늘일 뿐이며,
무극은 땅일 뿐이며,
하늘은 하늘일 뿐이며,
땅은 땅일 뿐이며,
하늘이 하늘의 도리를 다할 때
천, 지, 인 지리판이 만들어질 수 있으며,
땅이 땅의 도리를 다할 때
천, 지, 인 지리판이 만들어질 수 있으며,
사람이 사람의 도리를 다할 때
천, 지, 인 지리판이 만들어질 수 있으며,

선악판 속에서 하늘의 권력과 권위와 폭력 속에서 살아온 긴긴 세월이며,
땅의 권력과 권위와 폭력 속에서 살아온 긴긴 세월이며,
사람의 권력과 권위와 폭력 속에서 살아온 긴긴 세월이며,
하늘은 신격화하는 온갖 신의 판과 신격화하는 온갖 종교판과
신격화하는 세상 사이에 존재하는 온갖 이치는
모두가 하늘판의 이치이며,
신격화하는 온갖 종교판의 권력과 권위란 상상을 초월하는 이치이며,
신격화하는 온갖 신의 판 권력과 권위란 상상을 초월하는 이치이며,

하늘판의 모든 선악을 분별하고 흑백을 분별하여 헛터 잡아야만
봉황판 태극시대가 만들어질 것이며,
땅은 온갖 지리의 이치와 판으로서
행해지는 권력과 권위와 폭력성은 상상을 초월하는 이치이며,
지리 발복이란 이치로 사람을 마음대로 죽이고 살리고

흥하고 망하게 하는 권력과 권위 속에서 살아온 지리의
온갖 이치와 판을 선악 분별하고 흑백을 분별하여 헛터 잡아야만
봉황판 태극시대가 만들어질 것이며,
정치의 권력과 권위와 폭력성은 상상을 초월하는 이치이며,
도덕이란 말과 행동일 뿐이며
도 닦는 것은 자랑하는 것이 아니며,
온갖 성경, 경전을 통하여 도덕 자랑하는 것이 아니며,

하늘은 하늘의 도리만을 다할 때
봉황판 태극시대가 만들어질 것이며,
땅은 땅의 도리만을 다할 때
봉황판 태극시대가 만들어질 것이며,
사람은 사람의 도리만을 다할 때
봉황판 태극시대가 만들어질 것이며,
하늘은 하늘답고 땅은 땅답고 사람은 사람답게 만드는 것이
계룡산 미래판의 진실이며,
태극이 도이며, 무극이 덕이니
태극과 무극 속에서 도덕정치가 만들어지는 이치이며,
태극이 양이며 무극이 음이니
양과 음의 이치 속에서 도덕정치가 만들어지는 이치이며,
태극이 봉이며 무극이 황이니
봉황의 이치 속에서 도덕정치가 만들어지는 이치이며,
태극이 청룡이며 무극이 백호이니
청룡과 백호의 이치 속에서 도덕정치가 만들어지는 이치이며,

긴긴 세월 동안 천, 지가 짜놓은 판에 맞추어 살아온 이치이며,
주역, 팔괘, 오행, 사주팔자, 유교, 불교, 도교, 기독교, 온갖 상제판,
천지신명판, 세상 사이에 존재하는 온갖 종교판, 온갖 신의 판, 60갑자,
동물띠, 온갖 지리의 판, 온갖 예언서(정감록, 격암유록, 천부경 등등),
온갖 성경 경전판, 온갖 국가의 판, 온갖 대겁 병겁 말운론 말세론
종말론 겁운판, 온갖 정치의 구조판 등등의 영향 속에서
사람은 살아가고 있으며,

천, 지가 만들어 놓은 사람이지만
천, 지가 선과 악의 이치로 사람을 마음대로 신격화하여
조종하는 것은 바른 도덕이 아니며,
천지가 천지답지 못한 구조 속에서 살아온 이치이며,
사람이 살아가는 모든 이치는 신격화하는 신이 주체가 아니라
사람이 주체가 돼야 하며,
사람판의 형국과 이치로서 사람 봉황판시대를 만드는 것이
계룡산 미래판의 진실이며,

언젠가는 누군가가
사람 봉황판 태극과 무극의 이치로
도덕세계를 만들기를
기대하면서…….

성경, 경전의 진실

신의 능력으로 사람이 살아온 긴긴 세월 동안
사람의 모든 능력과 생각과 사람과 사람과의 모든 예와 도덕과
생과 사와 선과 악의 모든 이치와 모든 만물과 생명체, 미생물, 충,
균 할 것 없이 모든 이치가 태양신 봉황의 능력이며,
모든 산천초목 물 기름 가스 등등등 모든 이치가 태양신 봉황의 능력이며,
사람의 말 언어 여러 인종 여러 국가 사람이 쓰는 글이 모든 것이
태양신 봉황의 능력이며,
지구촌에 존재하는 수많은 종교판 하나님 하느님 상제 천지신명
각종 천존주, 칠성신 온갖 신명 영혼 신과 관련된
모든 신의 판 또한 태양신 봉황의 능력이며,

사람을 신격화하는 모든 원리와 이치를 파악해야 할 것이며,
기독교의 예수를 신격화하고 불교의 석가를 신격화하고
유교를 신격화하고 도교의 상제 화신을 신격화하고
지구촌에 존재하는 수많은 하나님 하느님 천지신명 등등을
신격화하는 모든 이치 또한 태양신 봉황의 능력이며,
사람과 태양신과의 관계는 영원히 같이 존재할 수밖에 없는 이치이며,

사람을 무슨무슨 동물띠와 60갑자 오행으로 주역 정역 등등과 함께
사람의 사주팔자판에 맞추어 성격과 함께 살아가도록 만드는
모든 이치가 태양신 봉황의 능력이며,
사람이 신이 붙으면 말과 행동이 달라질 수 있으며,

신이 사람을 조정하여 모든 예와 도덕이 나올 수 있으며,
신이 사람을 조종하여 세상에 없던 성경과 경전이 만들어지는 이치이며,

세상은 신의 능력 속에서 긴긴 세월 살아온 이치이며,
지리 발복이란
온갖 이치와 판 역시 신의 능력과 판 속에서 살아온 이치이며,
세상 사이에 존재하는 온갖 종교 속에 있는 성경, 경전 등등은
신의 판으로 만들어진 이치이며,
사람이 살아가는 데 이로움을 주는 온갖 글들이 이 속에 있으며,
신격화하는 온갖 글들이 이 속에 있으며,
불교의 염불경과 경전을 살펴볼 때 상제판 등급의 경지이며,
옥황상제판 수많은 종교 속의 경전이란 상제판 등급의 경지이며,
글이 훌륭하고 글 숫자가 제아무리 많다고 하나
상제 등급의 경지에 속하는 이치이며, 지리의 이치 또한 마찬가지이며,
상제판 경지의 지리이며,
상제판 하느님이란 상제가 하느님이며,
상제판 미륵이란 상제가 미륵이며,
상제판 천존주란 상제가 천존주이며,
하나님판 하나님이란 하나님이 하나님이며,
하나님판이란 다신이 아니며 절대 유일신이며,
하나님판의 모든 성경과 경전이란 하나님판의 등급과 경지일 뿐이며,

세상 사이에 존재하는 수많은 종교 속의 경전과 성경이란
그 등급과 경지에 맞추어 만들어 놓은 이치이며,
신을 통하여 만들어진 수많은 정도령판 또한

신의 등급과 경지에 맞추어 만들어 놓은 이치이며,
사람은 긴긴 세월 동안 신의 판 동물띠와 신의 판 오행과
사주팔자와 신의 판 온갖 괘와 신의 판 온갖 종교와
신의 판 온갖 성경, 경전과 신의 판 온갖 예와 도덕 속에서
신의 권력과 권위 속에서 신격화하는 사람의 종과 노예처럼
기도하고 절하고 염불하고 제물을 바치고 돈 바치고 하면서
살아가고 있는 세상이며,

이러한 신의 판을 조종하는 근본이 천지이며 봉황이며 태양신이니
묘한 이치이며,
온갖 예언 종교판 속에 있는 대겁, 병겁, 종말론, 말세론 겁운판 또한
묘한 이치이며,
신의 모든 판을 선악분별하여 헛터 잡을 때 봉황의 등급과 경지에
도달하는 이치이며,
봉황의 등급과 경지에 도달하여도 마찬가지이며,
봉황판 역시 신의 판이며 봉황판 역시 내가 최고인 판이며,
내가 최고 성인판이며 내가 최고 권력판이며,
이러한 태양신 봉황을 선악분별하여 헛터 잡을 수 있는 사람이
있을 것이며,
태양신 봉황을 선악분별하여 헛터 잡을 때
만백성이 최고인 판이 만들어지는 이치이며,
내가 최고가 아니며 내가 성인이 아니며,
내가 교주가 아니며 종교가 사라지는 판이며,
권력이 사라지는 판이며,
만백성을 이롭게 하는 도덕정치가 이 속에서 만들어지는 이치이며,

계룡산 태극판을 봉황 지리의 판으로 만들 수 있는 경지이며,
황매산 무극판을 봉황 지리의 판으로 만들 수 있는 경지이며,
태극과 무극이 양과 음의 이치로서 봉과 황의 이치로서
사람판 도덕세계가 만들어지는 근본이니
천, 지, 인의 근본이 봉황이며 봉황이 천, 지, 인판이니
사람판 봉황시대가 계룡산 미래판의 진실이니

언젠가는 누군가가
천, 지를 조종하여 사람판 도덕세계가
만들어지기를 기대하면서…….

양과 음의 진실

대우주를 운행하는 근본이 양과 음의 이치이며,
모든 만물의 근본이 양과 음의 이치이며,
모든 생명체의 근본이 양과 음의 이치이며,
양과 음의 이치 속에서 대우주의 운행과
모든 만물과 생명체가 존재하는 이치이며,
양과 음이 천지의 근본이며,
양과 음이 봉황의 근본이며,
양과 음이 청룡과 백호의 근본이며,
양과 음이 태극과 무극의 근본이며,
양과 음이 도와 덕의 근본이며,

양과 음이 건과 곤의 근본이며,
양과 음이 사람의 근본이며,
양과 음이 하느님의 근본이며,
양과 음이 천지신명의 근본이며,
양과 음이 옥황상제의 근본이며,
양과 음의 온갖 신과 신명의 근본이며,
양과 음이 온갖 천존주의 근본이며,
양과 음이 백두산 천지와 한라산 백록의 근본이며,
양과 음이 계룡산 삼산과 황매산 삼산의 근본이며,
양과 음이 대한민국지리의 근본이며,
양과 음의 근본이 태양이며,

태양이 있기에 천지가 있으며, 봉황이 있으며, 청룡과 백호가 있으며,
태극과 무극이 있으며, 도와 덕이 존재하며, 사람이 존재하며, 하느님,
천지신명, 온갖 상제, 온갖 신명이 존재하며, 온갖 지리의 판,
모든 만물과 생명체가 존재하며,

태양계를 운행하는 태양신의 능력이며,
태양신에 의해서 신과 관련된 온갖 종교판이 만들어지는 이치이며,
수많은 온갖 상제가 만들어지는 원리가 있으며,
상제판으로 만들어진 상제는 모두가 다 상제가 맞는 이치이며,
태양신에 의해서 양과 음의 이치로 태양계를 운행하는 이치이며,
태양신에 의해서 신과 관련된 온갖 종교판과 눈에 보이지 않는
신과 관련된 온갖 이치와 판이 존재하는 이치이며,
온갖 종교 속에 있는 겁운판 또한 마찬가지이며,

사람이 죽어 영혼이 있고 없고, 천당과 지옥판을 만들어
운행을 하였으며, 제사를 모시는 이치 또한 마찬가지이며,
사람 눈에 보이지 않는 온갖 신의 판으로 사람은 존재하였으며,
사람의 몸과 마음 정신세계를 마음대로 조종할 수 있는 능력이며,
태양신의 창조물이 사람이기도 할 것이며,

태양신에 의해서 온갖 인종과 국가와 온갖 종교판과
온갖 선악 속에서 살아온 긴긴 세월이 지금의 세상이며,
사람은 온갖 종교의 노예처럼 살아온 긴긴 세월이었으며,
사람은 온갖 신의 노예처럼 살아온 긴긴 세월이었으며,
태양신의 능력은 무한대의 능력이며,
사람과 태양신과의 관계란 오묘한 관계이며,
신격화하는 신이 항상 사람 위에 존재하면서 신의 판에 맞추지 않고
이사만 잘못하여도 사람을 죽이고 살리고 망하고 흥하게 하는 이치이며,
이러한 모든 이치는 양과 음의 이치를 만들어 놓은 태양신의 능력이며,
천지판의 능력 또한 태양신의 능력이며,
천지신명, 하느님, 상제, 각종 부처 보살, 각종 천존주, 각종 칠성신,
신과 관련된 온갖 신, 신명 등등 모두가 다 태양신의 능력 속에서
만들어지는 이치이며,
온갖 명당 발복과 지리의 판 역시
태양신의 능력 속에서 만들어지는 이치이며,
지각변동을 작동할 수 있는 능력 또한
태양신의 능력 속에서 만들어지는 이치이며,
선악의 모든 이치 또한 사람의 생각까지도 헛터 잡을 수 있는
태양신판의 이치이며,

태양신이 만들어 놓은 사람의 능력과 태양신판의 관계 속에서
사람은 살아서 생각하는 사람 신과 죽어서 생각하는 영혼 신도 있으며,
사람은 태양신판의 이치 속에서 긴긴 세월을 살아 왔으며,
도덕의 경지 또한 등급이 있을 것이며,
상제판의 경지에 맞는 도덕판이 만들어지는 이치이며,
천지신명판의 경지에 맞는 도덕판이 만들어지는 이치이며,
하느님판의 경지에 맞는 도덕판이 만들어지는 이치이며,
봉황판의 경지에 맞는 도덕판이 만들어지는 이치이며,
봉황판 속에서도 두 판이 있으며,
봉황의 종과 노예가 될 것인가
봉황을 헛터 잡을 것인가

사람이 봉황의 경지에 도달하여 봉황신이 붙으면
사람이 봉황신 이 되어 봉황의 종과 노예가 될 것이며,
사람이 상제 신이 붙으면
상제 신의 종과 노예가 되는 이치와 같으며,
사람이 봉황의 경지에 도달하여 봉황신이 붙으면
사람이 봉황신을 확 헛터 잡을 때
사람판 봉황시대가 만들어지는 이치이며,
사람이 봉황신을 헛터 잡지 못하면
신의 판 봉황시대가 만들어지는 이치이며,
사람판 봉황시대란 모든 양과 음의 이치를
사람판의 이치로 만드는 이치이며,

양과 음이 태극과 무극이니

계룡산 태극 봉황판과 황매산 무극 봉황판이 만들어질 수 있으며,
태극과 무극이 도와 덕이니 신을 이롭게 하는 도덕이 아니라
사람을 이롭게 하는 도덕이 만들어질 수 있으며,
신의 판 시대가 사라지고 사람판 시대가 만들어질 수 있으며,
이것이 계룡산 사람판 시대이며,
대한민국 모든 도의 경계를 폐지하고 양과 음의 이치로서
새로운 판을 짜는 이치이며,
태극과 무극의 이치로서 새로운 판을 짜는 이치이며,
태극과 양만 가지고서 존재할 수 없으며,
무극과 음만 가지고서 존재할 수 없으며,
양과 음이 사람판 천지이며,
양과 음이 사람판 봉황이며,
양과 음이 사람판 태극과 무극이며,
양과 음이 신의 판 모든 이치가 사라지는 이치이며,
양과 음이 청군과 백군의 이치이며,
청군이 도이며, 백군이 덕이니
미래판 도덕정치가 청룡과 백호 속에 있으며,

언젠가는 누군가가
양과 음의 이치로서
새로운 봉황, 청룡, 백호시대를 만들어
만백성을 이롭게 하기를
기대하면서…….

유, 불, 선의 진실

사람은 태곳적부터 살아오는 동안
사람의 정신세계를 좌우하는 사상과 철학이 있으며,
사상과 철학 속에서 온갖 종교가 만들어지는 이치이며,
사람이 어떤 신과 통하지 않으면
경전이라고 하는 수많은 글들이 만들어질 수 없으며,
사람이 어떤 기와 통해야만 수많은 글로서
수많은 경전이 만들어질 수 있는 이치이며,
무속인도 이와 같은 이치이며,
어떤 신과 통하지 않고는 예와 글들이 만들어질 수 없으며,
통해야만 예와 글들이 만들어질 수 있으며,
신통력을 만들어내는 말과 행동 또한 어떤 신을 통하여
신통력의 능력으로 말과 행동이 만들어질 수 있으며,
사람이 믿을 수밖에 없도록 만든 다음
온갖 종교가 만들어지는 이치이며, 유가, 불가, 선가의 이치 또한
이것과 같은 원리 속에서 만들어진 종교이며,

사람은 온갖 종교가 만들어 놓은 온갖 예와 글들 속에서 살아가고
있는 것이며, 유, 불, 선이 만들어 놓은 온갖 예와 온갖 글들과
말과 의식 속에서 사람은 긴긴 세월 동안 살아가고 있으며,
유, 불, 선의 모든 판 속에는 사람을 이롭게 하는 이치와 사람을
이롭게 하지 못하는 이치 두 판으로 만들어져 있으며,
유, 불, 선을 선악분별하여 흑백을 분별하지 못하면 세상 사이에 있는

온갖 종교를 통합하지 못할 것이며,
유, 불, 선에 빠지면 종교가 만들어질 것이며,
유, 불, 선을 헛터 잡으면 계룡산시대가 만들어질 것이며,
세상 사이에는 왜 수백 종의 종교가 존재하는지
발생원리와 이치를 파악해야 할 것이며,
유, 불, 선 또한 수백 종의 종교 중 하나일 뿐이며,

세상 사이에는 수많은 미륵판이 있을 것이며,
세상 사이에 미륵이 하나도 아니고 수많은 미륵이 존재할 수 있는지
미륵판으로 만들어진 미륵은 다 통하여 만들어진 미륵이며,
신과 통하여 신통력과 함께 미륵판이 만들어진 모두가 다 미륵이며,
미륵판은 모두가 다 내가 미륵인 것이 다 맞는 이치이며,
미륵이 미륵인 이치이며,
최고의 판이 미륵판이며, 기독교의 하나님 또한 마찬가지이며,
하나님이 최고의 판이며, 성부, 재림 하나님이 최고의 판이 맞는
이치이며,
유, 불, 선을 통합하든지 유, 불, 선을 어떻게 조종하든지
최고의 판으로 만들면 최고의 판이 되는 것이며,
유, 불, 선을 통합한 미륵 또한 최고의 미륵판일 것이며,
세상 사이에 존재하는 정도령판 또한 마찬가지이며,
신이 붙어 만들어진 수많은 정도령판 또한 정도령이가 맞는 이치이며,
사람은 신이 붙어 내가 정도령이다 하면 정말 정도령이가 되어
내가 정도령인 역할을 하려고 하는 이치이며,
온갖 비결서와 정감록판을 통하여 계룡산 신도 안에
동, 서, 남, 북에서 몰려든 온갖 미륵, 온갖 정도령, 메시아, 진인,

하나님, 옥황상제 등등 수많은 종교 무속인 등등은
신을 통하지 않고는 만들어질 수 없는 이치이며,
신통력을 통하여 수많은 글과 예와 경전이 만들어져
도덕이 신격화되어 사람을 믿게 만들어 몸과 마음 돈 제물을
바치는 형국이며,

신격화하는 온갖 미륵판을 헛터 잡지 못하면
계룡산 태극 봉황 지리판이 만들어질 수 없으며,
황매산 무극 봉황 지리판이 만들어질 수 없을 것이며,
신격화하는 온갖 하나님판을 헛터 잡지 못하면
계룡산 태극 봉황 지리판이 만들어질 수 없으며,
황매산 무극 봉황 지리판이 만들어질 수 없을 것이며,
신격화하는 온갖 정도령판을 헛터 잡지 못하면
계룡산 태극 봉황 지리판이 만들어질 수 없으며,
황매산 무극 봉황 지리판이 만들어질 수 없을 것이며,
대한민국 봉황판이란 이러한 이치이며,
봉황이 양과 음이니 양과 음이 아니면
모든 만물과 생명체가 존재할 수 없는 이치와도 같으며,
신격화하는 온갖 판을 바른 도와 덕으로서 선악분별하지 못하면
사람 봉황판은 만들어질 수 없을 것이며,
신격화하는 온갖 종교를 통합하는 이치란 봉황판이며,
신격화하는 온갖 판을 헛터 잡지 못하면 만백성을 이롭게 하는
도덕세계가 만들어질 수 없을 것이며,
백성을 이롭게 할 봉황판 도덕정치란 사람을
조종할 수 있는 신의 판 봉황이 있으며,

사람판 봉황이 신의 판 봉황을 헛터 잡지 못하면
새로운 도덕세계는 만들어질 수 없을 것이며,

사람 봉황판의 이치로 도덕정치를 펼쳐 백성을 이롭게 하는 이치이며,
이 속에 사람 청룡과 사람 백호를 이루어 신의 판 책력을
모조리 헛터 잡아 사람판 책력으로 새로운 판을 만들어
새로운 세상을 만드는 이치가 사람판 시대이며,
판은 두 판이며 신격화하는 신명과 사람판과의 싸움판이며,
사람 시대은 도덕이며,
신격화하는 신명은 세상 사이에 존재하는 온갖 미륵교주 신명과
천지신명 온갖 상제 용왕신 산신 목신 삼신 온갖 칠성신 온갖
천존주 기독교 하나님 신과 관련된 온갖 신명 신장
영혼 신으로 만들어 놓은 모든 신들이며,

이제 싸움판은 두 판 싸움판이며,
사람주체인 사람판과 수많은 온갖 신명과의 싸움판이며,
신이 이기면 신이 만들어 놓은 대겁, 병겁, 지각변동, 종말론, 말세론,
겁운 등등으로 사람을 죽여 신명의 세계 신도 설교의 세상 신의 판
도덕 속에서 신도 설교 도덕정치가 만들어질 것이며,
사람시대은 죽어서 없어질 것이며 신의 능력으로
신도시대가 만들어질 것이며
사람판이 이기면 대겁, 병겁, 지각변동, 종말론, 말세론,
겁운은 사라질 것이며,

사람에게 영향을 주는 온갖 미륵교주 신명, 상제, 천지신명, 산신,

목신, 삼신, 하나님, 용왕, 온갖 천존주, 칠성신, 신과 관련된
온갖 신명은 영원히 죽어서 없어질 것이며,
신이 이기면 사람판시대는 없을 것이며,
사람판이 이기면 신의 세계, 신명세계, 천당, 지옥 할 것 없이
하나도 빠짐없이 모조리 사라질 것이며,

이것이 신명의 겁운이며,
사람 겁운이 있으면 신명 겁운도 있는 이치이며,
신이 사람 겁운판을 만들면
사람은 신명 겁운판을 만들면 되는 이치이며,
말운론에 이판사판 공사판이며,
신이 천지이며 천지가 신의 판을 조종하는 이치이며,
천지가 사람 겁운판으로 사람을 죽이면
사람은 천지란 신을 죽이면 되는 이치이며,
천지란 신을 죽이면 온갖 신이 죽는 이치이며,
천지가 이기면 겁운으로
신도 설교판이 만들어질 것이며,
사람판이 이기면 신도 설교판이 사라지며,

이것이 진리이며
이것이 계룡산 태극 사람 봉황판이며,
이것이 황매산 무극 사람 봉황판이며,
태극과 무극이 도와 덕이며,
신을 이롭게 하는 도덕은 사라지고 사람을 이롭게 하는
모든 예와 도덕만이 필요할 것이며,

계룡산이 태극체이며 양이며,
황매산이 무극체이며 음이며,
태극이 봉이며 무극이 황이니
봉황체의 나라로 만드는 근본이 미래판이며,
태극과 무극의 주인은 내가 아니며
만백성이 태극과 무극의 주인이며,
계룡산 태극 봉황 지리의 혈판은 만백성이 주인이며,
황매산 무극 봉황 지리의 혈판은 만백성이 주인이며,
천지를 헛터 잡아 개인을 위한 명당 발복은 모조리 사라질 것이며,
태극과 무극을 헛터 잡아 만백성을 이롭게 하는 명당 발복이며,
유, 불, 선이 사라질 때 사람 봉황판이 만들어질 것이며,

언젠가는 누군가가
사람 겁운판과
신명 겁운판 사이에서
새로운 도덕세계가 만들어지길
기대하면서…….

도덕의 진실

태고적 천지가 만들어져 사람이 살아온 긴긴 세월 동안
신의 판으로 만들어 놓은 온갖 이치와 원리 속에서
사람이 맞추어 살아온 원리 속에서 약육강식과 선악의 원리 속에서

생존의 경쟁과 사람의 정신세계를 좌우하는 모든 철학과 사상과
인종과 국가관 속에서 사람이 살아가는 모든 이치 속에
사람이 갖추어야 할 모든 예가 도덕이지만
세상 사이에 존재하는 온갖 도덕판 속에도 약육강식과 선악이란
이치로서 권력과 권위가 존재하고 있으며,

이러한 모든 이치는 신의 판 원리 속에서 나오는 이치이며,
신의 판 속에서 온갖 인종과 온갖 국가와 온갖 종교판과
신과 관련된 온갖 판의 이치 속에서 사람은 살아온 이치이며,
사주팔자판으로 사람을 마음대로
조종할 수 있는 것이 신의 판이며,
신의 판으로 만들어 놓은 온갖 예와 도덕 속에서
사람은 살아가고 있는 것이며,
온갖 성인과 온갖 교주와 온갖 종교를 통하여
사람이 갖추어야 할 예와 도덕이 나오는 이치이며,
천지의 모든 운행원리 속에서 사람은 맞추어 살아가고 있지만
선악의 모든 운행원리도 신의 판 속에서 선악판이 만들어지는 이치이며,

성인과 교주라는 이치로 만들어지는 모든 예와 도덕이
신의 판으로 만들어지는 이치 속에
모든 예와 도덕이 신격화되는 이치이며,
신격화된 예와 도덕 속에서 사람은 살아가고 있으며,
천지가 온갖 신을 통하여 내린 강계서속에 있는 도덕 또한
모조리 신격화되는 이치와 같으며,
사람의 능력과 신의 능력의 복합된 이치 속에서 살아가고 있으며,

옥황상제판 속에 있는 부정이란 이치로 사람을 죽일 수 있으며,
명당과 흉지의 이치로 사람을 죽일 수 있으며,
옥황상제판으로 만들어 놓은 온갖 판에 맞추지 않으면
사람을 죽일 수 있으며,
겁운이란 이치로 사람을 죽일 수도 있으며,
사람을 신격화하는 신의 노예로 만들 수 있는 이치이며,

이것이 신의 판이며 이것이 신의 판 도덕이며 신의 판 예이며,
신의 판 속에서 온갖 성인과 온갖 종교판을 통하여
온갖 예와 온갖 도덕이 만들어져 사람을 마음대로 죽일 수 있는
선악의 이치로 긴긴 세월 동안 살아온 세월이었으며,
신의 능력이란 온갖 선악판으로 천지를 운행하는 무한의 능력이며,
신과 사람과의 묘한 이치 속에서
천지가 사람 위에 존재하는 완전 불평등한 이치 속에서
이제는 신을 통하여 대겁, 병겁, 말세론, 종말론, 겁운 등등으로
사람을 죽여 새로운 신명의 세계를 만들려고 하는 이치이며,
말운론에 신을 믿어야 살아남을 수 있다는 이치로서
온갖 종교판을 통하여 신격화하는 도덕이며,
언젠가는 누군가가 사람의 능력으로
이러한 신의 판을 헛터 잡아야 하는 이치이며,
사람의 능력으로 옥황상제를 선악분별하여 헛터 잡을 때
옥황상제판 겁운이 사라지는 이치이며,
사람에게 이로움을 주지 못하는 도덕과 사람에게 이로움을 주는
도덕을 구분하여 헛터 잡을 수 있어야 할 것이며,
백두산 천지가 봉황이며, 이것이 천지의 함정이며,

사람이 상제 신을 헛터 잡을 때
수많은 상제판 종교가 발생하지 못하는 이치이며,
이것이 백두산 천지 봉황의 진실이며,
천지의 모든 조종은 봉황이 하는 것이며,
온갖 신의 조종은 봉황이 하는 것이며,
온갖 지리의 조종은 봉황이 하는 것이며,
신의 판 우두머리는 봉황이며,
신의 판 봉황과 사람판 봉황과의 관계를
모조리 파악할 수 있어야 할 것이며,
이 속에 계룡산 태극의 진실이 있으며,
사람판 봉황이 신의 판 봉황을 헛터 잡지 못하면
사람이 주체인 시대는 만들어질 수 없으며,
계룡산 태극 봉황판은 만들어질 수 없을 것이며,
황매산 무극 봉황판 또한 만들어질 수 없을 것이며,
천지가 사람 위에 존재할 것이며,
사람판 도덕시대는 만들어질 수 없을 것이며,
신의 판 도덕 속에서 살아갈 것이며,
신의 판 도덕이란 성인, 교주, 온갖 종교판이며,
사람판 도덕이란 성인도 아니며 교주도 아니며 온갖 종교도 아니며,
말과 행동이 도덕일 뿐이며,
이것이 계룡산 미래판 도덕이며,
사람이 주체인 계룡산 태극 봉황판 시대가
계룡산 미래판 도덕이며 황매산 무극 봉황판 도덕이며,
황룡과 봉황을 모조리 바르게 구분하여 헛터 잡을 수 있어야 할 것이며,
사람판 봉황이 청룡이며 사람판 청룡이 백호이니

사람판 봉황, 청룡, 백호의 진실이 계룡산 미래판이며,

언젠가는 누군가가
신의 판 도덕이 아니라
사람판 도덕시대를 만들어 내가 최고가 아니라 만백성이 최고인
만백성을 이롭게 하는 도덕시대가 만들어지기를
기대하면서…….

십승지의 진실

사람이 살아가는 모든 이치 속에
음택과 양택의 지리 이치 속에서 명당 발복을 만들어내는 것은
신이 명당 발복을 만들어 내는 것이며,
사람이 신이 들어 아는 소리를 하는 원리 속에서
여러 종교가 만들어지는 이치이며,
신통력과 함께 사람을 믿게 하여 교주가 만들어지는 이치이며,
예언가가 만들어지는 이치이며,
음택과 양택의 명당 발복 또한 신의 신통력으로
명당이란 이치로 부귀영화를 누리게도 할 것이며,
흉지란 이치로 패가망신하도록 만드는 것도
신이 만들어내는 신통력으로 사람을 조종하는 원리이며,
신을 통하여 여러 종교와 예언 속에 겁운판을 만들어 놓고
피난처로 십승지판을 만들어 놓은 이치일 수도 있으며,

세상 사이에 논하고 있는 십승지판의 근본은
백성을 이롭게 하는 십승지판이 아니며,
신의 십승지판에 사람이 끌려간 십승지판이며,
땅이 음택 양택 명당 발복이란 이치로
사람을 마음대로 조종하는 능력이란 무한대의 능력이며,
지각변동으로 사람을 모조리 죽일 수도 있는 능력이며,
하늘과 땅이 겁운판을 만들어
지구의 지도를 확 바꿀 수도 있는 능력이며,
사람이 죽지 않고 살 수 있는 곳이
십승지란 이치일 수도 있을 것이며,
천지가 만들어 놓은 온갖 판 속에 있는 겁운이 작동할 경우
세상은 아수라장이 될 수 있을 것이며,
이런 이치 속에서 피난처로 십승지판을 믿을 것이며,
천지가 온갖 판을 신격화하여 사람을 조종하는 이치 속에
십승지판이 있는 것이며,
천지가 온갖 겁운판을 만들어 사람을 죽여
천지가 최고인 판을 만들려고 하는 이치이며,
이런 이치 속에서 온갖 종교 속에 있는 교주가 신격화되어
신의 판을 만들려고 하는 형국이며,
이러한 모든 형국 속에 십승지판의 진실이 있으며,
천지의 판 속에 사람판이 있으며,
사람판 속에 천지의 판이 있으며,

신의 판 십승지란 사람을 조종하기 위한 십승지판이며,
신의 판 십승지란 교주가 최고인 판을 위한 십승지판이며,

신의 판 십승지란 하늘이 최고인 판을 위한 십승지판이며,
신의 판 십승지란 땅이 최고인 판을 위한 십승지판이며,
신의 판 십승지란 백성이 최고가 아닌 판을 위한 십승지판이며,
신의 판 십승지란 천, 지, 인이 불평등한 십승지판이며,
신의 판 십승지란 만백성을 이롭게 하지 못하는 십승지판이며,
신의 판 십승지란 종교가 최고인 판을 위한 십승지판이며,
신의 판 십승지란 믿음이 최고인 판을 위한 십승지판이며,
신의 판 십승지란 신격화하기 위한 십승지판이며,
신의 판 십승지와 사람판 십승지란 완전히 다른 이치이며,

사람판 십승지란 천지를 조종하기 위한 십승지판이며,
사람판 십승지란 교주가 사라지는 십승지판이며,
사람판 십승지란 하늘이 최고가 아닌 십승지판이며,
사람판 십승지란 땅이 최고가 아닌 십승지판이며,
사람판 십승지란 백성이 최고인 십승지판이며,
사람판 십승지란 천, 지, 인이 평등한 십승지판이며,
사람판 십승지란 만백성을 이롭게 하는 십승지판이며,
사람판 십승지란 종교가 사라지는 십승지판이며,
사람판 십승지란 도와 덕이 최고인 십승지판이며,
사람판 십승지란 신격화하는 신이 사라지는 십승지판이며,

천지가 만들어 놓은 온갖 종교 속에 있는 겁운판을 헛터 잡을 때
겁운이 사라지는 이치이며,
천지란 하늘과 땅이며 양과 음이며
태극과 무극이며 봉과 황이니

봉황을 헛터 잡지 못하면 영원히 사람판 시대는 만들어질 수 없으며,
신의 판 속에서 살아가야 할 것이며,
신의 판 십승지의 이치로 살아가야 할 것이며,
긴긴 세월 동안 신의 판 봉황시대 속에서 살아온 이치이며,
긴긴 세월 동안 신의 판 봉황을 헛터 잡지 못한 세월이었으며,
신의 판 봉황을 헛터 잡을 때 신의 판 겁운이 사라지는 이치이며,
신의 판 십승지가 사라지는 이치이며,
사람판 봉황시대가 만들어지는 이치이며,

이것이 계룡산시대이며,
계룡산시대란 사람판 봉황시대이며,
사람판 봉황이란 세상 사이에 살아가는 사람일 뿐이며,
신격화하는 신도 아니며 미륵도 아니며 하나님도 아니며,
온갖 상제 화신도 아니며 부처도 아니며,
봉황을 헛터 잡는 사람일 뿐이며,
천지를 헛터 잡아 천, 지, 인을 평등하게 만들어
사람판 천, 지, 인시대를 만들어 만백성을 이롭게 하는 도덕정치이며,
만백성 앞에 내가 최고란 있을 수 없는 이치이며,
사람판 십승지란 만백성을 이롭게 하는 지리이며,
사람판 천지 봉황판을 만드는 지리의 이치 속에서 모든 이치는
양과 음의 지리의 이치 속에 있으며,
태극과 무극의 지리의 이치 속에 있으며,
봉과 황의 지리의 이치 속에 있으며,
청룡과 백호의 지리의 이치 속에 있으며,
천, 지, 인의 지리의 이치 속에 있으며,

태극기 지리의 이치 속에 있으며,
도와 덕의 지리의 이치 속에 있으며,

백두산이 양이며 한라산이 음이며,
백두산 천지가 양이며 한라산 백록이 음이며,
백두산 천지가 태극이며 한라산 백록이 무극이며,
백두산 천지가 봉이며 한라산 백록이 황이며,
백두산 천지가 도이며 한라산 백록이 덕이며,
금강산이 봉황이며 천지이며 양과 음이며,
태극과 무극이며 도와 덕이며,
계룡산이 태극이며 황매산이 무극이며,
계룡산이 양이며 황매산이 음이며,
계룡산이 청룡이며 황매산이 백호이며,
계룡산이 봉이며 황매산이 황이며,
계룡산이 도이며 황매산이 덕이며,

모든 산맥과 모든 물맥을 포함한 사람이 살아가는 데
이로움을 주는 모든 산천초목이 십승지이며,
사람이 살아가는 데 필요한 모든 예가 십승지이며,
사람이 살아가는 데 필요한 모든 도덕이 십승지이며,
사람이 살아가는 데 필요한 모든 만물이 십승지이며,
사람이 살아가는 천지가 십승지이며,
신격화하는 신을 이롭게 하는 것이 아니라
만백성이 살아가는 데 이로움을 주는 모든 것이 사람판 십승지이니
이것이 계룡산 미래판 십승지이며 사람판 십승지이니

언젠가는 누군가가
이러한 이치로서 사람판 봉황시대가 만들어지길
기대하면서…….

천지신명의 진실

대우주가 만들어진 모든 이치 속에는
신격화하는 신의 이치가 있을 것이며,
온갖 신의 판을 만들어 운행을 한 신이 태양신이며,
태양신이 온갖 신과 관련된 온갖 판을 만들어
운행을 한 이치 속에서 온갖 종교판이 나오는 이치이며,
천지신명과 관련된 온갖 신 또한 마찬가지이며,
일반 신명판과 천지신명판과 옥황상제판과 하느님, 하나님판과
온갖 미륵판과 온갖 보살판과 신과 관련된 온갖 판과 판과의
모든 이치를 파악할 수 있어야 할 것 같기도 하며,
상제판보다 천지신명판이 한 수 위인 판이며,
상제판 종교 속에서 천지신명을 찾는 이치와 같으며,
천지신명판보다 한 수 위인 판이 하느님판이며,
천지신명판 속에서 하느님을 찾는 이치와 같으며,
하느님보다 한 수 위인 판이 천지판이며,

천지가 있어야 하느님판도 존재할 수 있으며,
천지가 있어야 천지신명판도 존재할 수 있으며,

천지가 있어야 상제판도 존재할 수 있으며,
천지가 있어야 온갖 미륵판도 존재할 수 있으며,
천지가 있어야 온갖 하나님판도 존재할 수 있으며,
천지가 있어야 온갖 보살판도 존재할 수 있으며,
천지가 있어야 온갖 신과 관련된 판도 존재할 수 있으며,
천지가 있어야 사람판도 존재할 수 있으며,
천지가 모든 판을 만들어 조종할 수 있는 능력이며,
천지가 온갖 사람판을 만들어 조종한 시대 속에서 살고 있으며,
천지가 온갖 사람판 속에 신과 관련된 온갖 판으로
사람을 조종한 세월이었으며,

사람이 남에게 욕을 하는 모든 이치는
상제판의 이치 속에서 나오는 이치이며,
천지신명판의 이치 속에서는 욕은 하지 않는 이치이기도 하며,
천지가 만들어 놓은 온갖 판을 모조리 파악할 수 있어야 할 것이며,
천지와 사람과의 모든 이치를 모조리 파악하지 못하면
천지가 사람을 온갖 판으로 조종하는 불평등한 관계 속에서
영원히 살아갈 것이며,
천지신명과 상제는 항상 같이 존재하였으며,
천지신명 속에 상제가 있었으며,
상제 속에 천지신명이 있었으며,
하루 중 옥황상제가 발생했다 천지신명이 발생했다
이렇게 존재하였으며,
천지신명은 신명이 변함이 없었지만 온갖 상제는 발생할 때마다
각기 다 다른 상제가 발생하는 이치이며,

천지신명판 금계와 옥황상제판 금계는 다른 이치이며,

이렇게 하여 천지신명판 지리와 옥황상제판 지리 또한 다른 이치이며,
세상을 움직이는 판 속에는 모두가 다 묘한 이치가 있으며,
이러한 모든 이치는 사람의 생각 속에서 모든 판이 나오는 이치이며,
사람의 생각이 없으면 신과 관련된 온갖 판이 나올 수 없는 이치이며,
사람의 생각 속에 신의 생각을 만들어 넣으면
천당이 나오고 지옥이 나오고 하는 이치이며,
사람의 생각이 신의 생각을 모조리 파악할 수 있을 때
계룡산시대가 만들어지는 이치이며,
사람의 생각이 신의 생각을 헛터 잡지 못하면
사람판 사람이 주체인 시대는 만들지 못할 것이며,
미래판이란 사람이 주체인 시대를 만드는 이치이며,
신의 판으로 만들어 놓은 온갖 책력과 괘와 온갖 판을
모조리 바르게 헛터 잡아 사람이 주체인 사람판 바른 도와 덕으로서
도덕정치를 펼치는 이치가 계룡산 미래판이며,
천지신명이란 판이 미래판 앞에서는 영원히 존재할 수 없도록 만드는
이치가 사람판의 이치이며,
세상 사이에는 신의 판 정도령이가 무수히 많으니
어찌 하오리까…….

언젠가는 누군가가
사람판 정도령이가 도덕정치를 펼쳐 만백성이 최고인 시대가
만들어지기를 기대하면서…….

신의 판과 사람판의 진실

태고적 천지가 만들어져 신화와 함께 신의 판 속에서
사람이 살아온 긴긴 세월이었으며,
신의 판과 사람판과의 모든 이치를 밝혀야 할 것 같기도 하며,

신이 사람을 이기면 사람은 신의 조종에 의해서 살아야 하며,
신이 사람을 이기면 신격화하는 신이 최고인 판이 되는 것이며,
신이 사람을 이기면 온갖 종교판 속에서 살아가야 하는 이치이며,
신이 사람을 이기면 온갖 선악판 속에서 살아갈 것이며,
신이 사람을 이기면 온갖 대겁 병겁 종말론 말세론 지각변동 천지개벽
등등의 판으로 사람을 죽여 새로운 판을 만들려고 하는 이치이며,

신의 판 속에서 온갖 성인판이 나오는 이치이며,
신의 판 속에서 온갖 부처판이 나오는 이치이며,
신의 판 속에서 온갖 보살판이 나오는 이치이며,
신의 판 속에서 온갖 교주판이 나오는 이치이며,
신의 판 속에서 온갖 상제판이 나오는 이치이며,
신의 판 속에서 온갖 하느님판이 나오는 이치이며,
신의 판 속에서 온갖 영혼판이 나오는 이치이며,
신의 판 속에서 온갖 천당과 지옥판이 나오는 이치이며,
신의 판 속에서 온갖 천존주판이 나오는 이치이며,
신의 판 속에서 온갖 무속인판이 나오는 이치이며,
신의 판 속에서 봉황 황룡 청룡 현무 주작 등등의 판이 나오는 이치이며,

신의 판 속에서 명당 대지의 판이 나오는 이치이며,
신의 판 속에서 용왕 산신 삼신 목신 성주신 조앙신 조상신
칠성신 등등 신과 관련된 온갖 판이 나오는 이치이며,
신의 판 속에서 제사와 관련된 온갖 제사판이 나오는 이치이며,

신이 사람을 조종하는 능력이란 상상을 초월하는 능력이며,
신의 능력으로 사람을 만들어 존재하고 있는 것이며,
사람은 신이 만들어 놓은 작품이며,
사람은 천지가 만들어 놓은 작품이며,
신을 밝힐 수 있는 것은 사람이며,
천지를 밝힐 수 있는 것은 사람이며,
신이 사람을 마음대로 조종할 수 있기에 온갖 종교판과 무속인,
온갖 교주판과 신과 관련된 온갖 판이 만들어지는 이치이며,
신과 사람과의 관계는 묘한 관계이며,
사람은 신이 겁나는 존재이며,
사람은 신 앞에서는 기도하고 절하고 빌고 돼지 잡아 바치고
소 잡아 바치고 제물을 바치고 돈 바치고 하는 것이며,
사람은 신의 권력에 절대 복종이며,
사람은 신의 권위에 절대 복종이며,
신의 권력과 권위란 상상을 초월하는 권력이었으며,

사람이 있기에 온갖 성인판이 있는 것이며,
사람이 있기에 온갖 부처판이 있는 것이며,
사람이 있기에 온갖 보살판이 있는 것이며,
사람이 있기에 온갖 상제판이 있는 것이며,

사람이 있기에 온갖 영혼판이 있는 것이며,
사람이 있기에 온갖 하느님판이 있는 것이며,
사람이 있기에 온갖 천당과 지옥판이 있는 것이며,
사람이 있기에 온갖 천존주판이 있는 것이며,
사람이 있기에 온갖 무속인판이 있는 것이며,
사람이 있기에 온갖 봉황 황룡 청룡 등등의 판이 있는 것이며,
사람이 있기에 온갖 명당 대지판이 있는 것이며,
사람이 있기에 온갖 용왕 산신 삼신 목신 성주신 조앙신 조상신
칠성신 등등 신과 관련된 온갖 판이 있는 것이며,
사람이 있기에 온갖 제사판이 있는 것이며,

사람은 생각하는 만물의 영장이며,
사람이 신을 이야기할 수 있으며,
사람이 천지를 이야기할 수 있으며,
사람이 신의 선악을 이야기할 수 있으며,
사람이 천지의 선악을 이야기할 수 있으며,
신이 겁나는 존재는 사람이며,
사람이 신을 헛터 잡을 수 있으며,
사람이 신을 헛터 잡을 때 천, 지, 인이 평등해질 수 있으며,
사람판이 만들어질 때 신의 판이 사라지는 이치이며,
사람판이 계룡산 미래판이며,

사람판이 온갖 종교판의 마지막이며,
사람판이 온갖 성인판의 마지막이며,
사람판이 온갖 부처판의 마지막이며,

사람판이 온갖 보살판의 마지막이며,
사람판이 온갖 상제판의 마지막이며,
사람판이 온갖 하느님판의 마지막이며,
사람판이 온갖 영혼판의 마지막이며,
사람판이 온갖 천당과 지옥판의 마지막이며,
사람판이 온갖 신과 관련된 판의 마지막이며,
사람판이 사람판이며,
신의 판을 헛터 잡아 온갖 대겁 병겁 종말론 말세론 지각변동
천지개벽 등등이 사라지는 판이며,
사람이 살아가는 세상은 사람판의 이치로 만들어야 하는 이치이며,

사람판이란 신의 판과 완전히 다른 판이며,
사람판 성인이란 말과 행동일 뿐 성인이 최고가 아니며,
사람판 부처란 말과 행동일 뿐 부처가 최고가 아니며,
사람판 하느님이란 말과 행동일 뿐 하느님이 최고가 아니며,
사람판 상제란 말과 행동일 뿐 옥황상제가 최고가 아니며,
사람판 미륵불이란 말과 행동일 뿐 미륵불이 최고가 아니며,
사람판 도덕이란 글 자랑하지 않는 것이며,
사람판 도덕이란 말과 행동이 도덕일 뿐이며,

천지가 사람과 평등해지는 이치가 계룡산판이며,
사람은 사람 스스로 일하고 노력하면서 살아가는 이치여야 하며,
사람판 봉황, 청룡, 백호의 이치가 대한민국 천지의 함정 속에 있으며,
신의 판 봉황, 청룡, 백호의 이치와
사람판 봉황, 청룡, 백호의 이치란 완전히 다른 판이며,

계룡산 태극이란 사람판을 만들기 위한 천지의 함정이며,
황매산 무극이란 사람판을 만들기 위한 천지의 함정이며,
사람판의 근본이 양(태극, 봉)과 음(무극, 황)이 근본이며,
사람판의 근본이 계룡산 태극지리와 황매산 무극지리의 이치가
천지의 함정 속에 있으며,
사람판의 근본이 대한민국의 지리 속에 있으며,
사람판의 시작판이 계룡산 미래판이며,
사람판이 신의 판을 헛터 잡지 못하면
영원히 신의 판 종으로 살아갈 것이며,
사람판이 신의 판을 헛터 잡기 위해선
바른 도와 덕이 아니면 헛터 잡지 못할 것이며,
사람이 말과 행동이 바르면 신이 사람을 헛터 잡지 못할 것이며,
사람이 살아가는 모든 이치는 사람판의 이치로 만들어야 할 것이며,
신의 판이 사람판을 조종하는 모든 이치를
계룡산판이 바르게 헛터 잡아
천지를 조종하는 이치 속에서 천, 지, 인이 평등해지는 판이며,
천, 지, 인이 평등한 가운데 만백성을 이롭게 할
도덕정치가 만들어지는 이치이며,

언젠가는 누군가가
사람판의 이치로서 만백성을 이롭게 할
도덕정치가 만들어지기를
기대하면서…….

천, 지, 인의 진실

봉황 청룡 백호의 이치 속에 천지인의 진실이 있을 것이며,
태고적 하늘과 땅과 사람이 존재하는 이치 속에
천지의 이치로서 모든 만물과 생명체가 존재하고 있으며,
천지를 운행하는 어떤 신과 기가 있으며,
천지가 짜놓은 온갖 판에 맞추어 사람은 살아가고 있는 것이며,

사람과 천지는 평등하지 못한 관계 속에서 살아 왔으며,
천지가 온갖 선악판을 만들어 왔으며,
여기에 사람은 천지의 부속물처럼 천지가 조종하였으며,
세상에 만들어 놓은 온갖 종교와
온갖 신과 온갖 나라와 온갖 판의 이치가 이러한 관계이며,
이러함 속에서 사람이 사람의 도리를 다하지 못하는
이치가 될 수도 있으며,
사람이 종교에 빠지면 목숨과도 바꾸는 현상이
만들어질 수도 있으며,

사람이 사람답게 살기 위함이란
종교가 아니며 바른 도와 덕일 뿐이며,
종교의 권력과 복종은 상상을 초월하는 이치이며,
천지가 신의 능력으로 온갖 종교가 만들어지는 이치이며,
종교 속에서 살아가는 세상은 사람이 주체가 아니며,
천, 지, 인이 불평등한 관계 속에서 긴긴 세월을 지내온 것이며,

사람이 위급할 때 하느님, 부처님 찾는 이유도 여기에 있으며,
종교가 필요 없는 세상을 만드는 것이 미래판의 진실이며,
하느님, 미륵, 부처, 황제, 상제 등등의 판과
계룡산 미래판과는 완전히 다른 판이며,

천지의 근본이 양과 음이며 양과 음이 봉과 황이니
미래판이란 천지를 헛터 잡는 이치이며,
미래판이란 양과 음을 헛터 잡는 이치이며,
미래판이란 봉황을 헛터 잡는 이치이며,
사람이 천, 지, 인의 주인으로 만드는 이치이며,
사람이 없으면 하늘이 필요 없을 것이며,
사람이 없으면 땅이 필요 없을 것이며,
사람은 만물의 영장이며
음양의 이치로 영원히 존재할 수 있으며
사람이 천지의 모든 판을 헛터 잡아 천, 지, 인을
평등하게 만들어야 하는 이치이며,
세상 사이에 있는 온갖 종교란 천지에 복종하는 판이며,
이것이 천지가 만들어 놓은 함정이며,
천지를 선악분별하지 못하면 영원히 내가 천존이며 지상지존이며,
미륵이며 하느님이며 보살이며 진인이며 성인이며,
부처이며 온갖 상제이며 등등이 되는 것이며,

천지를 선악분별할 수 있으면
계룡산시대가 만들어지는 이치이며,
미래판이란 내가 천존이 아니며 내가 지상지존이 아니며,

내가 미륵이 아니며 내가 하느님이 아니며 내가 보살이 아니며,
내가 진인이 아니며 내가 성인이 아니며 내가 부처가 아니며,
내가 상제가 아니며 내가 최고가 아닌
만백성이 최고인 판인 것이며,
이렇게 하여 하늘이 내가 최고란 이치가 사라지는 것이며,
땅이 내가 최고란 이치가 사라지는 것이며,
사람이 내가 최고란 이치가 사라지는 것이며,
천, 지, 인을 평등하게 만드는 이치가 계룡산 미래판이며,
이런 가운데 하늘은 하늘의 도리를 다할 것이며,
땅은 땅의 도리를 다할 것이며,
사람은 사람의 도리를 다할 것이며,
사람은 사람이 주체인 시대가 만들어지는 이치이며,
봉황, 청룡, 백호의 형국이 사람 중심의 형국으로
탈바꿈하는 이치가 이 속에 있으며,

이러함 속에서 사람 봉황, 사람 청룡, 사람 백호의 형국 속에서
만백성을 이롭게 하는 이치가 있는 것이며,
백두산 천지의 함정이란 묘한 이치이며,
태극지리와 무극지리 속에 양의 지리와 음의 지리가 있으며,
태극지리와 무극지리 속에 봉의 지리와 황의 지리가 있으며,
태극지리와 무극지리 속에 청룡의 지리와 백호의 지리가 있으며,
태극지리와 무극지리 속에 계룡산 지리와 황매산 지리가 있으며,
봉황, 청룡, 백호의 지리 속에 천, 지, 인의 지리가 있는 것이며,
사람 봉황, 사람 청룡, 사람 백호의 이치 속에
사람판 천, 지, 인이 만들어져 사람판 봉황, 청룡, 백호의 사람이

만백성을 이롭게 하는 도덕정치를 펼치는 것이
계룡산 미래판 도덕정치이며,
사람이 주체인 시대를 만드는 이치가 이 속에 있으며,

계룡산 미래판 도읍지의 비밀은
백두산 천지의 함정 속에 있으며,
계룡산 미래판 도읍지의 비밀은
사람 봉황, 청룡, 백호의 형국 속에 있으며,
계룡산 미래판 도읍지의 비밀은
봉황 지리 청룡지리 백호지리의 형국 속에 있으며,
계룡산 미래판 도읍지의 모든 비밀은
태극기의 모든 이치 속에 있으며,
남북통일이 되지 않아도 봉황, 청룡, 백호의 지리형국은
만들어질 수 있으며,
남북통일이 될 수도 있으며 안 될 수도 있으며,
만약 통일이 된다면 금강산이 천, 지, 인 지리의 형국 속에
포함될 수도 있는 이치이며,

금강산이 천의 지리이며,
계룡산이 지의 지리이며,
황매산이 인의 지리이며,
금강산이 사람 봉황이 될 수도 있고 안 될 수도 있고
계룡산이 사람 청룡이 되고 (봉, 양, 태극)
황매산이 사람 백호가 되고 (황, 음, 무극)
이치는 이러한 이치이며,

천, 지, 인의 진실 속에는 이러한 오묘한 이치가 있는 것이며,

언젠가는 누군가가
천, 지, 인의 새로운 이치와 판으로서
만백성을 이롭게 할 도덕정치가 만들어지기를
기대하면서…….

지각변동의 진실

세상만사 모든 이치는 묘한 관계 속에서 알 수 없다
세상만사 알 수 없다
지구촌 알 수 없다
신의 판과 알 수 없다
신의 판과 사람이며 사람은 신의 창조물이며 신의 근본은 태양이며
신의 발원지는 태양신이며 태양신의 근본은 양과 음의 이치 속에서
모든 만물과 생명체가 존재하고 있는 것이며,
지각변동을 일으키는 근본은 태양이며,
지각변동을 일으키는 발원지는 태양신이며,
신을 통하여 종교판과 신의 판 속에 지축 정립, 지각변동과 관련된
온갖 설, 예언 등등으로 온갖 종교의 교주 생각 속에 신의 생각을
만들어 넣어 지각변동이란 이치로서 세상 사이에 존재하고 있는 것이며,

지각변동이 일어날 수도 있으며

지각변동이 일어나지 않을 수도 있으며,
신을 통하지 않으면 지각변동이란 이치가 나올 수 없으며,
지축을 정립하고 지각변동을 일으킬 수 있는
엄청난 기의 발원지가 있으며,
신의 능력이란 상상을 초월하는 능력이며,
신의 능력이란 사람을 만들 수 있는 능력이며,
지각변동으로 지구촌을 아수라장으로 만들 수도 있을 것이며,
사람 눈에 보이지 않는 영혼판도 만들 수 있을 것이며,
사람 눈에 보이지 않는 온갖 천존판도 만들 수 있으며,
온갖 성인판도 만들 수 있으며 온갖 교주판도 만들 수 있으며,
사람이 기침을 하는 것도 신의 능력으로 기침을 하게 할 수 있으며,
신과 사람의 오묘한 관계 속에서 사람은 살아가고 있는 것이며,
사람을 사주팔자판에 맞추어 성격과 함께 살아가도록 할 수도 있으며,
신이 사람 생각 속에 지각변동이란 판을 만들어 놓은 이치이며,
예언을 통하여 미래를 예언할 수도 있으며,
시간까지 예언한 다음 그 시간에 맞추어 세상을 움직일 수도 있으며,
신의 판과 사람과의 관계를 모조리 파악할 수 있어야 할 것 같기도 하며,

상제판 지각변동의 발원지는 태양신이며,
세상 사이에 존재하는 온갖 신을 통한 지각변동의 발원지는 태양신이며,
세상 사이에 존재하는 온갖 종교판 속의 지각변동의 발원지는
태양신이며,
세상 사이에 존재하는 온갖 예언판 속의 지각변동의 발원지는 태양신이며,
세상 사이에 존재하는 온갖 신의 발원지는 태양신이며,
세상 사이에 존재하는 온갖 종교의 발원지는 태양신이며,

세상 사이에 존재하는 온갖 사람판의 발원지는 태양신이며,
세상 사이에 존재하는 온갖 생명체의 발원지는 태양신이며,

태양신이 만들어가는 모든 만물의 근본이 양과 음이며,
양과 음이 봉과 황이며 태양신이 봉황이며 사람과 봉황과의 관계를
모조리 파악할 수 있어야 할 것이며,
봉황이 천지를 조종하여온 긴긴 세월이었으며,
봉황이 사람을 조종하여온 긴긴 세월이었으며,
봉황이 선악판을 만들어 살아온 긴긴 세월이었으며,
봉황이 온갖 판을 만들어 사람을 헛터 잡아온 긴긴 세월이었으며,
천, 지, 인이 평등하지 못한 긴긴 세월이었으며,
천지가 선악판을 만들어 사람을 마음대로 조종한
평등하지 못한 긴긴 세월이었으며,
땅이 명당 대지란 이치로 사람을 마음대로 조종한
긴긴 세월이었으며,
땅이 지각변동판을 만들어 사람을 마음대로 조종하려고 하는 사람에게는
살인마와 같은 이치이며,
천지가 지각변동으로 사람을 마음대로 죽이려는
살인마와 같은 이치이며,
인은 항상 천지의 노예처럼 살아온 긴긴 세월이었으며,
천지가 온갖 종교판을 만들어 사람을 조종하니
천, 지, 인이 평등하지 못한 이치이며,
천지가 온갖 신의 판을 만들어 사람을 조종하니
천, 지, 인이 평등하지 못한 이치이며,
천지가 온갖 나라판과 사람판을 만들어 조종하니

천, 지, 인이 평등하지 못한 이치이며,
천지가 있기에 사람이 존재하는 긴긴 세월이었으며,
사람은 천지가 있기에 살아온 세월이었으며,

사람은 천지를 밝힐 수 있는 만물의 영장이며,
사람의 생각과 천지의 생각은 다른 이치이며,
사람의 생각 속에 천지의 생각이 있을 수 있으며,
사람은 사람이 주체이며 사람 생각 속에 있는
천지의 생각을 사람이 헛터 잡을 수 있어야 할 것이며,
천지의 생각이 사람 생각을 헛터 잡으면
사람이 주체가 아니라 신격화하는 신이 주체가 되는 이치이며,
하늘과 땅이 지각변동이란 판으로 사람을 죽이면
천지는 살인마가 되는 이치이며,
하늘과 땅이 지리의 이치로 명당과 흉지의 이치로
사람을 죽이면 천지는 살인마가 되는 이치이며,
하늘과 땅이 상제판을 만들어 그 판에 맞추지 않는다고 하여
사람을 죽이면 천지는 살인마가 되는 이치이며,

하늘과 땅이 온갖 종교와 신의 판과 온갖 지리의 판과
지각변동 등등으로 사람을 조종해선 안 되는 이치이며,
하늘은 모든 운행을 바르게 하여 하늘의 이치만을 다해야 할 것이며,
땅은 모든 운행을 바르게 하여 땅의 이치만을 다해야 할 것이며,
사람 또한 바른 도와 덕으로서 사람의 이치만을 다해야 할 것이며,
하늘은 하늘의 도를 다해야 할 것이며,
땅은 땅의 도를 다해야 할 것이며,

사람은 사람의 도를 다해야 할 것이며,

하늘은 하늘의 주체만을 다해야 할 것이며,
땅은 땅의 주체만을 다해야 할 것이며,
사람은 사람이 주체인 시대를 만들어야 할 것이며,
이러한 가운데 사람은 하늘과 땅을 항상 고마워하고
하늘과 땅은 사람이 살맛나는 세상을 만들어
천, 지, 인이 화합하는 이치가 이 속에 있으며,
하늘은 하늘의 도리를 다할 때 천, 지, 인이 화합하며,
땅은 땅의 도리를 다할 때 천, 지, 인이 화합하며,
사람은 사람의 도리를 다할 때 천, 지, 인이 화합하며,

하늘은 하늘띠이며 땅은 땅띠이며,
사람은 동물띠가 아니며 사람띠이며,
하늘과 땅이 지각변동을 만들면 천, 지, 인이 화합하지 못할 것이며,
천지가 지각변동을 만들면 사람은 영원히 천지의 노예가 될 것이며,
신의 판 속에서 영원히 신의 종이 될 것이며,
사람이 신을 헛터 잡으면 지각변동판이 사라질 것이며,
사람이 신을 헛터 잡으면 동물띠가 사라지고 사람띠가 만들어질 것이며,
과연 누가 하늘의 도리를 다하도록 만들 것이며,
과연 누가 땅의 도리를 다하도록 만들 것이며,
과연 누가 사람의 도리를 다하도록 만들 것이며,
천, 지, 인 삼계를 조종하여 만백성을 이롭게 만들 것인지
알 수 없는 것이 미래판이며,

천, 지, 인을 헛터 잡아 성인이 최고가 아닌 시대
천, 지, 인을 헛터 잡아 부처가 최고가 아닌 시대
천, 지, 인을 헛터 잡아 하느님이 최고가 아닌 시대
천, 지, 인을 헛터 잡아 상제가 최고가 아닌 시대
천, 지, 인을 헛터 잡아 권력이 최고가 아닌 시대
천, 지, 인을 헛터 잡아 사람은 사람이 주체인 시대
천, 지, 인을 헛터 잡아 만백성이 최고인 시대

이러한 모든 이치 속에 지각변동의 진실이 있으며,
이러한 모든 이치 속에 계룡산판의 진실이 있으며,
계룡산 태극판과 황매산 무극판을 헛터 잡아야 하는
이치가 이 속에 있으며,

언젠가는 누군가가
지각변동의 진실을 밝혀
새로운 도덕시대가 만들어지기를
기대하면서…….

천지의 진실

천지란 하늘과 땅이기도 할 것이며,
태고적 천지가 만들어진 모든 기의 발원지는 태양이지만 천지의
이치란 너무나 오묘한 원리 속에서 천지신명이란 이치도 있을 것이며,

천지신명과 천지란 천지가 천지신명을 만들어 운행을 한 이치이며,
천지가 이 세상을 만들어가는 모든 판이기도 하며,
천지 속에서 대우주가 운행하는 이치이며,
천지 속에서 긴긴 세월 동안 온갖 종교판이 운행하여온 이치이며,
천지 속에서 긴긴 세월 동안 온갖 신이 존재하여온 이치이며,
천지 속에서 긴긴 세월 동안 모든 만물이 존재하여온 이치이며,
천지 속에서 긴긴 세월 동안 모든 생명체가 존재하여온 이치이며,
천지 속에서 긴긴 세월 동안 사람이 살아온 이치이며,
세상 사이에 존재하는 모든 판의 주인은 천지이기도 할 것이며,
천지 속에서 사람이 존재하는 이치 속에서 천지가 만들어 놓은
온갖 판에 맞추어 긴긴 세월 동안 사람이 살아온 관계이며,

태양의 기로서 천지가 만들어진 이치이며,
태양의 기로서 온갖 종교가 존재할 수 있으며,
태양의 기로서 온갖 신이 존재할 수 있으며,
태양의 기로서 모든 만물이 존재할 수 있으며,
태양의 기로서 모든 생명체가 존재할 수 있으며,
태양의 기로서 사람이 존재할 수 있으며,
천지란 음과 양이 천지이며,
천지란 양과 음이 천지이며,
양과 음의 원리 속에서 천지가 운행하는 이치이며,
양과 음이 아니면 사람도 존재할 수 없으며,
모든 운행의 원리는 양과 음의 원리 속에서 천지가 운행하는 것이며,

천지의 금계는 양과 음이며 양과 음이 천지의 금계이며,

양과 음이 봉과 황이니 봉황이 천지의 금계가 되는 이치이며,
천지의 금계는 봉황이며,
양과 음이 태극과 무극이니 천지가 태극과 무극이며,
태극과 무극이 천지가 되는 이치이며,
태극이 계룡산이며 무극이 황매산이니
계룡산과 황매산이 천지가 되는 이치이며,
계룡산과 황매산이 봉황이 되는 이치이며,
계룡산과 황매산이 양과 음이 되는 이치이며,
계룡산과 황매산이 태극과 무극이 되는 이치이며,
계룡산과 황매산이 도와 덕이 되는 이치이며,
계룡산과 황매산이 청룡과 백호가 되는 이치이며,
백두산 천지와 한라산 백록의 관계 또한 이것과 똑같은 이치이며,
천지의 모든 판이 대한민국 속에 있으며,
봉황의 모든 판이 대한민국 속에 있으며,
양과 음의 모든 판이 대한민국 속에 있으며,
태극과 무극의 모든 판이 대한민국 속에 있으며,
도와 덕의 모든 판이 대한민국 속에 있으며,
청룡과 백호의 모든 판이 대한민국 속에 있으며,
천, 지, 인의 모든 지리의 형국이 대한민국 속에 있으며,

이러한 이치로서 대한민국의 형국을 만들어 놓았지만
알 수 없는 것이 천지의 이치이며,
천지와 사람과의 운행원리를 파악하지 못하면
온갖 종교판과 신의 판 속에서 영원히 천지의 노예가 될 것이며,
천지는 영원하지만 개인 사람은 영원하지 못한 이치이며,

천지가 사람을 신격화하는 모든 원리를 파악할 수 있어야 할 것이며,
천지가 자기 판에 맞추지 않으면 사람을 죽이고 살리고
흥하고 망하게 하는 모든 원리를 파악할 수 있어야 할 것이며,
천지가 만들어 놓은 온갖 나라의 판과 선악 속에서
살아가는 모든 원리를 파악할 수 있어야 할 것이며,
천지가 온갖 부처판을 만들어 운행하였으며,
천지가 온갖 상제판을 만들어 운행하였으며,
천지가 온갖 신의 판을 만들어 운행하였으며,
천지가 온갖 보살판을 만들어 운행하였으며,
천지가 온갖 사람판을 만들어 운행하였으며,

이러한 이치 속에서 천지와 사람과의 관계는 묘한 이치이며
묘한 관계이며,
사람은 생각하는 만물의 영장이지만 천지의 능력은 무한대이며,
사람에게 신이 붙어 헛소리하도록 하는 것도 천지이며,
이러한 천지를 사람이 헛터 잡아야 하나
과연 누가 천지를 헛터 잡을 것인지 이러한 천지를 헛터 잡아야만
계룡산 태극과 황매산 무극판을 만들 수 있을 것이며,
천지의 모든 운행원리를 파악하지 못하면
천지를 헛터 잡을 수 없을 것이며,
천지를 헛터 잡지 못하면 사람이 주체인 시대는 만들어질 수 없을 것이며,
사람 봉황판 시대는 만들어질 수 없을 것이며,
이것이 천지의 진실이며 계룡산의 진실이며 봉황판의 진실이니

언젠가는 누군가가

천지를 헛터 잡아 사람 봉황판이 만들어지기를
기대하면서…….

태극과 무극의 진실

태극과 무극이란 철학적인 이치로 풀어야 할 것 같기도 하지만
세상만사 모든 일이 양과 음의 이치로 만들어가는 관계 속에서
양이 없으면 음이 필요 없을 것이며,
음이 없으면 양이 필요 없을 것이며, 양이 없으면 태극이 필요 없으며,
음이 없으면 무극이 필요 없으며, 태극이 없으면 무극이 필요 없으며,
무극이 없으면 태극이 필요 없으며, 태극이 양이며 무극이 음이며,

양과 음이 봉과 황의 이치이기도 하며,
양과 음이 태극과 무극의 이치이기도 하며,
양과 음이 하늘과 땅의 이치이기도 하며,
양과 음이 건과 곤의 이치이기도 하며,
양과 음이 도와 덕의 이치이기도 하며,
양과 음이 청룡과 백호의 이치이기도 하며,
양과 음이 백두산과 한라산의 이치이기도 하며,
양과 음이 천지(백두산)와 백록(한라산)의 이치이기도 하며,
양과 음이 계룡산과 황매산의 이치이기도 하며,

봉황이 천이며 청룡이 지이며 백호가 인이니

양과 음이 천, 지, 인이기도 하며,
양과 음이 모든 만물이기도 하며,
양과 음이 모든 생명체이기도 하며,
양과 음이 만백성이기도 하며,
세상만사 모든 일이 양과 음이 아닌 것이 없으며,
세상만사 모든 일이 태극과 무극 아닌 것이 없으며,
세상만사 모든 일이 도와 덕 아닌 것이 없으며,
세상만사 모든 일이 천, 지, 인 아닌 것이 없으며,
세상만사 모든 일이 봉황 속에서 이루어지며,
세상만사 모든 일이 청룡 속에서 이루어지며,
세상만사 모든 일이 백호 속에서 이루어지며,

태극이 계룡산이며 무극이 황매산이며,
태극이 백두산 천지이며 무극이 한라산 백록이며,
태극이 봉이며 무극이 황이며,
태극이 청룡이며 무극이 백호이며,
태극이 도이며 무극이 덕이며,
태극이 하늘이며 무극이 땅이며,
태극이 건이며 무극이 곤이며,
태극이 모든 만물이며 무극이 모든 만물이며,
태극이 모든 생명체이며 무극이 모든 생명체이며,
태극이 만백성이며 무극이 만백성이며,
태극이 천, 지, 인이며 무극이 천, 지, 인이니

이러한 이치로서 계룡산 태극이 있는 것이며,

이러한 이치로서 황매산 무극이 있는 것이며,
태극과 무극이 봉황이니 대한민국의 모든 판을 봉황판으로
통합하는 이치가 계룡산시대의 진실이며,
태극과 무극의 진실이니 언젠가는 이러한 이치로
미래판이 만들어지기를 기대하지만 태양신 봉황을 선악분별하여
헛터 잡아 흑백을 분별하지 못하면
사람이 주체인 시대를 만들 수 없는 이치이며,
태양신 봉황을 헛터 잡아야만 신격화하는 신이 주체가 아닌
사람 봉황판이 만들어지는 이치이며,
사람 봉황판의 모든 이치는 신의 마지막판이 될 것이며,
사람이 봉황을 헛터 잡아 사람 봉황판을 만드는 이치가
계룡산 태극과 황매산 무극의 진실이며,
사람 봉황, 사람 청룡, 사람 백호의 판을 만드는 것이 계룡산 미래판이며,
사람 봉황판 계룡산 시대란
성인도 아니며 미륵도 아니며 하느님도 아니며 진인도 아니며,
신도 아니며 천존도 아니며 지상지존도 아니며 상제도 아니며,
부처도 아니며 세상 사이에 살아가는 사람일 뿐이며,
이것이 계룡산 미래판 태극과 무극의 진실이며,
사람 봉황판이란 신을 통하여 짜놓은 모든 판이 필요 없을 것이며,

사람은 종교 없이 사람이 사람답게 도와 덕으로서
바르게만 살면 되는 이치가 될 것이며,
신이 짜놓은 천당과 지옥도 사라질 것이며,
신이 짜놓은 영혼도 없을 것이며,
사람은 죽어 이름만 남길 뿐이며,

신이 짜놓은 제사음식을 먹고 가는 것처럼
만들어 놓은 것은 신이 짜놓은 가식적인 이치이며,
사람의 이치는 음식이 먹어 없어지지 않는 한 음식을 먹는 것이 아니며,
살아생전 조상님의 정을 그리면서 사람 마음속에
가슴 깊이 생각하면서 그리워하는 이치이며,
신이 짜놓은 날 잡아 이사하고 결혼하고 하는 모든 이치는
사람이 시간 날 때 좋은 계절에 사람 마음대로 하는 이치이며,
손 없는 날 이사하는 것이 아니라 쉬는 날 휴일날 이사하는 이치이며,
이사하는 방위도
사람이 가고 싶은 날 가고 싶은 곳으로 가면 되는 이치이며,
사람이 죽어 대지 명당도 필요 없는 이치이며,
신이 사람을 조종하는 신의 노예에서 벗어나는 것이 계룡산 미래판이며,
세상 사이에 존재하는 온갖 종교판이란 신의 판이며 사람판이 아니며,
사람이 살아가는 모든 이치는 사람이 스스로 노력하여 살아가는 이치이며,
신이 사람을 마음대로 죽이고 살리고 해서는 안 되는 이치이며,
수맥이란 이치도 신의 기로서 만들어지는 이치이며,
수맥봉이 움직이는 이치도 신의 기로서 움직이는 이치이며,
수맥이란 이치로 사람을 죽이고 살리고 아프게 해서는 안 되는 이치이며,
사람을 조종하는 신을 헛터 잡는 것이 계룡산 미래판이며,
사람이 살아가는 모든 이치 또한 도와 덕으로서
바르게 조종하는 것이 사람 봉황판, 사람 청룡판, 사람 백호판의 이치이니

언젠가는 누군가가
사람 봉황판을 만들어
계룡산 태극판과 황매산 무극판이

이루어지기를 기대하면서…….

백호판의 진실

모든 판 속에서 살아가고 있는 사람의 이치란
묘한 원리 속에서 신을 통하여 만들어진 모든 이치 속에는
항상 거짓과 진실이란 두 판이 존재하는 이치이며,
천지가 내린 강계서의 원리 또한 마찬가지이며,
강계서 속에도 거짓과 진실이란 두 판이 존재하는 이치 속에
신을 통한 글이나 말들은 사람은 믿을 수밖에 없는 이치이며,
신과 사람과의 모든 운행의 원리를 파악하지 못하면
백호판의 진실은 알 수 없을 것이며,
봉황과 청룡과 백호의 모든 운행의 원리와 이치를 파악하지 못하면
백호판의 진실은 알 수 없을 것이며,
백호가 봉황이며 백호가 청룡이란 묘한 이치 속에서
무극이란 판으로서 신을 통하여 만들어진 모든 판 속에도
거짓과 진실이 존재하는 원리 속에서 무극이 있는 것이 무극이며
무극이 없는 것이 무극이며,
봉황판의 진실 속에 백호판의 진실이 있는 것이며,
모든 봉황판이 모든 백호판이며, 모든 청룡판이 모든 백호판이며,
대한민국의 모든 판이 백호판이며, 청룡판이며, 봉황판이며,
무극의 근본이 백호이며 태극의 근본이 백호이며,
백호의 근본이 태극과 무극이며, 무극과 태극이며,

황매산 무극 봉황, 청룡, 백호의 이치 속에 백군이 만들어지는 이치이며,
황매산 무극 백호판 책임자가 탄생하는 이치가 미래판의 진실이며,
백호판의 진실이며 사람이 살아가는 이치로서
황매산 무극판이 만들어지는 이치이며,
무극이란 사람이 살아가는 데 이로움을 주는 모든 만물과
모든 글들이며, 이 세상에는 무극 아닌 것이 없으며,
지금 글을 쓰고 있는 볼펜도 무극이며,
신을 통하여 만들어진 글들도 사람에게 이로움을 주는 글은
모두가 무극이니 무극의 이치로서 황매산이 있는 것이며,
사람이 살아가고 있는 이 지구촌에는 사람의 이치로서
판을 짜야 하는 것이며, 하늘은 하늘이고 땅은 땅이며,
사람은 사람인 것이며, 사람이 살아가는 이치 속에
하늘판의 이치로 살아서는 안 되는 이치이며,
사람이 살아가는 이치 속에 땅판의 이치로 살아서는 안 되는 이치이며,
사람은 사람판의 이치로 살아가야 하는 이치이며,
하늘은 하늘이요
땅은 땅이요
사람은 사람이며,
이러한 이치 속에 백호판 사람 책임자가 만들어지는 이치가
백호판의 진실이며,
황매산 무극 백호판이란 온갖 종교를 위한 판이 아니며, 온갖 신과
관련된 신을 위한 판이 아니며, 만백성을 이롭게 하기 위한 무극판이며,
무극판의 주인은 백호판의 진실 속에 있으며,
무극판의 주인은 청룡판의 진실 속에 있으며,
무극판의 주인은 봉황판의 진실 속에 있는 것이며,

무극판의 주인은 무극이며,
무극판의 주인은 태극이며,
무극판의 주인은 태극과 무극이며,
무극판의 주인은 무극과 태극이며,
천존이 무극판의 주인이 아니며,
지상지존이 무극판의 주인이 아니며,
신격화하는 신이 주인이 아니며,
강계서를 선악으로 헛터 잡아 흑백을 가리지 못하면
무극판이 만들어질 수 없는 이치이며,
백호판의 모든 진실 속에 무극판의 진실이 있는 것이며,
무극의 주인이란 모든 만물이며, 모든 생명체이며,
만백성이 무극의 주인이니
언젠가는 누군가가
이러한 이치로서 백호판이 만들어지기를
기대하면서…….

청룡판의 진실

청룡과 백호의 모든 이치 속에서 지리의 모든 판 속에
청룡과 백호라는 이치로서 긴긴 세월 동안 지나온 것이며,
이러한 이치는 눈에 보이지 않는 하늘과 땅의 이치 속에서
청룡이란 이치가 있는 것이며,
황포 입은 황룡과 청룡의 이치란 묘한 이치이며,

황포 입은 황룡의 시대 또한 긴긴 세월 동안 사람 위에 존재하는
이치로서 사람을 마음대로 조종할 수 있는 최고 권력의 판이며,
절대 복종이란 판이며,
황포 입은 온갖 상제판 황룡과 청룡의 이치란 완전히 다른 이치이며,
청룡과 백호란 이름은 다르지만 같은 뜻이며,
봉황과 청룡 또한 이름은 다르지만 같은 뜻이며,
봉황과 백호 또한 이름은 다르지만 같은 뜻이며,
봉황과 청룡과 백호를 이루는 모든 지리의 형국이
대한민국 속에 있는 것이며,
청룡이 봉황이며, 백호가 봉황이며,
봉황이 청룡이며, 백호이며,
청룡이 계룡산이며,
백호가 황매산이며,
계룡산이 봉황이며,
황매산이 봉황이며,
금강산이 봉황이며,
금강산이 천이며,
계룡산이 지이며,
황매산이 인이며,
천이 봉황이며,
지가 청룡이며,
인이 백호이며,

지가 봉황이며,
인이 청룡이며,

천이 백호이며,

인이 봉황이며,
천이 청룡이며,
지가 백호이며,
이러한 모든 이치 속에서 지리의 판을 이루는 곳이
백두산 천지이며, 한라산 백록이며,
하늘이 천지이며, 땅이 백록이며,
백록이 하늘이며, 천지가 땅이며,
사람이 하늘과 땅이며,
천, 지, 인의 모든 이치 속에 청룡판의 진실이 있는 것이며,
도덕이란 하늘의 노예가 되어선 안 되는 이치이며,
하늘을 도덕으로 바로잡아야 하는 것이며,
도덕이란 땅의 노예가 되어선 안 되는 이치이며,
땅을 도덕으로 바로잡아야 되는 이치이며,
도덕이란 사람이 사람의 노예가 되어선 안 되는 이치이며,
사람을 도덕으로 바로잡아야 되는 이치이며,
이러한 모든 이치 속에 청룡판의 진실이 있을 것이며,
태극이 청룡이며, 무극이 백호이며,
무극이 청룡이며, 태극이 백호이며,
태극이 봉이며, 무극이 황이며,
이러한 모든 이치 속에 계룡산 태극판의 진실이 청룡판의 진실이며,
태극의 이치 속에 봉황도 있으며, 청룡도 있으며, 백호도 있으며,
무극의 이치 속에 봉황도 있으며, 청룡도 있으며, 백호도 있으며,
이러함 속에 청룡판의 진실이 있을 것이며,

지금까진 하늘과 땅이 온갖 종교와 온갖 신과 온갖 지리와
온갖 판을 통하여 사람을 조종하는 이치 속에
청룡과 백호란 이치가 있었지만 사람이 살아가는 모든 이치는
사람의 이치로 만들어야 하는 것이며,
이러한 이치 속에서 청룡판 책임자란
사람이 탄생하는 것이 미래판의 진실이며,
청룡판의 진실이니 청룡판 책임자가 계룡산 태극판을 책임지는 것이며,
전국 도의 경계를 모조리 폐지하고 청룡판 청군이 탄생하는 것이
계룡산 태극의 진실이며,
계룡산 태극의 이치로서 청룡판 청군이 탄생하여
대한민국의 모든 이치를 봉황판으로 통합하는 이치가 미래의 진실이며,
계룡산 태극 봉황 청룡 백호 속에 청군 책임자가 만들어져
모든 이치는 사람이 살아가는 이치로서 통합하는 것이 청룡판의 진실이며,
계룡산 태극 봉황 청룡 백호판의 청룡 책임자란
온갖 종교를 위한 책임자가 아니며,
온갖 교주와 신을 위한 책임자가 아니며,
신격화하는 신을 위한 책임자가 아니며,
신을 위한 도덕이 아닌 사람을 위한 도덕으로서
만백성을 이롭게 할 책임자가 필요한 것이 계룡산 태극의 진실이며
계룡산 청룡판 책임자의 진실이며,
온갖 종교의 마지막판이 청룡판의 진실이며,
미래판의 이치 속에서 만백성을 이롭게 할
계룡산 태극 책임자가 필요한 것이며,
황매산 무극 책임자가 필요한 것이며,
미래판 이치 속에서 계룡산 태극이 청룡판의 이치로서

청룡판 책임자가 만들어질 것이며,
황매산 무극이 백호판의 이치로서 백호판 책임자가 만들어질 것이며,
청룡판과 백호판이 봉황이니
대한민국 모든 지리의 근본이 봉황체의 이치 속에 있을 것이며,
사람이 살아가는 모든 이치와 판으로서
봉황체의 나라로 만드는 것이 미래판의 진실이니

언젠가는 누군가가
이러한 이치로서 청룡판이 만들어지기를
기대하면서…….

정도령판 정치의 진실

사람이 살아가는 모든 이치는 천, 지, 인의 이치 속에서
천지는 영원히 존재할 수 있지만
사람은 영원히 존재할 수 없는 이치이며,
천지가 있는 가운데 사람이 있으며,
사람이 있는 가운데 천지의 이치가 존재하는 것이며,
사람 가운데 천이 있는 이치이며,
사람 가운데 지가 있는 이치이며,
천이 있는 가운데 사람이 있으며,
지가 있는 가운데 사람이 있으며,
천도와 지도와 인도의 이치 속에서 살아온 긴긴 세월이었으며,

천도란 하늘의 이치를 다하였다고 하나
하늘의 이치를 다하지 못한 이치이며,
지도 또한 땅의 이치를 다하였다고 하나
땅의 이치를 다하지 못한 이치이며,
인도 또한 사람의 이치로서 선악 속에서 살아가고 있는 이치로서
사람의 이치를 다하지 못한 이치이며,
천도란 하늘로서 하늘의 이치만을 다해야 하지만
세상엔 온갖 종교와 온갖 신의 판 속에서 사람을 마음대로 조종한
잘못된 모든 이치 속에서 살아온 세월이었으며,
지도란 땅으로서 땅의 이치만을 다해야 하지만
세상엔 온갖 지리의 이치로서 사람을 마음대로 조종한
잘못된 모든 이치 속에서 살아온 세월이었으며,
인도 또한 마찬가지이며,
천도가 사람을 조종해선 안 되는 이치이며,
지도가 사람을 조종해선 안 되는 이치이며,
인도 또한 바른 도와 바른 덕으로서
사람의 도리를 다해야 하는 이치 속에서
미래판 정치의 진실이 있으며,

천도를 헛터 잡는 정치이며,
지도를 헛터 잡는 정치이며,
인도를 헛터 잡는 도덕정치이며,
사람이 하늘판의 노예가 될 수 없는 이치이며,
사람이 땅판의 노예가 될 수 없는 이치이며,
사람이 사람의 노예가 될 수 없는 이치이며,

하늘판의 모든 이치를 도덕으로 헛터 잡는 이치이며,
땅판의 모든 이치를 도덕으로 헛터 잡는 이치이며,
사람판의 모든 이치를 도덕으로 헛터 잡는 이치이며,

태양이 있었기에 모든 만물과 모든 생명체가 존재할 수 있는
이치 속에서 태양신 봉황을 헛터 잡아 새로운 시대를 만드는
모든 이치가 계룡산 태극 황매산 무극 봉황판 도덕 정치이며,
모든 만물의 근본이 양과 음이며 태극과 무극이며,
태극이 봉이며 무극이 황이니
봉황판 정치의 근본이 도덕 정치이며,
태극기 지리의 이치와 판으로
모든 지리의 이치를 바꾸는 것이 정도령(도덕) 정치이며,
봉황, 청룡, 백호의 모든 판과 이치를
지리로서 헛터 잡는 것이 정도령(도덕) 정치이며,
권력과 권위로서 사람이 사람을 마음대로 조종할 수 없도록
만드는 것이 도덕 정치이며,
모든 판의 구조가 봉황판이며 청룡판이며
백호판의 이치가 정도령 정치이며,
전국 도의 경계를 모조리 폐지하고 새로운 판을 만드는 이치 속에
봉황과 청룡판과 백호판의 구조로 헛터 잡는 이치가 정도령 정치이며,

이런 가운데 총리라는 이치가 사라질 것이며,
청룡 책임자와 백호 책임자가 탄생할 것이며,
내가 최고라는 장관이란 이치도 사라질 것이며,
만백성을 책임지고 이롭게 할 책임자 시대가 만들어질 것이며,

모든 예산의 흐름과 집행과정을 모조리 바르게 밝혀
그 속에 숨어 있는 부정부패를 모조리 헛터 잡는 것이 정도령 정치이며,
모든 예산의 집행과정 속에 숨어있는 뻥튀기 견적과 최상급 견적을
만백성이 모조리 밝힐 수 있도록 만드는 것이 정도령 정치이며,
만백성을 이롭게 하는 정치와 만백성을 이롭게 하지 못하는
정치의 모든 구조와 판을 모조리 헛터 잡는 것이 정도령 정치이며,
만백성을 이롭게 하는 법과 만백성을 이롭게 하지 못하는
모든 법의 구조와 판을 모조리 헛터 잡는 것이 정도령 정치이며,
당파싸움만 하는 모든 정치의 구조를 만백성을 이롭게 하는
봉황판의 모든 이치로 통합하는 것이 정도령 정치이며,
사람은 먹지 않고 살아갈 수 없는 이치이며,
농자는 천한지대본야에서 농자는 천하지대본야의 이치로
바뀌는 것이 정도령 정치이며,
천, 지, 인 삼계의 모든 이치를 도와 덕으로서 바르게
조종하는 것이 정도령 정치이며,

정도령 정치의 근본은 천, 지, 인 삼계의 이치 속에 있으며,
정도령 정치의 근본은 태극과 무극의 이치 속에 있으며,
정도령 정치의 근본은 양과 음의 이치 속에 있으며,
정도령 정치의 근본은 봉과 황의 이치 속에 있으며,
정도령 정치의 근본은 봉황판 속에 있으며,
정도령 정치의 근본은 청룡판 속에 있으며,
정도령 정치의 근본은 백호판 속에 있으며,
정도령 정치의 근본은 태극기 지리의 이치 속에 있으며,
정도령 정치의 근본은 태극기판 속에 있으며,

계룡산 태극지리의 모든 이치 속에 봉황판을 헛터 잡지 못하면
정도령은 영원히 존재할 수 없을 것이며,
이러한 모든 이치 속에서

언젠가는 누군가가
정도령 정치의 근본으로 새로운 시대가
만들어지기를 기대하면서…….

계룡산 정도령의 진실

세상 사이에는 신을 이용하여 수많은 정도령이 있을 것이며,
신의 이야기는 사람이 믿을 수밖에 없을 것이며,
수많은 정도령은 신을 통하여 만들어지는 이치이며,
신이 사람에게 붙어 신이 정도령인 이치이며,
신이 붙은 사람은 신의 판에 맞추어 내가 정도령이가 되는 이치이며,
사람이 정도령이가 아니라 신이 정도령인 이치이며,
수많은 정도령판을 만들어 놓은 신의 판이란 신기한 이치이며,
신의 능력과 모든 판은 무궁무진하며,
사람이 믿을 수밖에 없을 것이며,
모든 종교의 이치도 같은 이치이며,
신의 판이란 대우주를 만들어가는 판이며,
사람은 태어나서 언젠가는 떠나는 이치이며,
사람이 죽어 신이 되고 영혼이 되어 신의 세계에서 영원히 죽지 않고

존재할 수 있도록 판을 만들 수도 있을 것이며,
사람은 죽어서 사라지지만 신은 영원히 죽지 않고 존재할 수 있으며,
창조주 하느님 하나의 신만 존재할 수도 있으며,
조상님 제사를 모실 때 신이 있을 수도 있고 없을 수도 있는 이치이며,
제사음식을 먹을 수도 있고 먹지 않을 수도 있는 이치이며,
계룡산 정도령판의 진실이란 묘한 이치이며,
긴긴 세월 동안 온갖 종교와 온갖 신의 판 속에서 온갖 이치로
사람을 헛터 잡아온 수많은 세월의 이치를 사람이 온갖 신의 판을
헛터잡을 수가 있어야만 계룡산 정도령의 진실을 깨우칠 것이며,

이러한 이치 속에서 사람은 생각하는 만물의 영장이며,
사람의 생각 속에 생각이 하나 더 있는 이치이며,
사람이 바른 도와 바른 덕으로서 말과 행동이 바른 사람은
신의 모든 판을 헛터 잡을 수 있는 이치이며,
사람과 어떠한 신이든 사람과는 영원히 함께해야 하는
어쩔 수 없는 관계이며,
이러한 모든 이치 속에서 사람은 신의 노예가 되어선 안 되는 이치이며,

이런 가운데 선과 악의 모든 이치도 신과 관련된 이치이며,
신이 붙은 사람이 정도령이가 아니며,
사람이 신을 헛터 잡는 이치가 계룡산 정도령판이며,
사람이 천계의 모든 이치를 선악분별하여 흑백을 판별할 수 있는
이치 속에 계룡산 정도령판의 진실이 있을 것이며,
모든 판의 이치를 사람이 살아가는 지구촌에
사람 중심의 판을 만드는 이치가 정도령판이며,

천계의 모든 판을 헛터 잡지 못하면 사람 정도령은
영원히 존재할 수 없을 것이며,
지계의 이치 또한 마찬가지이며,
땅의 모든 이치와 지리의 모든 판 역시 모두가
신과 관련이 있는 이치이며,
지리의 모든 판 속에도 선악의 이치가 있으며,
선하고 착한 사람도 지리의 이치로서 망하게 만드는 이치도 있으며,
지리의 모든 판을 선악분별하여 흑백을 판별할 수 있어야 하는
이치 속에 사람 정도령판의 진실이 있을 수 있는 이치이며,

계룡산 태극지리의 이치란 묘한 이치이며,
황매산 무극지리의 이치 또한 마찬가지이며,
봉황판의 이치란 신기한 이치이며,
사람이 바르지 못하면 봉황판을 만들 수도 없을 수도 있는 이치이며,
계룡산 태극지리의 근본은 봉황판이며,
황매산 무극지리 역시 봉황판이 근본이지만 봉황을 헛터 잡지 못하면
신의 노예가 될 것이며,
봉황을 헛터 잡으면 봉황판을 만들 수 있을 것이며,
계룡산 정도령판의 진실은 봉황판 속에 있을 것이며,
사람이 살아가는 모든 이치는 천지가 어른이 아니며,
사람이란 나이가 많은 분이 어른이며,
어른이 말과 행동이 바르지 못하면 어른 대접을 못 받아야 되는 이치이며,
사람이 살아가는 이치를 조종하는 것은 정치이며,
정치의 모든 이치 속에서 사람이 살아가고 있는 이치이며,
사람이 살아가는 이치는 정치의 조종 속에서 살아가고 있지만

정치의 권력과 권위란
신의 판 속에 있는 권력과 권위와 비슷한 이치이며,
바른 정치도 있지만 바르지 못한 정치도 있을 것이며,
만백성을 이롭게 하는 정치와 만백성을 이롭게 하지 못하는 정치를
선악분별할 수 있어야만 하는 이치이며,
정치의 모든 판은 사람판이며 신격화하는 신의 판과 비슷하며,
만백성 앞에 신격화하는 신이 최고가 될 수 없는 것이
정도령판의 진실이며,
사람의 이치 또한 마찬가지이며,
권력이란 이치로 만백성 앞에 내가 최고가 될 수 없는 것이
정도령판의 진실이며,
책임지고 만백성을 이롭게 하는 책임자일 뿐이며,
천, 지, 인 삼계의 잘못된 모든 이치를
선악분별할 수 있어야만 되는 이치이며,
천, 지, 인 삼계를 도와 덕으로서 바르게 헛터 잡아
만백성이 최고인 시대를 만드는 이치 속에
계룡산 정도령 태극 봉황판의 진실이 있을 것이며,
황매산 무극 봉황판의 진실이 있을 것이며,
사람이 살아가는 모든 근본은 태양이며,
태양이 사람이 살아가는 근본이며
태양이 태양신일 것이며 태양신이 봉황일 것이며,
세상의 모든 이치는 봉황 속에 있으며,
봉황을 헛터 잡지 못하면 바른 도와 바른 덕이 만들어질 수 없을 것이며,
봉황을 헛터 잡는 이치 속에 천계의 이치가 있으며,
봉황을 헛터 잡는 이치 속에 지계의 이치가 있으며,

봉황을 헛터 잡는 이치 속에 인계의 이치가 있으니
천, 지, 인의 모든 이치 속에
계룡산 정도령판의 진실이 있으며,
봉황과 청룡과 백호의 진실 속에
계룡산 정도령판의 진실이 있으며,
태극기판의 모든 진실이
계룡산 미래판의 진실이 있으며,
대한민국 모든 지리의 판을 봉황판 지리의 이치로 바꾸어
만백성을 이롭게 하는 것이 계룡산 미래판의 진실이 있으니

언젠가는 누군가가
이러한 이치로
만백성을 이롭게 하기를
기대하면서…….

명당 지리의 진실

사람은 긴긴 세월 동안 천, 지, 인의 이치 속에서 하늘과 땅과
사람 사이의 모든 운행의 이치 속에서 살아가고 있는 것이며,
하늘이 없어서도 안 되며 땅이 없어서도 안 되며 사람이 없어서도
안 되는 이치 속에서 하늘이 없으면 땅과 사람이 필요 없으며,
땅이 없으면 하늘과 사람이 필요 없으며,
사람이 없으면 하늘과 땅이 필요 없는 이치이며,

하늘은 하늘일 뿐이며,

땅은 땅일 뿐이며,

사람은 사람일 뿐이며,

하늘이 땅일 수도 있으며,

하늘이 사람일 수도 있으며,

땅이 하늘일 수도 있으며,

땅이 사람일 수도 있으며,

사람이 하늘일 수도 있으며,

사람이 땅일 수도 있으며,

하늘과 땅이 사람일 수도 있으며,

사람이 하늘과 땅일 수도 있으며,

땅이 하늘과 사람일 수도 있으며,

하늘이 땅과 사람일 수도 있으며,

하늘의 이치로서 온갖 신과 관련된 모든 이치가 있으며,

땅의 이치로서 온갖 지리와 관련된 모든 이치가 있으며,

사람의 이치로서 온갖 도덕과 관련된 모든 이치가 있는 것이며,

천지의 건, 곤은 하늘과 땅이며,

개인 사람의 건, 곤은 나를 낳아주신 부모님이며,

사람의 이치로서 부모님이 천지와 같은 이치이며,

하늘과 땅이 있었기에 전체 사람이 존재하는 이치이며,

사람이 없으면 하늘과 땅의 모든 이치와 판이 필요 없는 이치이며,

전체 사람의 건, 곤이 하늘과 땅이 될 수도 있으며,

하늘의 건, 곤이 사람과 땅이 될 수도 있으며,

땅의 건, 곤이 사람과 하늘이 될 수도 있는 것이며,

하늘과 땅과 사람의 이치이며,
땅과 하늘과 사람의 이치이며,
사람과 하늘과 땅의 이치이며,
하늘이 땅을 조종할 수 있고
하늘이 사람을 조종할 수 있고
땅이 하늘을 조종할 수 있고
땅이 사람을 조종할 수 있으며,

이러한 가운데 명당 지리라는 이치로서 발복이란 판으로 사람을
마음대로 조종할 수 있는 땅의 이치이며,
신과 관련된 온갖 판을 만들어 사람을 마음대로 조종할 수 있는
하늘의 이치이며,
사람의 건, 곤으로 하늘과 땅이 사람을 마음대로 조종할 수 있으며
하늘과 땅이 사람의 건, 곤이 될 수 있으며,
사람은 하늘을 조종할 수 없었으며,
사람은 땅을 조종할 수 없었으며,
하늘과 땅은 온갖 신의 판과 온갖 지리의 이치로서
사람을 마음대로 조종한 긴긴 세월이었지만
사람은 하늘과 땅을 마음대로 조종할 수 없었던 긴긴 세월이었으며,

사람은 하늘과 땅에게
목탁 치고 뚱땅거리고 절하고 빌고 빌고 절하고 절하고 목탁 치고
기도하고 기도하고 기도하고 상다리가 부러지도록 치성상 차리고
돼지 잡아 바치고 소 잡아 바치고 돼지 잡아 빌고 소 잡아 빌고
산에 가서 빌고 돌에 가서 빌고 강에 가서 빌고 바다 가서 빌고

절하고 빌고 기도하고
하늘에 절하고 빌고 기도하고
땅에 절하고 빌고 기도하고
목탁 치고 두 손 모아 기도하고
목탁 치고 두 손 모아 기도하고

이러함 속에서 살아가는 사람도 있을 것이며,
사람이 사람 마음대로 살아가는 사람도 있을 것이며,
사람은 영원히 살 수 없지만 사람이 살아가는 이치란
긴긴 세월 동안 묘한 이치 속에서 살아가고 있으며,
하늘이 사람을 조종하는데 사람은
하늘을 조종할 수 없으면 안 되는 이치이며,
땅이 사람을 조종하는데 사람은
땅을 조종할 수 없으면 안 되는 이치이며,
하늘과 땅이 사람을 조종하는데
사람이 하늘과 땅을 조종할 수 있어야 하며,
이런 가운데 천, 지, 인의 이치가 있는 것이며,

천, 지, 인의 주인은 하늘이며,
천, 지, 인의 주인은 땅이며,
천, 지, 인의 주인은 사람이며,
천, 지, 인의 주인은 모든 만물이며,
천, 지, 인의 주인은 모든 생명체이며,
천, 지, 인의 주인은 만백성이며,
천, 지, 인의 주인은 태극이며,

천, 지, 인의 주인은 무극이며,
천, 지, 인의 주인은 양이며,
천, 지, 인의 주인은 음이며,
천, 지, 인의 주인은 봉이며,
천, 지, 인의 주인은 황이며,

태극의 주인은
하늘이며 땅이며 만백성이며 모든 만물이며 모든 생명체이며,
양이며 음이며 봉이며 황이며 무극이란 이치이며,
무극의 주인은
땅이며 하늘이며 만백성이며 모든 만물이며 모든 생명체이며,
음이며 양이며 황이며 봉이며 태극이란 이치이며,
이런 이치 속에서 사람이 살아가는 모든 이치를
바른 도와 바른 덕으로서 새로운 세상을 만드는 이치가
계룡산 태극 봉황판 시대이며,
계룡산 태극 봉황판 지리의 이치는 만백성을 위한 지리의 판이며,
황매산 무극 봉황판 지리의 이치 또한 만백성을 위한 지리의 판이며,
태극지리와 무극지리의 주인은
만백성을 위한 만백성이 주인이며,
정도령이가 태극지리와 무극지리의 주인이 아니며,

언젠가는 누군가가
이러한 이치로 천, 지, 인의 이치로서
새로운 판이 만들어지기를
기대하면서…….

대겁, 종말론의 진실

세상 사이에는 온갖 종교와 신과 관련된 모든 판 속에는
대겁, 병겁, 말세론, 종말론 등등의 이치로서 세상 사이에
긴긴 세월 동안 내려오고 있는 이치 속에 사람과 관련된
모든 말세론 종말론의 진실 속에는 엄청난 이치가 있을 수도 있으며,

지각변동의 이치도 마찬가지이며,
지구의 지각변동을 만들어내는 엄청난 기의 발원지가 있으며,
명당 발복이란 이치로서 지리의 판을 만들어 놓은 이치 또한
창조주의 엄청난 기의 발원지가 있을 것이며,
창조주의 능력이란 대우주를 운행하는 엄청난 능력이며,
이러한 능력으로 천지개벽을 만들어낼 수도 있을 것이며,
온갖 종교와 온갖 신을 만들어 운행하는 엄청난 능력은
무한대의 능력이며 상상을 초월하는 능력이며,
이러한 신을 이용한 대겁, 병겁, 말세론, 종말론, 천지개벽,
천지개화 등등의 모든 판을 만들어 갈 수 있는 능력이며,
병겁이란 이치로서 병원균을 발생시켜
사람과 동물들을 죽일 수 있는 능력을 가진 것이 신의 판이며,
사람을 죽여 새로운 세상을 만들겠다는 이치가 신의 판이며,

신의 판과 사람과의 관계 속에서
사람은 신을 이길 수 없도록 판을 만들어 놓은 이치이며,
신의 이치로서 사람을 조종하면 사람은 믿을 수밖에 없는 이치이며,

신의 신통력과 함께 사람을 조종하면
온갖 종교판을 만들어낼 수가 있으며,
신의 능력이란 하늘에서 내가 최고이고 천존이며
땅에서도 마찬가지로 내가 최고이며 지상지존이며,
신을 통한 온갖 종교의 이치란 사람을 신격화할 수도 있으며,
신격화하는 신의 이치로서
모든 종말론과 말세론이 만들어지는 이치이며,
이런 이치 속에서 사람을 죽여 신의 판을 만들겠다는 이치이며,

사람과 신과의 관계는 묘한 관계이며,
사람을 신격화하여 사람을 신의 노예로 만들려는 이치 속에서
대겁, 병겁, 천지개벽, 종말론, 말세론 등등으로 사람을 죽여
신의 세계 새로운 시대 용화세상 등등을 만들려는 이치이며,
사람은 신을 통한 모든 이치는 믿을 수밖에 없는 이치이지만
이런 이치 속에서 계룡산 미래판이 만들어질 수 있는 이치이며,
이 지구촌에 신의 판이 만들어지느냐 아니면 신을 헛터 잡아
사람의 판이 만들어지느냐의 이치 속에서
계룡산 미래판의 진실이 있을 것이며,
신을 헛터 잡지 못하면 사람은 신의 노예가 될 것이며,
사람이 신을 헛터 잡을 수 있으면 계룡산 태극 미래판이 만들어질 것이며,
계룡산판이 신을 헛터 잡으면 대겁, 병겁, 천지개벽, 종말론,
말세론 등등이 사라질 것이며,
계룡산 시대의 진실이란 이런 이치이며,
종교 없이 사람이 사람답게 바른 도와 바른 덕으로서
바르게만 살면 되는 이치가 계룡산 미래판의 진실이며,

계룡산판의 진실은 종교가 아니며,
계룡산판의 진실은 신격화하는 신이 아니며,
계룡산판의 진실은 하늘의 내가 최고 천존이 아니며,
계룡산판의 진실은 땅의 내가 최고 지상지존이 아니며,
계룡산판의 진실은 사람 중에 내가 최고가 아니며,
천, 지, 인을 조종하여 만백성이 최고인 판을 만드는 것이
계룡산판의 진실이며,
계룡산 사람판은 세상 사이에 살아가는 사람일 뿐이며,

언젠가는 누군가가
이러한 이치로서 계룡산 미래판이
만들어지기를
기대하면서…….

하나님(하느님)의 진실

하나님(하느님)의 모든 이치도 미륵판과 비슷한 이치일 수도 있으며,
하나님판의 모든 이치는 거짓도 아니며 진실도 아니며,
하나님의 계시라는 이치로서 만들어진 모든 이치는 거짓이 아니며,
하나님이라고 하는 어떤 신의 발생으로 계시를 통하여
수많은 하나님판의 종교가 만들어지는 이치이며,
세상 사이에 만들어진 하나님판의 모든 종교의 발생원리가 있으며,
하나님판의 모든 종교가 만들어진 이치란 알 수 없는 신의 판이며,

온갖 상제판과 하느님판과는 다른 이치이며,
세상 사이에 이러한 수많은 다른 이치의 종교판과 신의 판이
존재하는 이치란 묘한 이치이며,

하나님판과 관련된 모든 종교를 만들어낸 하나님은
존재하는 이치이며,
하나님이라고 하는 어떤 신의 발원지가 있으며,
하나님(하느님)과 관련된 모든 종교의 이치란
하나님이 만들어낸 종교이며,
하나님의 이치로서 조상님 제사를 모시지 않는 이치도 맞는 이치이며,
이 세상을 창조하신 하나님의 원리란 창조주 하나님 하나라는 이치이며,
하나님이 창조주이며 하나님이 이 세상의 모든 이치를 만들어가고
존재할 수 있도록 하는 유일신의 이치이며,
하나님 외엔 다른 신은 존재하지 않는다는 이치란 다 맞는 이치이며,
하나님(하느님)만 존재하고 다른 신은 존재할 수 없는 이치이며,
하나님과 사람과의 관계 속에
사람의 모든 이치는 하나님이 만들어가는 이치이며,
하나님판에 맞추어 살아가는 모든 사람은 하나님이 절대 유일신이며,
하나님의 이치 속에서 제사를 모시지 않는 이유가 있으며,
다른 신은 존재할 수 없는 이치이며,
사람이 말하는 이치도 하나님의 능력이며,
신이 사람을 조종할 수 있는 이치란 묘한 이치이며,
신은 항상 사람 위에 존재하는 이치이며,

하나님(하느님), 상제판 모든 신, 이 세상 사이에 존재하는 모든 신, 사람을

조종하기 위한 주역의 팔괘, 사주팔자, 궁합, 사방위, 꿈, 운, 날 잡아
이사하고 장례 치르고 결혼하는 이치, 미륵판 온갖 종교, 무속인,
조상신, 명당 발복이란 지리의 이치, 수많은 온갖 종교 등등등…….

이러한 모든 판의 이치란 신기한 이치이며,
신이 있어 있는 것이 아니며,
신이 없어 없는 것이 아니며,
이러한 모든 이치는 온갖 종교와 신의 판과 지리의 이치로서
사람을 마음대로 조종할 수 있으며,
사람을 죽이고 살리고 흥하고 망하게도 할 수 있으며,
신의 능력과 이치란 묘한 이치이며,
사람을 동물과 비교하여 판을 짤 수도 있고 신의 능력이란
창조주의 능력이며,
이러한 모든 판의 발원지가 태양신이며,
태양신이 봉황이며 봉황이 만들어 놓은 모든 운행의 원리란
묘한 이치이며,
하나님의 재림이란 비밀도 이 봉황 속에 있으며,
하나님과 관련된 모든 종교의 이치는 성부 하나님 속에 있으며,
재림 하나님의 이치 속에 모든 비밀이 있으며,
재림 하나님의 비밀 속에 태양신이 있으며,
태양신이 봉황이니 봉황의 모든 비밀 속에
재림 하나님의 비밀이 있을 것이며,
하나님(하느님)과 관련된 이 세상 사이에 존재하는 모든 종교는 봉황의
비밀을 풀지 못하면 재림 하느님의 비밀은 영원히 풀지 못할 것이며,
하나님의 진실은 하나님 속에 있으며,

하나님의 진실은 대한민국 속에 있으며,
하나님의 진실은 봉황의 비밀 속에 있으니

언젠가는 누군가가
봉황의 비밀을 풀어
대한민국을 봉황판의 나라
봉황체의 나라가 되길 바라면서…….

옥황상제의 진실

도교사상의 하나로 옥황상제판이 만들어진 이치 속에
옥황상제판이 만들어져 운행하는 모든 이치의 원리와 사람과
옥황상제의 이치란 신기한 관계이며,
천지신명과 옥황상제와의 운행의 이치 속에 사람이 있으며,
천지신명의 운행의 원리를 깨우칠 때
옥황상제의 운행의 원리를 깨우칠 것이며
천지신명과 옥황상제와는 어쩔 수 없는 관계이며,
천지신명 속에 옥황상제가 있으며,
옥황상제 속에 천지신명이 있으며,
옥황상제의 운행이란 천지신명의 운행이란 하루하루 살아가는
사람의 이치 속에 항상 존재하면서 사람 위에 존재하기 위한 신의 판이며,
옥황상제는 지리의 모든 판을 운행할 수도 있으며,

옥황상제가 만들어져 발생하는 모든 이치란 묘한 이치이며,
옥황상제가 만들어져 발생하는 운행의 이치를 깨우칠 때
세상 사이에는 수많은 옥황상제가 존재하는 이유를 깨우칠 것이며,
세상 사이에는 긴긴 세월 동안 수많은 옥황상제가 발생하는 이치이며,
옥황상제판 무속인도 존재할 수 있으며,
옥황상제판 교주 성인 할 것 없이 수많은 옥황상제가 발생할 수 있으며,
옥황상제판의 이치로서 신의 능력으로 사람을 죽일 수도 있는 이치이며,
옥황상제판의 이치로서
사람을 옥황상제판에 맞추어 살아가도록 할 수도 있으며,
옥황상제판의 능력이란
사람에게 있어 절대적인 존재가 될 수도 있으며,
옥황상제판의 능력으로 사람을 욕하게도 할 수 있으며,
옥황상제판 지리 발복의 능력이란 상상을 초월하는 능력이며,
명당과 흉지의 이치로서 사람을 죽게도 할 수 있으며,
부정이란 이치로서 사람을 죽게도 할 수 있었던 긴긴 세월이었으며,

옥황상제판의 발생원리를 파악하지 못하면
세상 사이에 왜 수많은 옥황상제판이 존재하는지 알 수 없는 것이며,
옥황상제가 발생하는 이치란 옥황상제가 발생할 때마다
모두가 다 다른 옥황상제가 발생하는 이치이며,
천지신명과 함께 하루 중 12회씩 옥황상제가 발생하는 이치이며,
옥황상제가 발생했다가 그냥 사라지는 이치가 대부분이지만
능력 있는 사람에게 붙어 온갖 판과 이치로서 사람을 믿게 할 수 있으며,
대겁을 만들어 운행을 할 수 있는 능력도 있으며,
지금까지 도읍지가 만들어진 능력 또한 옥황상제의 능력일 수도 있으며,

사람의 생각을 조종할 수도 있으며,
옥황상제판 도읍지란 도읍지가 여기저기 변하는 도읍지의 판이며,
옥황상제판 지리의 모든 이치는 황룡의 이치이며,
용의 이치이며 용상 용안이라고 하는 이치이며,
용의 이치란 사람에게 있어 절대자의 이치이고 최고의 이치이며,
최고의 권력을 누릴 수 있는 이치이며,
옥황상제판 종교란 사람 위에 존재하는 절대자의 이치이며,
옥황상제판 도덕이란 무궁무진하며,
옥황상제판 도덕 속에 봉황이 있을 수 있으며,
사람을 이롭게 하는 옥황상제의 도덕이 무궁무진하며,
사람 위에 존재하기 위한 절대적인 도덕이며,
사람이 살아가는 이치 속에 이러한 모든 판과 이치가 있다는 것은
묘한 이치이며,
사람이 없으면 옥황상제도 필요 없는 이치이며,
사람이 없으면 천지신명도 필요 없는 이치이며,
사람이 없으면 이 세상 사이에 존재하는 온갖 신이 필요 없는 이치이며,
사람 사이에 존재하는 온갖 신과 관련된 모든 이치는
사람이 없으면 필요 없는 이치이며,
옥황상제판의 모든 이치 속에도 흑백의 이치가 있으며,
사람을 도와 덕으로서 이롭게 하는 이치와 사람을
이롭게 하지 못하는 이치가 있으며,

이러한 모든 옥황상제판의 운행의 이치와 원리를 파악하여
흑백의 이치로서 흑백을 가릴 수 있어야만
계룡산 태극판이 만들어지는 이치이며,

계룡산 태극판의 이치란 묘한 이치이며,
황매산 무극판의 이치 또한 묘한 이치이며,
옥황상제판의 모든 판을 흑백의 이치로서 헛터 잡지 못하면
황매산 무극 봉황판이 만들어질 수 없으며,
사람은 신의 노예가 될 수 없으며,
모든 이치를 사람의 이치로 헛터 잡지 못하면
계룡산 태극과 황매산 무극의 이치로서 봉황판이 만들어질 수 없으며,
천계와 지계의 모든 판을 헛터 잡지 못하면
영원히 미래판은 만들어질 수 없을 것이며,

언젠가는 누군가가
이러한 이치로서 미래판이 만들어지기를
기대하면서…….

부처의 진실

세상에는 긴 세월 동안 온갖 부처의 이치 속에서
보살과 함께 흘러가는 긴 세월이었으며,
석가불 아미타불 비로자나불 미륵불 관음보살 등등의
온갖 부처의 이치 속에서
사람과 세상 사이에 존재하는 부처와의 사이란 묘한 이치이며,

사람이 살아가는 근본은 태양이며,

부처가 이 세상에 존재하는 근본 또한 태양이며,
태양이 있었기에 부처가 존재하는 이치이며,
부처가 있었기에 태양이 존재하는 것이 아니며,
부처의 근본이 태양이란 이치이며,
태양의 능력이란 모든 만물의 근본이며,
태양의 근본이란 모든 생명체의 근본인 것처럼 세상 사이에 존재하는
온갖 부처의 판이 태양이 있었기에 부처가 존재하는 이치이며,

부처가 만들어 놓은 수많은 경전과 글들은
사람의 능력으로 만들어지는 이치가 아니며,
사람의 생각 속에 생각이 있으며,
생각이 생각을 조종하는 이치 속에서
수많은 글들과 경전이 만들어지는 이치이며,
사람의 생각 속에 생각을 만들어 넣어
경전이 만들어지는 이치란 묘한 이치이며,
사람의 생각 속에 생각이 있으며,
생각이 생각을 헛터 잡을 수 있는 이치이며,
사람의 손과 발 몸 등에 기가 발생하여
어떤 신통력을 보이는 이치도 있으며,

무속인의 신통력도 이러한 이치이며,
수행이란 이치 속에서
부처나 보살이 만들어지는 이치란 묘한 이치이며,
수행을 통하여 어떤 기의 발생으로
먹지 않고 살 수 있는 이치도 있으며,

온갖 신의 판과 온갖 부처의 판과
온갖 종교의 판을 만들어 운행을 하는 기의 발원지가 있으며,
기의 발원지란 눈에 보일 수도 보이지 않을 수도 있는 이치이며,
사람 또한 어떤 기의 능력일 수도 있으며,
부처나 기타 온갖 교주를 통하여 신과 대화하는 이치도 있으며,
남에게 들리지 않는 말로써 말을 만들어 넣을 수도 있으며,
무속인의 능력 속에도 이러한 이치가 있으며,
신의 조종으로 사람이 신이 들어
사람을 미치게도 하는 이치가 있으며,
신의 조종으로 신들린 소리를 하면서
지난 일들이나 아는 소리를 할 수도 있는 이치이며,
부처나 기타 온갖 교주의 능력이란 사람의 능력이 아니며,
신을 통한 능력이며 신을 통한 능력으로
온갖 경전이 만들어지는 이치이며,
신이 사람을 조종하여 만들어지는 이치란
상상을 초월하는 이치이며,

사람을 조종할 수 있는 신의 중심 핵 속에는 태양신이 있으며,
세상 사이에 존재하는 모든 신의 조종은 태양신이 하는 것이며,
태양신의 조종으로 사람을 조종할 수 있는
온갖 신이 만들어지는 이치이며,
태양신의 조종으로 세상 사이에는 온갖 종교판이 만들어지는 이치이며,
태양신의 조종으로 세상 사이에는 온갖 부처가 만들어지는 이치이며,
무속인 또한 마찬가지이며 세상 사이에 존재하는
온갖 부처 온갖 종교 온갖 교주 신과 관련된 모든 이치의 중심 속에는

태양신 봉황이 있는 이치이며,
태양신 봉황의 이치란 태극과 무극 양과 음의 이치 속에서
모든 이치가 만들어지는 이치이며,
이러한 이치 속에서 대한민국의 모든 지리의 핵심이
태양신 봉황 지리의 판이며,
백두산 천지가 태극이며 한라산 백록이 무극이며,
계룡산 태극이 봉이며 황매산 무극이 황이며,

이러한 이치 속에서 봉황판의 모든 이치가 대한민국이지만
태양신 봉황의 이치 속에는 선과 악이란 두 판의 이치 속에서
세상에는 온갖 부처와 온갖 교주의 판이 만들어진 이치 속에서
봉황이 만들어 놓은 흑과 백의 이치란 묘한 이치이며,
부처의 이치 속에 부정을 가려야 한다는 이치가 있으며,
부정을 가리지 않으면 살침으로 사람을 어떻게 조종할 수도 있는
이치였으며,
부정이란 판으로 신이 사람을 조종할 수 있는 이치가 있으며,
이러한 모든 이치 속에도 흑과 백이 있으며,
봉황이 짜놓은 이러한 판을 사람이 흑백의 원리 속에서
흑과 백을 판별할 수 있어야만 계룡산시대가 만들어지는 이치이며,

사람이 음양의 이치 속에서 태어나고
이 세상을 떠나는 이치 속에 태어남을 축하해주고
이 세상을 떠남을 슬퍼하고 장례 치르는 이치란
사람이 해야 할 당연한 이치이지만 이러한 판 속에도
신이 부정이란 이치로서 사람을 조종하는 모든 이치를

흑과 백의 이치로서 봉황을 헛터 잡을 수가 있어야만
계룡산 태극 미래판이 만들어지는 이치이며,
장례 치르고 제사 모실 때 차리는 제사상의 이치 속에도
흑백의 이치가 있으니 묘한 이치이며,
치성이란 이치로 온갖 부처와 신과 온갖 교주에게
상다리가 부러지도록 치성상을 차리는 이치 속에도
흑백의 원리가 있으며,
신이 차린 음식을 먹고 가는 것처럼 온갖 무속인
온갖 종교 교주 꿈등을 통하여 만들어 놓은 이치이며,
이러한 모든 이치를 봉황으로부터 흑백을 가려
봉황을 헛터 잡을 수 있어야만 계룡산 태극시대 만들어지는 이치이며,

백두산 천지 태양신 봉황의 이치란 묘한 이치이며,
백두산 천지의 이치 속에서 천계의 이치로 짜놓은
세상 사이에 존재하는 온갖 부처와 온갖 종교 교주와
신과 관련된 모든 이치를 흑과 백의 이치로서 흑백을 판별할 수 있어야
계룡산 태극 봉황판이 만들어질 수 있는 이치이며,
태양신 봉황이 만들어 놓은 천계를 헛터 잡지 못하면
사람이 최고인 판이 만들어질 수 없는 이치이며,

천계를 헛터 잡는 이치 속에 온갖 부처가 있으며,
천계를 헛터 잡는 이치 속에 온갖 종교가 있으며,
천계를 헛터 잡는 이치 속에 신과 관련된 모든 신이 있으며,
천계를 헛터 잡는 이치 속에 계룡산 태극판이 있으며,
천계를 헛터 잡는 이치 속에 황매산 무극판이 있으며,

천계를 헛터 잡는 이치 속에 봉황판이 있으며,
바른 도와 바른 덕이 아니면
영원히 천계를 헛터 잡을 수 없을 것이며,
말뿐인 도덕은 영원히 천계를 헛터 잡을 수 없을 것이며,
도와 덕은 자랑하는 것이 아니며,
말과 행동이 도덕일 뿐이며,
천지가 만들어 놓은 흑백의 원리 속에
흑과 백을 분별하고 판별하지 못하면
계룡산 태극 봉황판은 영원히 만들어질 수 없을 것이며,
천계의 이치 속에 계룡산 태극 봉황판이 있으며,
지계의 이치 속에 계룡산 태극 봉황판이 있으며,
인계의 이치 속에 계룡산 태극 봉황판이 있으니

언젠가는 누군가가
이러한 이치로서 새로운 시대가
만들어지기를 기대하면서…….

미륵의 진실

세상은 언제부터인가 미륵신앙이 존재하면서
많은 사람들 사이에 전해져 내려오는 동안 수많은 세월 속에
미래시대 미륵불이라는 이치로서 미래의 부처라는 뜻으로
세월이 흘러가고 있는 것이며,

미륵이란 이치 속에 모든 사람들과 신앙인 사이에
미래의 부처라는 뜻으로서 수많은 종교와 민간신앙 속에
내가 구세주 미륵이라는 이치로서 온갖 종교 속에
내가 상제 내가 미륵이라는 이치 속에서 긴긴 세월이 흘러가지만
미륵이라는 미륵판의 이치 속에는 사람과의 묘한 관계가 있으며,
천지의 이치 속에는 묘한 이치가 있으며,
미륵판을 만들어 운행을 한 천지의 모든 이치와 운행원리 속에는
알 수 없는 신의 판이며,

천지가 양과 음이며 양과 음이 봉과 황이니
봉황의 운행 이치 속에 미륵판의 모든 운행 이치가 있을 것이며,
봉황의 운행원리를 파악하지 못하면 미륵판이 만들어져
세상 사이에 존재하는 모든 이치를 깨우치질 못할 것이며,
세상 사이에는 수많은 종교와 온갖 종교 속에 수많은 판을 만들어
수많은 미륵과 온갖 미륵이 존재하는 모든 운행의 이치 속에는
봉황의 비밀이 숨어 있을 것이며,
세상에 존재하는 모든 미륵판 속에도
미륵불이라고 하는 부처판과 미륵돼지라고 하는 돼지판도 있을 것이며,
미륵이 바르면 부처가 될 수도 있지만
미륵이 바르지 못하면 미륵돼지가 될 수도 있는 이치일 것이며,
미륵불과 미륵돼지라는 두 판 속에서 봉황의 모든 운행원리와
이치를 깨우칠 때 미륵의 모든 운행원리와 이치를 깨우칠 것이며,

미륵을 만드는 것도 봉황이며,
미륵을 만들지 않는 것도 봉황이며,

미륵이 부처가 될 수 있는 것도 봉황이며,
미륵이 돼지가 될 수 있는 것도 봉황이며,
미륵이 사람이 될 수 있는 것도 봉황이며,
미륵이 사람이 될 수 없는 것도 봉황이며,
봉황의 이치 속에 미륵의 이치가 있으며,
미륵의 이치 속에 봉황의 이치가 있으며,
신의 모든 운행 이치란 묘한 이치이며,
신의 신통력이란 사람을 믿음으로 만들 수 있는 이치이며,
봉황과 사람과의 관계란 신기한 관계이며,
봉황과 사람과의 관계란 어쩔 수 없는 관계이며,
언제나 항상 사람 위에 존재하기 위하여 짜놓은 온갖 판 중에
하나가 미륵이며,
미륵이란 판을 통하여 항상 사람 위에 존재하기 위하여
신의 이치로서 만들어 놓은 판 중에 하나가 미륵판이며,
미륵판의 진실은 봉황 속에 있으며,
미륵판의 진실은 신격화하는 신 속에 있으며,
미륵판의 진실은 태극과 무극 속에 있으며,
미륵판의 진실은 건, 곤 속에 있으며,
미륵판의 진실은 내가 미륵이라고 하는
온갖 교주가 봉황의 비밀을 찾아야 할 것이며,
세상 사이에 존재하는 내가 최고라고 하는
수많은 미륵과 관련된 교주가
봉황의 모든 운행원리와 이치를 모조리 바르게 밝혀야 할 것이며,

미륵의 진실 속에 미륵이 있으며,

미륵의 진실 속에 계룡산 태극판이 있으며,
미륵의 진실 속에 황매산 무극판이 있으며,
미륵의 진실 속에 백두산 천지가 있으며,
미륵의 진실 속에 한라산 백록이 있으며,
미륵이 있는 것이 미륵의 진실이며,
미륵이 없는 것이 미륵의 진실이며,
미륵의 진실 속에 백두산 천지 태극이 있으며,
미륵의 진실 속에 한라산 백록 무극이 있으며,
미륵의 진실 속에 온갖 신이 존재하고 있으며,
미륵의 진실은 봉황이니

언젠가는 누군가가
봉황을 헛터 잡기를
기대하면서…….

천당과 지옥의 진실

세상 사이에는 온갖 종교와 신의 판 속에는
언제나 항상 천당과 지옥이란 두 판으로 긴긴 세월 동안
세월과 함께 사람 속에 존재하면서
천당과 지옥이란 두 판이 있었으며,
사람은 언제나 항상 신의 조종 속에서
천당과 지옥이란 이치가 있는 것이며,

눈에 보이지 않는 천당과 지옥이란 신을 통하여
신통력과 함께 사람을 믿게 만들 수 있는 이치이며,
이러한 믿음 속에서 천당과 지옥이란 이치로서
사람을 조종할 수 있는 이치이며,
천상계와 지옥계란 이치 속에서 선과 악이란 두 판으로
사람 위에 존재하여온 긴긴 세월 동안 신통력을 통한
천상계와 신통력을 통한 지옥계의 모든 판과 이치로서 사람 위에
항상 존재하여 가는 이치이며,

신의 능력이란 상상을 초월하는 능력이며,
대우주의 모든 운행의 이치가 태양신의 능력이며,
태양신의 능력으로 모든 만물과 모든 생명체가
존재하여 가는 이치이며,
천상계와 지옥계의 모든 운행의 이치 또한 신의 능력이며,
사람 위에 존재하기 위하여 만들어 놓은 온갖 판은
신통력과 함께 사람을 믿게 하여
신이 최고인 시대를 만들어 온 이치이며,
알 수 없는 묘한 이치이며,
신의 능력이란 사람이 어떻게 할 수 없는 이치였으며,
이러한 이치 속에서 항상 신이 짜놓은 판에 맞추어
사주팔자판의 이치 속에서 살아가는 이치였으며,
신을 통하지 않고는 종교가 만들어질 수 없는 이치였으며,
천당과 지옥 또한 신을 통하지 않고는 만들어질 수 없는 이치였으며,

이러한 모든 이치를 사람 중심으로 바꾸는 이치가

계룡산 미래판의 이치이며,
사람과 신과의 관계는 묘한 이치이며,
사람이 신의 노예처럼 살아온 긴긴 세월이었으며,
신이 사람을 조종하는 모든 이치를 헛터 잡는 것이
계룡산 미래판의 이치이며,
사람이 살아가고 있는 이 지구촌에서
사람 중심의 현실주의로 바꾸는 판이며,
눈에 보이지 않는 천상계와 지옥계의 신이 짜놓은
모든 판을 헛터 잡아 사람이 살아가고 있는 이 지구촌에
사람 중심의 판을 짜는 이치가 미래판의 이치이며,

이러한 모든 판을 헛터 잡을 수 있는 이치란
도와 덕이 아니면 헛터 잡을 수 없는 이치이며,
말뿐인 도와 덕은 영원히 신의 노예가 될 것이며,
말뿐인 도와 덕은 영원히 내가 최고인 판이며,
말뿐인 도와 덕은 미래판의 이치가 아니며,
말뿐인 도와 덕은 영원히 신을 헛터 잡을 수 없을 것이며,
말과 행동이 도덕일 뿐이며,
미래판의 근본이란 내가 최고가 아니며,
하느님이 도덕이며,
미륵이 도덕이며,
진인이 도덕이며,
내가 하느님이 될 수 없으며,
내가 미륵이 될 수 없으며,
내가 진인이 될 수 없으며,

만백성을 이롭게 할 도덕뿐이며,

언젠가는 누군가가
이러한 이치로서 새로운 시대를 만들기를
기대하면서…….

봉황, 청룡, 백호

사람이 살아가는 모든 이치와 지리의 판 속과
지리판 속의 봉황과 청룡과 백호의 모든 운행원리와 이치 속에서
긴긴 세월 동안 명당이란 판으로 사람을 믿게 하여 오면서
좌청룡과 우백호의 이치로서
세상 사이에 존재하여 가고 있는 이치이며,
온갖 동물과 형상을 통하여 명당이란 이치로서
청룡과 백호의 이치로서 사람을 조종하는 가운데
온갖 지리의 판으로서 사람을 흥하게도 하고 망하게도 하는
신의 판 속에 온갖 동물과 온갖 형상의 이치와 판으로서
사람을 조종하여 온 긴긴 세월이었으며,
신의 능력이란 무한대이며, 명당 발복이란 이치로서
사람 위에 존재하여 가는 판으로서
긴긴 세월이 흘러가고 있는 이치이며,
지리의 모든 판으로서 사람 위에 존재하여 가는
신의 모든 지리판을 헛터 잡는 것이 계룡산 정도령판의 이치이며,

지리를 통하여 사람을 헛터 잡고 있는 신의 잘못된 모든 이치를
사람이 신을 헛터 잡는 모든 이치가 계룡산 미래판의 이치이며,

미래판의 지리란 봉황과 청룡과 백호가 사람을 조종하는
모든 지리의 판을 확 헛터 잡아
사람이 봉황과 청룡과 백호의 지리판을 조종하는 이치이며,
사람이 봉황판 지리와 청룡판 지리와 백호판 지리를 조종하여
만백성을 이롭게 하는 판이며,
어떤 개인이나 어떤 단체만을 위한 지리의 판이 아니며,
봉황판 지리의 모든 판은 만백성을 위한
만백성이 주인인 지리의 판을 짜는 것이며,
청룡판 지리의 모든 판 또한 어떤 개인, 단체가 아닌
만백성을 위한 만백성이 주인인 지리의 판이며,
백호판 역시 만백성을 이롭게 하는
만백성이 주인인 판을 만드는 것이 미래판의 이치이며,

세상 사이에 온갖 신통력과 신께 빌어 신을 조종하여
사람인 정도령과 대결할 수 있는 사람은 없을 것이며,
신을 조종하여 사람을 조종할 수 있는 이치이며,
사람인 정도령을 온갖 종교의 하느님, 옥황상제, 각종 신을 조종하여
정도령을 신으로서 신통력으로서 조종할 수 없을 것이며,
미래판 지리의 근본은 신의 능력으로 복을 받는 이치가 아니며,
사람이 사람 스스로 노력하여 복을 받는 이치이며,
노력하지 않고 얻어지는 복이란 복이 아니며,
세상 사이에 존재하는 온갖 지리의 판을 신으로부터 헛터 잡아

봉황판과 청룡판과 백호판으로서
봉황판과 청룡판과 백호판만이 필요한 이치이며,

이러한 모든 지리의 이치는 태극기판 지리의 이치이니
대한민국을 태극기판 지리의 이치로 헛터 잡아
태극기의 주인은 만백성이며,
태극기 지리의 판 또한 만백성이 주인이며,
도 닦는 자랑하지 않는 것이 군자이며,
도덕자랑 하지 않은 것이 군자이며,
군자란 말과 행동이 군자일 뿐이며,
세상 사이에 존재하는 수많은 교주, 성인 또한 마찬가지일 것이며,
말과 행동이 성인일 뿐이며,
만백성 위에 존재하는 성인이란 성인이 아니며,
말과 행동이 성인일 뿐이며,
글이 많고 훌륭하다고 하여
백성 위에 존재하는 성인이란 성인이 아니며,
사람은 누구나 모두 말과 행동이 바르면
누구 할 것 없이 군자이며 성인이며
말과 행동이 군자이고 성인일 뿐이며,
이러한 모든 이치가 계룡산 미래판의 이치이며,
봉황과 청룡과 백호를 조종하여 내가 최고가 아닌
만백성을 이롭게 하여 만백성이 최고인 시대를 만드는 이치이며,
사람 정도령은 만백성 위에 존재하는 것이 아니며,
백성을 이롭게 하기 위하여 새롭게 판을 짜는
일꾼일 뿐이며 심부름꾼일 뿐이며,

언젠가는 누군가가
이러한 이치로서 바른 도와 바른 덕으로서
새로운 판이 만들어지기를
기대하면서…….

자, 축, 인, 묘…의 진실

사람의 모든 이치와 판을
자, 축, 인, 묘, 진, 사, 오, 미, 신, 유, 술, 해의 이치와 판으로서
긴긴 세월 동안 눈에 보이지 않는 신의 능력과 운행의 이치로서
사람을 조종하여 온 이치이며,
사람의 모든 이치와 판을 동물과 비교하여 조종하여온 판이었으며,

이러한 이치를 통하여 사람의 사주팔자와 궁합 등등을 만들어
오행의 이치와 신의 능력으로 사람을 동물의 이치와 판에 맞추어
사람을 조종하여온 긴긴 세월 동안 알 수 없는 묘한 이치였으며,
신이 사람을 동물과 비교하여 마음대로 조종하여온 판이었으며,
사람을 사람의 이치로 보지 못하게 하고
동물과의 비교를 통하여 사람을 마음대로 조종하여온
잘못된 모든 이치를 헛터 잡아야 하는 이치이며,
사람을 동물의 판에 맞추어 무슨 무슨 띠라는 동물의 이치에 맞추는
잘못된 신의 판을 사람이 헛터 잡는 이치이며,
동물은 동물일 뿐이며 사람은 사람띠일 뿐인 것을…….

신의 능력과 판이란 모든 이치를
하느님, 부처님, 온갖 상제, 산신, 목신, 용왕신, 미륵, 진인, 무속인 등등
온갖 판을 총동원하고
동물들과 비교까지 하면서 세상을 선과 악이란 두 판으로
사람을 긴긴 세월 동안 헛터 잡아 온 판이었으며,
대겁 병겁 말세론 종말론 등등을 통하여 사람을 죽여
새로운 세상을 만들겠다는 신의 모든 판이 묘한 이치이며,
교주 무속인 예언가 등등을 통하여 생각 속에 판을 만들어
작은 신통력을 보이게 하는 이치 속에
사람을 믿게 하여온 세월이었으며,
동물의 무슨 무슨 띠라는 이치도 마찬가지이며,
이제 신의 모든 판을 헛터 잡는 이치이며,

바른 이치와 바르지 못한 모든 이치를
사람이 신을 헛터 잡는 이치가 계룡산 미래판이며,
사람은 동물의 띠가 아니며 사람은 사람띠일 뿐이며,
대겁 병겁 말세론 종말론 등등은
사람을 죽이는 살인마와 같은 신이며,
이러한 모든 이치를 사람이 신을 확 헛터 잡는 이치이며,
사람이 바른 도와 바른 덕이 아니면
신을 헛터 잡을 수 없는 이치이며,
교주, 성인이라고 세상 사이에 존재하는 모든 사람이
신을 통한 이치이며 사람이 신의 노예가 되는 이치이며,

긴긴 세월 동안 이러한 이치 속에서 살아가고 있는 이치이며,

예를 들어 온갖 상제란 사람에게 바른 이치와 바르지 못한 이치로서
사람에게 개처럼 멍멍대는 이치이며,
상제란 사람에게 개와 같은 이치이며,
개고기를 먹지 못하게 하는 이유가 여기에 있으며,
고기란 생명을 죽여 얻어지는 것이라 먹지 않을 뿐이며,
이러한 모든 판은 사람이 바르지 못하면
모든 신의 판을 헛터 잡을 수가 없을 것이며,
신격화하는 신이 주체가 아니라
사람이 주체인 시대가 계룡산 미래판이며,
미래판의 근본이 사람이 주체인 시대이며,
바른 도와 바른 덕이 주체인 시대이며,
권력이 최고가 아닌 만백성이 최고인 시대이니

언젠가는 누군가가
이러한 이치로서 새로운 시대를 만들 것이라
기대하면서…….

제6장 새로운 시대의 판으로

청군과 백군

어린 시절 운동장 운동회 시절엔 언제나
늘 청군과 백군의 이치로 운동회 하던 시절이 생각나지만
청군이란 청룡을 뜻하는 이치일 것이며,
백군이란 백호를 뜻하는 이치일 것이라 생각하면서
청룡과 백호의 이치란 긴긴 세월 동안 존재하여 오면서
세상 사이에 세월과 함께 내려가고 있는 이치이며,
대한민국 모든 지리의 중심판이
봉황과 청룡과 백호의 판이 지리의 핵심판일 것이며,
지리의 핵심판이 봉황판과 청룡판과 백호판의 이치가
대한민국 지리 중심의 핵심판이며,
지리를 보는 이치와 판이란 묘한 이치이며,
봉황판 지리의 이치와 통하였다고 하는
일반적인 지리의 이치와는 완전히 다른 이치이며,
봉황이 청룡과 백호이며,
청룡이 봉황과 백호이며,
백호가 봉황과 청룡이며,

이러한 이치로 판을 짜는 것이 봉황판의 지리이며,
대한민국의 모든 판을 봉황과 청룡과 백호의 판으로
모든 이치를 바르게 헛터 잡아 만백성을 도와 덕으로서
이롭게 판을 짜는 이치가 미래판의 이치이며,
정도령은 미륵도 아니며 하느님도 아니며 상제도 아니며,

세상 사이에 살아가는 사람일 뿐이며,
미래판 미륵이란 사람이 아니며,
영원히 변하지 않을 도와 덕이며,
미래판 하느님이란 사람이 아니며,
영원히 변하지 않을 도와 덕이며,
미래판 상제란 사람이 아니며,
만백성을 이롭게 할 영원히 변하지 않을 도와 덕이니

세상 사이에 존재하는 모든 부정부패를 헛터 잡고
모든 예산의 흐름을 모조리 바르게 밝혀
유리처럼 투명한 세상을 만들어
만백성을 이롭게 하는 도덕정치의 근본이 미래판이며,
이러한 가운데 대한민국의 모든 지리의 판을
태극기 지리의 판으로 모조리 바르게 헛터 잡아
새로운 시대와 새로운 판을 짜는 이치이며,
상제판 지리란 도읍지가 여기저기 변하는 닭을
금계로 보는 지리의 판이지만 미래판의 지리란
지구가 없어지지 않는 한 영원히 변하지 않을
봉황판 청룡판 백호판 지리 중심의 태극기판 도읍지이며,

이러한 이치 속에 청군과 백군만이 존재할 것이며,
전국의 모든 도의 경계를 폐지하고 청군과 백군의 이치로
다시 헛터 잡는 이치가 미래판의 이치이며,
청군이 봉황이며 백군이 봉황이며,
청군이 청룡이며 백군이 백호이며,

청룡이 봉황이며 백호가 봉황이며,
청군이 태극이며 백군이 무극이며,
청군이 양이며 백군이 음이며
청군이 건이며 백군이 곤이며,
청군이 천이며 백군이 지이며,
청군이 봉이며 백군이 황이며,

이러한 이치로 대한민국 지리의 판을
청군과 백군의 이치로서 바르게 다시 헛터 잡는 이치이며,
청군이 도이며 백군이 덕이니 이러한 이치 속에서
도덕정치의 근본이 있으며,
도와 덕이 봉과 황이니 이러한 가운데
진정한 봉황판이 탄생하는 이치이며,
이것이 진정한 미래시대이며,
미래시대의 근본이 봉황판이며,
봉황판의 근본이 도덕이며,
도덕의 근본이 봉황판이 되는 이치이며,

이렇게 하여 미래시대란 눈에 보이지 않는 봉황의 이치를
사람이 봉황을 확 헛터 잡는 이치이며,
사람이 봉황판을 새롭게 다시 짜는 판이며,
만백성 앞에 내가 최고란 있을 수 없는 판이며,
세상 사이에 존재하는 온갖 종교와 수많은 종교를
봉황의 이치로 통합하는 이치가 이 속에 있으며,
봉황의 운행원리의 이치를 파악하지 못하면

봉황판을 영원히 만들지 못할 것이며,
모든 비밀은 봉황 속에 있으며,
봉황의 비밀을 풀지 못하면
봉황판은 영원히 존재하지 못할 것이며,

언젠가는 누군가가
이러한 봉황의 이치로서
새로운 시대의 판을 만들어 만백성을 이롭게 하기를
기대하면서…….

종교의 모든 것

사람이 이 지구촌에 존재하면서
모든 이치의 근본은 태양이 존재하였기에
모든 생명체와 모든 만물이 존재할 수 있었던 것이며,
이러한 이치 속에 생각하는 생명체로서
사람이 만물의 최고봉이 되어가는 이치이며,
사람이 살아가는 모든 근본은 태양이 있었기에 가능한 일이며,
태양의 기로서 모든 이치가 만들어져 가는 이치이나
사람과 태양과 태양신과의 묘한 이치 속에서
창조주 태양 태양신의 능력이란 무한대일 것이며,

세상 사이에 존재하는 모든 종교란 신의 능력이며,

신을 통하여 온갖 종교를 만들 수 있으며,
신을 통하여 작은 능력으로 사람들 사이에
하나의 작은 신통력으로 사람을 믿게 하여
세상 사이에는 수많은 종교판이 만들어져
사람을 조종할 수 있는 능력으로 교주로서
신을 통하여 신통력과 함께 사람들 사이에서
내가 최고인 판이 만들어져 왔던 이치이며,
신을 통하지 않고는 종교도 예언도 무속인도
존재할 수 없는 이치이며,

신의 능력이란 신을 통하여 짜놓은 판에 맞추지 않으면
사람을 죽이고 망하고 흥하게도 하여 왔으며,
명당 발복이란 이치 또한 마찬가지이며,
신을 통하여 발복이 만들어지는 이치이며,
세상 사이에 존재하는 수많은 종교의 이치 또한
신을 통하여 만들어져 세상 사이에 존재하는 이치이며,
신의 능력 속에는 항상 선과 악이란 두 판으로
세상 사이에 존재하는 이치이며,
세상 사이에 존재하는 수많은 종교판 속에도 마찬가지이며,
종교판 속에도 선과 악이란 두 판이 항상 존재하여 왔으며,

세상은 언제나 항상 선과 악이란 두 판 속에서
긴긴 세월 동안 존재하면서 이어져 왔던 이치이며,
세상 사이에 존재하는 수많은 종교판이
악으로부터 세상을 바르게 만들지 못하였으며,

온갖 종교판의 교주 또한 선과 악이란 두 판 속에서
악으로부터 교주가 세상을 바르게 만들지 못하는 이치이며,
세상의 이치란 선과 악이란 이치 속에서
묘하게 살아가고 있는 이치이며,
세상 사이에 존재하는 수많은 교주 또한
작은 신통력과 능력은 있었지만 선과 악이란 두 판 속에서
세상을 바른 이치로서 바르게 만들지 못하면서
존재하여 가는 이치 속에는 묘한 이치가 있으며,

사람이 욕심으로 가득 차면 신이 만들어 놓은 종교판 속에서
사람에게 이로움을 주는 이치와 이로움을 주지 못하는
모든 이치를 분별할 수 없으며,
사람이 욕심으로 가득차 사람의 이치로 보지 못하고
신이 짜놓은 판에 신의 이치로만 맞추어
온갖 종교판이 만들어져 왔으며,
이러함 속에서는 신이 온갖 종교판을 통하여
사람 위에 존재하는 이치이며,
사람에게 신이란 없다고도 할 수 없고
있다고도 할 수 없는 이치이며,

사람 위에 존재하는 신이란 선과 악의 판 속에서
신이 만들어 놓은 종교를 통하여
사람에게 이로움을 주는 선한 판과
사람에게 이로움을 주지 못하는 악한 판과의 사이에서
선악을 분별하지 못하면 태양신의 운행 이치와 원칙을

파악하지 못할 것이며 신과 관련된 수많은 판과 신을 통하여
만들어진 수많은 종교판의 발원지는 태양신이며,
태양신을 통하여 태극과 무극의 이치로서 양과 음의 이치로서
천과 지의 이치로서 건과 곤의 이치로서 만들어져 가는 이치이며,

이러한 이치 속에서 항상 선과 악의 판 속에서
이 지구촌이 긴긴 세월 동안 존재하여 왔으며,
신과 교주를 통하여 만들어진 수많은 종교판이
선과 악의 판 속에서 신과 사람과의 사이에서
선악을 분별할 수 있도록 만들어 놓은 이치이며,
선악을 분별할 수 있어야만
태양신의 함정에서 벗어날 수 있을 것이며,
태양신이 만들어 놓은 수많은 함정 속에는
사람이 바른 이치와 바른 도덕이 아니면
태양신의 함정에서 벗어날 수 없을 것이며,
영원히 태양신의 함정 속에서
영원히 내가 최고인 판으로 남아 있을 것이며,
수많은 종교판이란 이러한 이치이며,
세상 사이에 존재하는 수많은 종교판의 운행원리와
이치를 파악하여 바른 이치와 바른 도덕으로서
헛터 잡을 수 있어야만 계룡산 태극과
황매산 무극판을 만들 수 있는 이치이며,

수많은 종교판 속에 사람에게 이로움을 주는 모든 글들과
사람이 살아가는 데 필요한 도덕만이 필요할 뿐이며,

대한민국의 모든 판과 이치를 계룡산 태극판과
황매산 무극판으로 바르게 헛터 잡을 수 있는 것은
미륵판도 아니며 하나님판도 아니며 상제판도 아니며,
바른 이치의 도덕판일 뿐이며,
수많은 종교판을 통하여 만들어 놓은 신의 모든 이치를 바르게
헛터 잡을 수 있어야만 계룡산판 시대가 만들어질 수 있는 이치이며,

태양신이 천지이며 천지가 태극과 무극이며,
태극과 무극이 양과 음이며 양과 음이 봉과 황이며,
천지의 모든 판이 봉황판이며,
천지가 만들어 놓은 함정과 선악을 분별하지 못하면
영원히 계룡산 태극판과 황매산 무극판이
만들어질 수 없는 이치이며,
바른 도덕이 아니면 영원히 봉황체의 나라가 될 수 없을 것이며,
바르지 못한 모든 판을 바르게 헛터 잡을 수 있어야만
계룡산 태극판이 만들어질 수 있는 이치이며,
태극의 근본이 봉황이며 무극의 근본이 봉황이며,

대한민국을 태극과 무극의 이치로 바른 이치와
바른 도덕으로서 헛터 잡을 수가 있어야만
천지가 만들어 놓은 태극지리와 무극지리의 이치를 깨우칠 것이며,
세상 사이에 존재하는 수많은 종교판의 근본이 봉황이며,
봉황의 근본을 내가 최고가 아닌 만백성이 최고인 판으로
만드는 이치가 봉황체의 근본이며,
태극지리의 근본이 봉황판 지리의 판이며,

무극지리의 근본이 봉황판 지리의 판이며,
경상남북과 전라남북을 통일하고 통합하여
무극지리의 판으로 봉황판을 만드는 이치가 미래판의 이치이며,
이러한 이치가 봉황체의 나라로 만드는 근본이며,
모든 종교를 봉황의 이치로 통합하고
대한민국 모든 지리를 봉황체의 이치로 통합하여
만백성을 이롭게 하는 도덕정치의 근본이 계룡산시대의 판이니

언젠가는 누군가가
이러한 이치로서 새로운 시대를
만들어 가리라 기대하면서…….

새로운 시대의 판으로

천지가 만들어져 운행을 하는 이치 속에
세상만사 모든 이치가 태양의 운행 이치 속에
모든 만물의 이치가 만들어져 왔으며,
앞으로도 마찬가지일 것이며,
지구촌의 모든 이치가 태양의 운행에 맞추어져
만들어 가는 이치 속에 모든 나라마다의 판과
모든 인종간의 판과 동, 서양 오대주 육대양의
모든 판의 운행 이치가 태양의 운행 이치 속에서
만들어져 가는 이치일 것이며,

이러한 이치 속에 눈에 보이지 않는
모든 기의 발원지가 태양일 것이며,
태양의 모든 운행원리란 음양의 이치 속에서
모든 생명체가 존재하여 왔으며 존재하여 갈 것이니
모든 판을 만들어 운행을 한 기가 있으니 이것이 봉황의 기이며,
세상 사이에 존재하는 모든 나라의 판 또한 태양 봉황의 기이며,
신을 통하여 만들어 놓은 세상 사이에 존재하는
모든 종교의 판 또한 태양 봉황의 기이며,
봉황의 기로서 세상 사이에 존재하는 모든 선과 악의 운행 또한
태양 봉황의 기로서 만들어가는 이치이니

이러한 이치 속에 사람과 봉황과의 관계는 묘한 관계이며,
세상 사이에 존재하는 모든 사람은
태양 봉황과 연관 없는 사람이 없을 것이며,
태양신 봉황이 신과 관련된 세상 사이에 존재하는 모든 종교판과
신의 판을 만들어 사람을 마음대로 조종하는 판이며,
신이 있어서 있는 것이 아니며 없어서 없는 것이 아니며,
모든 판의 중심 핵은 태양신 봉황이 만들어 왔던 판이었으며,
사람의 생각까지도 봉황판 속에 있을 수도 없을 수도 있는 이치이며,
사람에게 이로움을 주지 못하는 모든 이치를 바르게 헛터 잡지 못하면
봉황이 만들어 놓은 신의 판 속에서 영원히 벗어날 수 없을 것이며,
예를 들어 봉황이 만들어 놓은 세상 사이에 존재하는
수많은 상제판 속에서 사람에게 이로움을 주는
모든 이치와 사람에게 이로움을 주지 못하는 모든 이치를
바르게 구분하여 옥황상제를 헛터 잡을 수 있어야만

봉황판의 모든 이치를 깨우칠 것이며,

신이 계룡산 태극(봉)의 모든 이치와 판을 짜는 것이 아니며,
신이 황매산 무극(황)의 모든 이치와 판을 짜는 것이 아니며,
사람이 봉황판의 모든 이치를 깨우쳐서
태양신 봉황이 만들어 왔던 모든 판을 헛터 잡아
사람에게 이로움을 주는 이치와 사람에게 이로움을 주지 못하는
모든 이치를 헛터 잡을 수 있어야만
계룡산 태극 봉황판 시대를 만들 수 있을 것이며,
신이 짜놓은 모든 판을 바른 이치와 바르지 못한 이치를 구분하여
사람에게 이로움을 주지 못하는 모든 이치를
헛터 잡을 수 있어야만 황매산 무극(황)시대를 만들 수 있을 것이며,
이것이 계룡산 태극(봉)과 황매산 무극(황)의 이치이며,
이런 이치 속에서 태극(양)과 무극(음)의 이치로서
봉황체가 만들어지는 이치이며,
이러한 이치 속에서 신이 최고인 시대가 사라지는 판이며,
이러한 이치 속에서 내가 최고인 시대가 사라지는 판이며,
이러한 이치 속에서 권력이 최고인 시대가 사라지는 판이며,
이러한 이치 속에서 만백성이 최고인 시대가 만들어지는 이치이며,
새로운 시대의 모든 판은 만백성이 최고인 봉황체의 판이니

언젠가는 누군가가
이러한 판으로 새로운 시대를
만들어 가리라 기대하면서…….

봉황판 무극시대

태극과 무극의 이치 속에 세상 사이에 존재하는
모든 무극판이 무수히 많이 있지만
봉황판 무극시대와는 완전히 다른 이치이며,
세상 사이에 존재하는 모든 무극판은 신을 통하여
만들어진 이치 속에 사람보다 신격화하는 신이
최고인 무극시대일 수도 있겠으나
이러한 이치 속에 바른 이치도 있을 수 있겠지만
바르지 못하게 만들어 놓은 함정도 있을 수 있을 것 같기도 하며,
지리의 모든 이치 또한 마찬가지일 수도 있을 것이며,

금계를 닭으로 보는 이치와 금계를 봉황으로 보는
이치의 차이도 있을 것이며,
지리란 보는 판과 이치에 따라 무수히 변할 수도 있을 것 같으며,
봉황판 지리의 이치란 신격화하는 어떤 개인을 위한 지리 발복이 아니며,
태극과 무극 양과 음 봉(도)황(덕)의 이치로 천지의 지리를 바로잡아
만백성을 이롭게 하는 발복이며,
사람이 천지의 지리를 바르게 헛터 잡아
사람이 수맥의 영향을 받거나 흉지의 영향을 받지 못하게 하여
만백성을 이롭게 만드는 지리 발복이며,
흉지의 영향으로 신이 사람을 해치는 모든 이치를
바로잡는 것이 봉황판 무극시대이며,
신이 사람을 조종하는 모든 판이 사라지고

사람이 주체인 시대가 봉황판 무극시대이며,
사람이 살아가는 데 이로움을 주지 못하는 모든 이치가 사라지고
사람이 살아가는 데 이로움을 주는 모든 만물과 글들과 도덕이
봉황판 무극시대이며,
세상 사이에 존재하는 모든 종교의 이치를 봉황판으로 만들지 못하면
영원히 사라질 것이며,
모든 종교의 중심 핵은 태양신 봉황을 헛터 잡을 수 있어야만
하느님도 미륵불도 정도령도 만들어지는 이치이며,
태양신 봉황을 헛터 잡을 수 있는 이치는 도덕이며,
바른 도덕이 아니면 태양신 봉황을 헛터 잡지 못할 것이며,
태양신 봉황을 헛터 잡아야만
사람이 주체인 시대가 만들어지는 이치이며,
봉황판 무극시대가 만들어지는 이치이며,
계룡산 태극판과 황매산 무극판이 봉황의 이치로
봉황판이 만들어지는 이치이며,
천지가 봉황이 되는 이치이며,
봉황이 청룡과 백호를 이루는 이치이며,
봉황판 무극시대란 내가 최고가 아니라 만백성이 최고인 판이니
이러한 이치 속에 빌어서 복을 받는 것이 아니라
노력하여 복을 받는 시대이니…….
이러함 속에 영원히 변하지 않을 태극의 이치가 계룡산이며,
영원히 변하지 않을 무극의 이치가 황매산이니
영원히 변하지 않을 태극과 무극 봉황판이 이루어지기를
기대하면서…….

계룡산을 봉황판으로

계룡산을 봉황판으로 만들어야 하는 이치가 있으나
이러한 이치 속에 과연 누가 계룡산을 봉황판으로 만들 수 있을 것이며,
눈에 보이지 않는 봉황의 모든 운행원리를 파악하지 못하면
계룡산을 봉황판으로 만들지 못할 것이며,
태극이 봉이며 무극이 황이니 태극과 무극 봉황의 모든 이치와
지리의 판이 대한민국 속에 지리의 중심 핵으로 봉황판이니
양과 음 음과 양의 지리의 중심 핵이 대한민국이며,
도와 덕, 덕과 도의 지리의 중심 핵이 봉황판 속에 있으며,
계룡산 태극을 봉황판으로
맞출 수 있는 사람이 있을 수도 있을 것 같으며,

천지의 근본이 태양 봉황이니 태양이 없으면
모든 만물이 존재할 수 없는 이치와도 같으며,
태극과 무극이 없으면
모든 만물이 존재할 수 없는 이치와도 같으며,
양과 음이 없으면 모든 만물이 존재할 수 없는 이치와도 같으며,
도와 덕이 없으면 모든 만물이 존재할 수 없는 이치와 같으니
이러한 모든 판의 근본이 대한민국이며,
봉황이 청룡과 백호를 이루는 근본이 대한민국이며,
청룡이 봉황과 백호를 백호가 봉황과 청룡을
이러한 모든 지리의 이치가 대한민국이며,
계룡산 태극판을 봉황의 지리와 이치에 맞출 수 있어야만

계룡산 봉황판을 만들 수 있는 이치이며,

언젠가는 누군가가
대한민국의 모든 판을 봉황판으로 바르게 헛터 잡기를 바라며,
이 봉황판의 모든 비밀을 풀지 못하면
하느님도 미륵불도 정도령도 하는 모든 이치가
봉황판의 비밀 속에 모두 숨어 있으나 풀지 못하면
영원히 존재할 수 없을 것이며,
봉황판의 근본은 나를 이롭게 하는 것이 아니라
만백성을 이롭게 하는 도덕이 근본이니

언젠가는 누군가가
봉황판의 모든 비밀을 풀어
계룡산 봉황판시대가 태극(도)과 무극(덕)의 이치로
만백성을 이롭게 하는 진정한 도덕시대가
이루어지기를 기대하면서…….

봉 황 판

대한민국의 모든 형국과 판의 이치를 바르게 파악하고
바르게 만들어야 하는 이치이기는 하나
이러한 모든 원리와 이치는 천지의 이치이니
천지란 하늘과 땅 태극과 무극 양과 음의 이치이니

모든 만물이 태극과 무극 속에 있으며,
모든 만물이 음양 속에 있으며,
모든 만물이 하늘과 땅 속에 있으며,
모든 만물이 천지 속에 있으나
세상 사이에 존재하는 모든 신들의 판 속에
사람과 신의 관계를 바르게 파악하여 사람이 살아가는 인간세상에
신의 능력이란 무한대일 수가 있을 수 있으나

신의 능력과 사람과의 관계와 존재란
묘한 관계와 이치이기는 하지만 세상 사이에 존재하는 신을 통하여
만들어진 모든 종교와 무속신앙, 신을 통하여 세상에 존재하는
모든 천지의 글들과 천지가 내린 모든 강계서의 비밀을
풀기 위한 비밀은 봉황 속에 있을 수가 있겠으나
봉황을 알지 못하면 영원히 강계서를 풀지 못할 것이며,
태양신 봉황의 모든 운행원리와 이치를 바르게 파악하지 못하면
대한민국을 봉황판으로 만들 수 없을 것이며,
봉황판의 모든 비밀은 세상 사이에 존재하는 모든 종교와
내가 성인이라고 하는 모든 성인이 봉황판을 풀 수 있어야 할 것이며,
봉황판을 풀지 못하면 하느님도 미륵불도 정도령도
존재할 수 없을 것이며,
모든 비밀의 근본은 봉황이며,
과연 누가 봉황의 비밀을 풀 수 있을 것인가가…….

신이 내린 천지가 내린 강계서 속에 내가 최고의 신이며,
내가 최고의 성인이라고 하는 이치 속에서는

영원히 봉황을 풀지 못할 것이며,
영원히 강계서의 함정에 빠져 있을 것이며,
봉황판이란 세상 사이에 존재하는 모든 신들을
헛터 잡을 수가 있어야 할 것이며,
만백성 앞에 내가 최고의 신이 될 수 없으며 만백성이 최고이며,
내가 최고의 성인이라고 하는 이치가 있을 수 없으며,
만백성이 최고이며 말과 행동이 군자일 뿐
만백성이 최고인 판이 봉황판일 것이며,
세상 사이에 존재하는 모든 예언서 비결서(정감록, 격암유록 등등등) 속에
봉황의 비밀이 있을 수도 없을 수도 있는 이치이며,

봉황판이란 신이 짜놓은 판에 사람이 맞추어 살아가는 판이 아니며,
날 잡아 이사하고 방위 찾아 이사하고 하는 신이 짜놓은 판에
사람이 맞추어 살지 않으면 사람을 해치는 판 속에 봉황판이란
신이 짜놓은 모든 판을 모조리 바르게 헛터 잡을 수가 있어야 할 것이며,
사람이 살아가는 인간세상에 신이 짜놓은 판에
맞추어 살아가는 것이 아니라 사람이 바른 도와 바른 덕으로서
사람 마음대로 살아갈 수 있는 판이 봉황판이며,
만백성 앞에 최고의 신이란 있을 수 없으며,
만백성 앞에 최고의 성인이란 있을 수 없으며,
말과 행동이 군자일 뿐…….
사람이 태양신 봉황을 모조리 바르게
도와 덕으로서 헛터 잡아 신격화하는 신이 주체가 아니며,
최고가 아니라 사람이 주체인 시대 세상 사이에 존재하는
모든 종교를 봉황의 이치로 통합하여 새로운 세상을

만들어가는 것이 계룡산 태극과 황매산 무극의 이치이니
이것이 봉(양)과 황(음)의 지리이며 천지의 이치이니

언젠가는 누군가가
봉황의 이치로 새로운 봉황판이
만들어지기를 기대하면서…….

한라산 백록의 지리

대한민국 모든 지리 중심의 핵은
태극(봉)과 무극(황)의 이치 속에 이루어져 있으며,
새로운 세상을 만들기 위한 미래시대의 판이며,
모든 지리의 판을 태극지리와 무극지리의 판에 맞추어
새로운 도덕세계를 만들어야 하는 이치 속에
한라산 백록의 근본은 무극이며,
사람이 살아가는 데 필요한 모든 만물이 무극이며,
사람이 살아가는 데 필요한 모든 예가 무극이며,
무극 속에 태극이 있으며 태극 속에 무극이 있으며,
이 모든 것이 태양 봉황의 이치이며,
대한민국 모든 지리 중심의 이치는 태양 봉황의 이치이며
태극과 무극의 이치이니
백두산 천지 태극과 한라산 백록 무극을 이루는 형국이며,
바르지 못한 모든 것을 바로 세워야 하는 이치이며,

이것이 만백성을 위한 근본이며,
한라산 백록 무극 음의 이치와 황매산 무극 음의 이치 속에
계룡산 태극의 모든 이치가 있으며,
한라산 백록 지리의 원칙은 모든 것이 백호판에서 이루어지며
청룡판에서 이루어지며 봉황판에서 이루어지며,
봉황판 청룡판 백호판 속에 한라산 백록 지리의 모든 근본이 있으며,
백두산, 태극, 양, 건, 도, 봉
한라산, 무극, 음, 곤, 덕, 황

이러한 이치 속에 바른 이치의 미래판이 만들어지는 이치이며,
계룡산 태극과 황매산 무극의 이치 속에
미래판 도읍지가 만들어지는 이치이며,
한라산 백록의 지리를 파악하지 못하면
백두산 천지의 지리를 파악하지 못할 것이며,
백두산 천지의 지리를 파악하지 못하면
한라산 백록 지리를 파악할 수 없는 이치이며,
한라산 백록 무극 음의 지리 속에 모든 것을
바르게 모조리 밝혀 유리처럼 투명한 세상을 만들어
권력이 최고가 아니라 만백성을 이롭게 해야 하는 것이며,
만백성 앞에 내가 최고란 있을 수 없으며,
한라산 백록 지리의 근본은 도덕정치이며 도덕세계이니

언젠가는 누군가가
이런 이치로…….

백두산 천지의 지리

태고적 천지를 만들 때 백두산에 천지의 모든 이치를
만들어 놓은 곳이 한반도이며, 백두산 천지의 모든 이치가
한반도의 지리 속에 모두 다 만들어 놓은 이치이며,
계속 반복하여 이야기하지만 천지란 하늘과 땅이며,
천지란 양과 음이며, 천지란 태극과 무극이며,
천지란 건, 곤이며 천지란 봉과 황이며 봉과 황이 태양이며,
태양이 모든 만물의 근원지이며,
태양이 모든 생명체의 근원지이며,
봉황이 태양신이며 태양신이 모든 기의 발원지이며,
태양신이 모든 신의 발원지이며
태양신이 모든 종교의 발원지이며,
태양신이 대우주를 운행하는 발원지이며,
태양신이 모든 만물과 모든 생명체의 발원지이며,

태양신이 봉황이며,
봉황의 모든 운행원리 속에 대한민국 지리의 이치가 있는 것이며,
봉황이 천지이며 봉황이 양과 음이며 봉황이 태극과 무극이며,
봉황이 건, 곤이며 백두산 천지의 모든 이치는 봉황판이며,
봉황판의 모든 이치가 백두산 천지의 지리이며,
백두산 천지의 지리가 한반도이니
세상 사이엔 언제나 선과 악이 있었으며,
선악분별 속에 새로운 판을 만들어야 하는 이치이며,

백두산 천지판의 모든 근본이 천, 지, 인 지리의 판이며,
백두산 천지판의 모든 근본이 봉황 지리의 판이며,
백두산 천지판의 모든 근본이 태극과 무극 지리의 판이며,
백두산 천지판의 모든 근본이 태극기 지리의 판이며,

천지의 모든 이치가
봉황과 청룡과 백호의 지리 속에 모두 있으며,
백두산 천지의 지리 이치가 한반도 지리의 중심 핵이며,
백두산 천지란 태양이며,
백두산 천지란 봉황이란 이치 속에
새로운 세상을 만들어야 하는 이치이며,
봉이 태극 도이며 황이 무극 덕이니
백두산 천지의 모든 판은 도(태극)덕(무극) 지리의 판이며,

이러한 이치 속에 계룡산 태극의 지리가 만들어진 이치이며,
황매산 무극의 지리가 만들어진 이치이며,
이 모든 이치가 삼삼은 구아홉 지리의 이치이며,
이러한 모든 지리의 이치가 태극기 지리의 이치이며,
이러한 모든 지리의 이치 속에
계룡산판이 만들어지는 이치이며,
태양신 봉황을 헛터 잡지 못하면
계룡산판을 만들지 못할 것이며,
태양신 봉황이 눈에 보이지 않는 모든 신격화하는
신의 판을 만들어 운행을 한 이치이며,
태양신 봉황을 헛터 잡지 못하면

세상 사이에 존재하는 모든 종교를 통합하지 못할 것이며,
태양신 봉황을 헛터 잡아야만 신격화하는 신이 주체가 아니라
사람이 주체인 계룡산 시대가 만들어지는 이치이며,

백두산 천(태극)지(무극)의 지리의 모든 이치는
사람이 주체인 시대로 새로운 세상을 만드는 이치이며,
바른 이치와 바른 도덕으로서
사람이 바르게만 살면 되는 이치이며,
사람이 스스로 노력하여 복을 받는 이치와도 같으며,
사람이 어느 누구에게 빌어서 복을 받는 이치가 사라지는 판이
계룡산판이며,

사람이 노력하지 않고 빌어서 복을 받을 수는 없는 이치이며,
만백성을 이롭게 하고 신이 최고가 아니라
만백성이 최고인 시대가 백두산 천지의 지리 속에
모든 이치가 있으며,

백두산 천지의 모든 이치가 태양의 기가 아니면
존재할 수 없는 이치와도 같으며,
이 모든 것이 음양의 이치이며,
음양이 아니면 존재할 수 없는 이치이며,
양과 음이 태극과 무극이니 이런 이치 속에
백두산 천지는 태극이며 한라산 백록은 무극의 이치이며,
백두산 천지와 한라산 백록이 태극과 무극을 이루는 형국이며,
양과 음의 형국이며 봉과 황의 형국이며,

하늘과 땅 건곤의 형국이며 도와 덕의 형국이니

이러한 이치 속에
바른 이치의 미래판이 만들어지는 이치이며,
이러한 이치 속에
계룡산시대가 만들어지는 이치이며,
이러한 이치 속에
만백성을 위한 도덕이 근본이며,
봉황체의 나라로 만드는 것이 세계를 향한 이치이며,
백두산 천지 지리의 모든 형국은 도덕이 아니면
이루어질 수 없는 형국이며 봉황판의 근본이니

언젠가는 누군가가
이런 이치로…….

금강산의 지리

대한민국 지리의 이치란 묘한 이치이며,
지리 속에 모든 판을 만들어 세상 사이에 알 수 없는 묘한 이치이며,
이러함 속에서 백두산 천지판과 한라산 백록판의 이치로서
태극(양)과 무극(음)의 모든 원리와 봉(양)황(음)의
모든 원칙과 판으로 만들어 놓은 이치를 누군가가 바르게 밝혀
새로운 세상을 만들어야 하는 이치이지만

대한민국의 모든 지리의 이치가 천, 지, 인 속에 모두 있으며
태극기의 이치란 묘한 이치이며,
태극기판의 모든 지리의 원리와 이치가
대한민국의 지리 속에 모두 있으나 이것을 바르게 밝혀
만백성을 이롭게 하는 근본이 되어야 하는 이치이지만
알 수 없는 묘한 봉황의 모든 운행원리를 파악해야만
이러한 대한민국지리의 모든 판을 파악할 수 있는 이치이며,
천, 지, 인의 모든 원리와 이치로서
지리의 판에 천, 지, 인판을 만들어야 하는 이치이며,
이것이 세계를 향한 대한민국판이며,
이러함 속에서 모든 판이 만들어지는 이치이며,
도(태극)와 덕(무극)이 아니면 만들어질 수 없는 이치이며,
봉(도)황(덕)이 아니면 만들어질 수 없는 이치이며,
계룡산판이 봉황이 청룡과 백호를 이루는 형국 속에
청룡이 훌륭한 판이라 하였으며,
청룡판에 모든 이치를 맞추는 판이라 하였으며,
황매산판이란 마찬가지로 봉황이 청룡과 백호를 이루는 형국 속에
백호가 훌륭한 판이라 하였으며,
백호판에 모든 이치를 맞추는 판이라 하였지만
금강산이란 봉황이 청룡과 백호를 이루는 형국 속에
봉황판이 훌륭한 판이며,

금강산의 모든 지리의 형국을
봉황이 훌륭한 판으로 맞추는 형국이며,
금강산이 봉황 중심의 판이며,

이것이 세계를 향한 판이며,
금강산의 모든 지리 중심의 핵은 봉황판 중심이며,
계룡산의 모든 지리 중심의 핵은 봉황 속에 청룡판 중심이며,
황매산의 모든 지리 중심의 핵은 봉황 속에 백호판 중심이며,
대한민국 지리 중심의 핵은 봉황과 청룡과 백호이며,
대한민국 지리 중심의 핵은 금강산과 계룡산과 황매산이며,
대한민국 지리 중심의 핵은 천과 지와 인이며,
봉황이 천이며 청룡이 지이며 백호가 인이며,
이러한 모든 지리의 형국이 대한민국이며 봉황이 금강산이며,
청룡이 계룡산이며 백호가 황매산이란 형국이 대한민국이며,
봉황이 금강산이며 계룡산이 택극(양) 봉이며,
황매산이 무극(음) 황의 형국이 대한민국이며,
하늘과 땅과 사람의 모든 지리의 형국이 대한민국이며,
하늘이 금강산이며 땅이 계룡산이며 사람이 황매산이며,
이러한 모든 지리의 형국이 대한민국이며,
하늘이 계룡산이며 땅이 황매산이며,
이러한 모든 지리의 형국이 대한민국이며,
태극이 도이며 무극이 덕이니
도덕이 아니면 이루어질 수 없는 형국이며,
봉이 도이며 황이 덕이니 봉황의 모든 판은 도덕판이며,
만백성을 이롭게 하는 천, 지, 인판이니
이 모든 지리의 이치와 원리로 만들어갈 판이 미래판이지만
미래판 지리 중심의 핵은 금강산 봉황판이며,
금강산 봉황판이 만들어질 때
대한민국의 모든 판이 완성되는 형국이며,

금강산 봉황판이 만들어질 때
온전한 청룡과 백호를 이루는 형국이 완성되는 이치이며,
이러한 모든 판의 시작판이 계룡산판이며,
이러한 모든 지리의 형국이 태극기 속에 모두 있으며,
태극기 속에 봉황과 청룡과 백호의
모든 지리의 형국이 대한민국의 지리판이며,
새로운 세상을 만들어갈 계룡산판의 근본이
태극기 지리의 판이며,
이 모든 것이 만백성을 이롭게 할 근본이며,
계속 반복하여 이야기를 해야 하는 이치이며,

이러한 모든 형국이 완성될 때 신격화하는 모든 종교판과
세상 사이에 존재하는 모든 종교를 통합하는 이치가
이 속에 있을 수도 있을 것 같으며,
금강산 봉황판의 모든 이치는 태양신이며,

태양이 아니면 모든 만물과 생명체가
존재할 수 없는 이치와도 같으며,
음, 양이 아니면 아니면 모든 만물과 생명체가
존재할 수 없는 이치와도 같으며,
태극만 가지고서 존재할 수 없으며,
무극만 가지고서 존재할 수 없으며,
신격화하는 신이 주체가 아니라
사람이 주체인 시대가 미래시대이며,

세상 사이에 존재하는 모든 종교를 통합하는 것이 미래판이며,
태양신 봉황을 사람이 헛터 잡아
새로운 세상을 만드는 이치가 미래판이며,
사람이 대한민국을 봉황체의 나라로 만드는 이치가
금강산 봉황판의 지리와 형국이며,
계룡산 봉황판의 지리와 형국이며,
황매산 봉황판의 지리와 형국이며,
이러한 형국 속에 모든 것을 바르게 밝혀
도덕세계를 만드는 이치가 봉황판이며,
대한민국의 형국이나
이러한 봉황판을 만들 수도 만들지 않을 수도 있는 이치이며,

언젠가는 누군가가
이런 이치로 대한민국판을 만들 것이라
기대하면서…….

봉황체의 나라

계속 반복하여 이야기해야만 하지만 대한민국을
봉황체의 나라로 만드는 이치가 지리의 판으로 만들어 놓은 원리 속에서
모든 이치가 묘한 이치이며,
대한민국을 태양의 나라로 만드는 이치이기도 하며,
봉황체의 모든 근본이 대한민국의 지리의 이치이지만

긴긴 세월 동안 알 수 없는 묘한 이치이며,
알 수 없는 계룡산판이며,
계룡산판의 모든 중심 핵이 봉황인지 닭인지 용인지 알 수 없는
계룡산판을 바르게 헛터 잡는 이치가 신격화하는 신이 헛터 잡는
이치인지 알 수 없는 계룡산판을…….

계룡산판을 바른 이치와 지리의 원리로서
바르게 헛터 잡는 이치가 미래판의 이치이기에
이 모든 지리의 이치가 태고적 천지를 만들 때 봉황의 능력으로
계룡산 태극 봉황판을 만들어 놓았지만
사람과 봉황과의 관계를 바르게 파악하지 못하면
계룡산 태극판과 지리를 바르게 파악하지 못하는 이치이며,

이러함 속에서 계룡산 태극지리의 모든 실체가
봉황 속에 모두 있지만 계룡산 태극판의 모든 이치를
봉황판으로 만들어가는 모든 것이 미래판의 이치일 것 같으며,
봉황판 좌청룡의 이치로 이어진 산이 장군봉의 이치이며,
계룡산 천황봉에서 장군봉으로 이어진 좌청룡의 모든 이치가
봉황체를 만들기 위한 지리의 근본이며,
계룡산판의 모든 이치가 좌청룡이 훌륭하여 좌청룡판에
모든 이치를 맞추는 판이며,
계룡산 태극 봉황이 좌청룡을 이용하는 판이면
황매산 무극 봉황은 우백호를 이용하는 판이며,
이렇게 하여 봉황이 청룡판과 백호판을 이루는
지리의 형국이기도 할 것이며,

이러한 모든 이치가 사람판 속에서 나오는 이치이며,
계룡산 태극이 나라를 봉황체로 만드는 봉의 지리와 형국이며,
태극의 모든 지리와 형국이며,
황매산 무극지리의 모든 형국과 이치란 정말로 묘한 이치이며,
양(태극)과 음(무극)의 이치로서 지리의 모든 형국 속에
양(봉)과 음(황)의 근본으로 대한민국 지리 중심의 핵으로 만들어 놓은
이치이지만 지리란 여러 가지로 다르게도 풀이할 수 있도록 만들어졌지만
미래판 무극지리의 중심 핵은 봉황의 날개이며,
봉황이 정확하게 청룡과 백호를 이루는 형국이 무극의 지리이며
지리산이 크지만 황매산 무극 봉황을 감싸는 외 백호일 뿐이며,
창녕방향 산줄기가 훌륭하지만
황매산 무극 봉황을 감싸는 외 청룡일 뿐이며,
무극 우 백호판에 모든 이치를 맞추는 판이며,
봉황이 계룡산 태극(봉) 좌청룡판과 황매산 무극(황) 우백호판으로서
새로운 세상을 만드는 형국이기도 하며,

이러한 모든 이치가 알 수 없는 미래판이지만
도(태극)와 덕(무극)이 아니면 이루어질 수 없는 판이며,
전국에 있는 모든 도의 경계를 폐지하고
계룡산 태극 봉과 황매산 무극 황의 이치로서
바르게 다시 새로운 세상을 만드는 형국이 봉황체의 근본이며,
나라 전체를 양과 음의 이치로서
봉황체로 만드는 것이 미래판의 근본이며,
모든 만물이 양과 음이 아니면 존재할 수 없는 이치와도 같으며,
모든 만물이 태양이 아니면 존재할 수 없는 이치와도 같으며,

모든 만물이 봉황이 아니면 존재할 수 없는 이치와도 같으며,
모든 만민이 도덕이 아니면 존재할 수 없는 이치와도 같으며,
이러한 모든 이치가 태극기 지리의 근본이며,
태극기의 이치 속에 이러한 모든 원리와 지리로서
만들어 놓은 판이 대한민국의 판이며,
이러한 모든 이치가 대한민국 백호판에서 이루어지니

백호가 봉황이며 백호가 청룡이기도 하며,
봉황이 백호이며 봉황이 청룡이기도 하며,
청룡이 백호이며 청룡이 봉황이기도 하며,

이러한 모든 형국이 이루어질 수 있는 판이
미래판이기도 하며,
이 모든 것은 만백성을 이롭게 하는 형국이며,
미래판을 만들 수 있는 이치는 지리로서
눈으로 직접 보고 확인하고 검정할 수 있도록
지리 속에 모두 만들어 놓은 이치이며,
이러한 지리의 이치와 봉황체의 원리와 태극기의 형국과 도덕판의
근본을 깨우칠 때 모든 만백성이 정도령이며,
이 세상 모든 만민이 모두 모두
정도령이가 되어야 하는 이치이며 형국이며,

이 속에 세상 사이에 존재하는 모든 부정부패를
헛터 잡는 이치가 있으며,
이 속에 모든 예산의 흐름과 집행과정을 모조리 바르게 밝혀

유리처럼 투명한 세상을 만드는 근본이 있으며,
이러한 세상을 만들 수 있는 것은
만백성이 모두 정도령이가 될 때 만들어질 수도 있으며,
미래판의 근본은 모든 예산의 흐름과 집행과정을
모조리 바르게 밝혀 유리처럼 투명한 세상을 만드는 도덕정치의
이치이며, 국민을 이롭게 하지 않고 국민을 이용하는 바르지 못한
모든 이치를 바로잡아 만백성이 최고인 시대를 만드는 이치이며,
봉황체의 지리와 이치로서 만백성을 이롭게 하는 도덕정치로서
도덕세계를 만들 때 대한민국은 태양의 나라가 되는 이치이며,
봉황의 나라가 되는 이치이며,
태극(도)과 무극(덕), 천(태극) 지(무극)의 나라가 되는 이치이며,

이러한 나라로 완성될 때 통일도 이루어지는 이치이며,
통일이 되었을 때 또 하나의 형국을 추가하는 이치이며,
모든 봉황체 도덕판이 이루어질 때 세계 속에
대한민국은 태양의 나라가 되는 이치이며,
모든 나라가 대한민국을 태양처럼
생각하는 형국이 만들어지는 이치이며,
이 모든 근본과 이치가 미래판의 지리와 원리이며,
태극기판의 모든 지리와 형국이 이러한 이치이며,
대한민국이 건곤의 나라가 되는 이치이며,

이제 이러한 이치를 밝혀 보지만
이러한 봉황의 나라로 만들 수도 만들지 않을 수도 있는 이치이며,
만백성이 이러한 이치를 깨우쳐서

만백성이 만들어야 하는 이치이며,
어떤 사람 개인이 이러한 나라를 만드는 이치가 아니며,
만백성이 만들어야 하는 이치이며,
욕심과 권력으로는 절대 만들어질 수 없는 이치이며,
이 모든 이치가 백두산, 천지, 태극의 근본이며,
한라산, 백록, 무극의 근본이니
언젠가는 누군가가 이런 이치로…….

태극과 무극

태극과 무극의 모든 이치가 대우주를 운행하는 근본이며,
계속 반복하여 이야기하지만 태극과 무극의 근본이 태양이며,
태양의 모든 능력으로 만들어가는 음양의 이치이며,
태양의 모든 능력이 봉황이며 봉황이 태양이며,
태양이 봉황이란 이치 속에 음양의 모든 이치가
무극과 태극의 이치이기에 이러한 모든 이치가
대한민국 지리의 중심 핵이며,

모든 지리의 이치로서 태극과 무극의 이치를 논하지 않으면
어느 누구도 믿으려 하지 않을 것이며,
눈에 보이는 지리를 통하여 미래를 밝히는 이치이기도 하지만
태극과 무극의 모든 이치가 대한민국의 지리이기에
이 모든 원리와 근본이 봉황이며,

봉황이 양과 음이니 봉황의 근본이 태양의 운행원리가 근본이지만
이 세상 사이에 존재하는 모든 생명체와 만물이 봉황과 연관 없는 것이
단 하나도 없을 것이며, 특히 이 지구촌에 사람의 모든 이치가
모두 봉황과 연관 없는 사람이 없으며,

봉황의 모든 근본이 태극과 무극이며,
태극과 무극의 모든 형국이 대한민국의 지리이며,
양과 음의 모든 형국이 대한민국의 지리이며,
건곤의 모든 형국이 대한민국의 지리이며,
지리 속에 이러한 모든 판과 이치로서
새로운 세상을 만드는 것이 미래판의 지리이며,
이 세상 사이에 존재하는 모든 생명체가 태극 아닌 것이 없으며,
이 세상 사이에 존재하는 모든 생명체가 무극 아닌 것이 없으며,
태극만 가지고서 모든 생명체가 존재할 수 없으며,
무극만 가지고서 모든 생명체가 존재할 수 없으니
이 세상 사이에는 내가 무극이란 단체가 많지만
무극이란 너도 나도 모두 모두 무극이며,
태극 또한 너도 나도 모두 모두 태극이며,

이러한 모든 이치 속에 미래판이 만들어지는 이치이며,
미래판의 근본은 태극과 무극, 봉황체이며,
이러한 모든 이치를 지리의 판에 맞추어
세상 사람들이 눈으로 직접 보고
믿을 수 있도록 하여야만 될 것이며,
이것이 천, 지, 인의 모든 지리의 형국이며,

사람이 천, 지의 지리와 형국을 바로 세우는 이치이며,
사람이 건, 곤을 바로 세우는 지리와 형국이며,
눈에 보이지 않는 신이 주체가 아니라
사람이 모든 신을 헛터 잡아
사람이 주체인 시대가 미래판 시대이며,
모든 신의 중심 핵이 봉황이니 봉황을 헛터 잡지 못하면
봉황체가 될 수 없는 이치이며,
이러한 이치와 원리 속에 미래판 시대가 만들어지는 이치이며,

태극과 무극의 모든 이치를 사람이 바른 이치와 바른 도로서
태극지리와 무극지리에 맞추어
대한민국을 봉황체의 나라로 만드는 근본이 미래판이며
미래판 도읍지의 근본이 태극과 무극지리의 판이며,
미래판 도읍지의 근본이 봉황체 지리의 판이며,
미래판 도읍지의 근본이 천지인 지리의 판이며,
미래판 도읍지의 근본이 태극기 지리의 판이며,

이러한 모든 이치 속에
미래판 도덕정치가 만들어지는 근본이며 이치이지만
이러한 모든 원리와 이치의 근본은
만백성을 이롭게 하는 도덕판이 근본이며,
모든 것을 모조리 바르게 밝혀
새로운 도덕세계를 만드는 근본이며,
정도령은 성인도 아니며 하느님도 아니며
미륵도 아니며 상제도 아니며

진인도 아니며 종교인도 아니며,
통하였다는 도인도 아니며,
사람 사이에 살아가는 사람일 뿐이며,
신격화하는 모든 신을 헛터 잡는 사람일 뿐이며,
모든 것을 모조리 바르게 밝혀 사람이 사람답게 바르게만 살면
복을 받는 이치와도 같으며,
사람이 사람답게 바르게 살도록 만드는 세상이며,
이러한 모든 이치가 태극(도)과 무극(덕)이 아니면
이루어질 수 없는 세상이며,
이것이 미래판의 근본이나
정도령이가 미래판을 만드는 이치가 아니며,
이러한 이치를 알고 만백성이 미래판을 만드는 이치이며,
만백성이 원할 때 태극궁과 무극궁이 만들어지는 이치이며,
만백성이 원할 때 계룡산 태극시대가 만들어지는 이치이며,
모든 지리의 이치가 대한민국의 근본이며

언젠가는 누군가가
이런 이치로 계룡산 시대를 만들어 가리라 믿어보면서…….
태극과 무극의 주인은 이 세상 사이에 존재하는
모든 만물과 모든 생명체가 태극과 무극의 주인이니
언젠가는 누군가가 이런 이치로…….

태극기의 지리

태양이 없으면 이 세상 모든 만물이 존재할 수 없는 이치이며,
이 세상을 만들어가는 태양의 모든 이치가 봉황이며,
봉황의 모든 이치가 봉황신이며,
봉황신의 모든 이치가 태양신이며,
태양신의 모든 이치가 대한민국이며,
봉황의 모든 이치가 대한민국이며,
대한민국의 모든 이치가 태극기의 지리이며,
태극기의 모든 지리가 대한민국이니 이 세상을 만들어갈 모든 이치가
대한민국의 지리 속에 모두 있으며,

태양이 없으면 이 세상 사이에 만들어 놓은
모든 신들의 판이 필요 없는 존재이며,
이 세상 사이에 만들어 놓은 모든 신들의 존재와 판을 만들어가는
이치가 태양신의 이치이지만 이 속에 미래의 이치가 있으며,
사람 몸의 모든 이치가 태양신 봉황의 이치 속에서 만들어졌지만
눈에 보이지 않은 봉황의 모든 이치를 깨우칠 때 사람이
봉황을 헛터 잡을 수가 있는 이치이며,
날 잡아 이사하고 결혼하고 방위 찾고 하는 이치가
사람이 신의 판에 맞추어 살아온 이치이며,
이러한 세상을 만들어온 모든 중심의 핵 속에는
태양신 봉황이 있으며,
지구촌에 있는 모든 나라와 인종과 동식물 또한

태양신이 만들어가는 묘한 이치이며,
이러함 속에서 태양의 모든 이치가 봉황이며,
태극기의 모든 판은 백호판 속에
봉황이 청룡과 태극과 무극을 이루는 이치이며,

이러한 모든 지리를 갖춘 것이 태극기의 지리이며,
세상 사이에는 언제나 선과 악이 항상 존재하였으며,
이러한 모든 이치가 대한민국의 지리이며,
태극기 속의 모든 원리와 지리의 이치에 맞추어
새로운 판을 짜는 것이 미래판이며,
백두산 천지, 한라산 백록판이니
하늘의 모든 이치가 태양이며 태양이 봉황이니
하늘 봉황의 모든 원리와 이치에 맞추는 것이 태극기의 지리이며,
하늘이 봉이며 하늘이 태극이며
하늘이 양이며 하늘이 도이며 하늘이 건이며,
이러한 이치로 맞추는 것이 태극기의 지리이며,
땅의 모든 이치가 청룡이며 청룡 또한
눈에 보이지 않은 기의 원리이며,
땅 청룡의 모든 원리와 이치에 맞추는 것이 태극기의 지리이며,
땅이란 황이며 무극이며 음이며 덕이며 곤이며,
이러한 이치로 맞추는 것이 태극기의 지리이며,
사람의 모든 이치가 백호이며,
백호란 사람을 뜻하는 이치이기도 하며,
사람의 근본은 음, 양이며
음, 양이 아니면 존재할 수 없는 이치이니

양과 음이 태극과 무극이며 태극과 무극이 도덕이니
사람의 근본은 도덕이며 이것이 태극기의 지리이며,

이러한 태극(하늘)과 무극(땅)의 모든 철학과 이치에 맞추어
대한민국판을 맞추는 것이 백호판에서 이루는 태극기의 지리이며,
하늘의 궁과 땅의 궁이 백호판 속에서 이루는 것이 미래판이며,
하늘 태극궁의 모든 이치와 땅 무극궁의 모든 이치로서
대한민국 백호판 속에 맞추는 모든 이치가 미래판이며,
봉황(천) 청룡(지) 백호(인)의 모든 지리와
이치에 맞추는 것이 태극기의 지리이며,
대한민국 백호판에서 태극(하늘)과 무극(땅)의
모든 지리와 이치로 맞추어 새로운 세상을 만드는 것이
미래판이며 태극기의 지리이니
백두산 천지 태극의 원칙이며 한라산 백록 무극의 원칙이며,
계룡산 태극의 원칙이며 황매산 무극의 원칙이며,

이것이 태극기 지리의 원칙이니
이것이 새로운 계룡산 태극시대이며,
이것이 황매산 무극시대의 시작이며,
계룡산 태극이 황매산 무극이며,
황매산 무극이 계룡산 태극이란 이치가 태극기의 지리이며,
이러한 모든 이치가 대한민국 백호판에서 이루어지니
이것이 미래판의 지리이며 이치이니
이것은 옥황상제판으로 만들어 놓은 정감록 정씨도령 도읍지판과
미륵판 등등과 완전히 다른 계룡산판이며,

신격화하는 모든 종교판과 다른 판이며,
바른 이치와 바른 도의 모든 판은
사람이 백호가 태극(봉)과 무극(황)의 지리와 이치로서 민초가
새로운 세상을 만들어 만백성이 최고인 시대를 만들어가는 이치이며,
눈에 보이는 지리가 아니면
세상 사람이 어느 누구도 믿으려 하지 않을 것이며,

태극의 지리를 헛터 잡지 못하면
무극의 지리를 헛터 잡지 못하는 이치이며,
무극의 지리를 헛터 잡지 못하면
태극의 지리를 헛터 잡지 못하는 이치이며,
이것이 태극기의 지리이며 진정한 미래판의 지리이며,
양과 음의 지리이며 봉황의 지리이며
도덕의 지리이며 건곤의 지리이니
사람이 봉황을 헛터 잡는 지리이며,
사람이 태극궁과 무극궁의 이치로 봉황을 헛터 잡아
신이 최고가 아니라 사람이 최고인 시대를 만드는 원칙이며,
사람이 도덕을 바로 세우는 원칙이며,
사람이 봉황을 바로 세우는 원칙이며,

바른 이치의 미래판은 지각변동으로
계룡산 태극이 없어지지 않는 한
황매산 무극이 없어지지 않는 한
영원히 변하지 않는 미래판이며,
계룡산 태극시대의 시작판이지만

만백성이 원할 때만 이루어지는 판이며,
이러한 모든 지리의 이치가 태극기의 지리이며,
계룡산 태극의 주인은 정도령, 어떤 개인, 종교단체, 진인,
성인 등등이 주인이 아니며,
지구가 없어지지 않는 한 만백성이 영원한 주인이며,
황매산 무극의 주인 또한 정도령, 어떤 개인, 종교단체,
진인, 성인 등등이 주인이 아니며,

지구가 없어지지 않는 한 만백성이 영원한 주인이며,
모든 만물이 태극과 무극, 음양을 갖추었으니
영원히 변하지 않을 태극과 무극의 주인이며,
천(봉황) 지(청룡) 인(백호)이 태극기의 지리이며,
이 모든 것이 바른 이치의 미래판이며,
이 모든 것이 바른 이치의 계룡산 태극시대의 시작판이며 이치이며,
상제의 금계는 닭이지만 미래판의 금계는 봉황이며,
태극기의 지리와 판이며 봉황의 지리와 판이며,
만백성이 주인인 판이며 만백성을 이롭게 하는 도덕판이며,
바르지 못한 모든 판을 바로세우는 판이며,
백두산 천지 태극과 한라산 백록 무극의 이치이니

언젠가는 누군가가
이런 이치로…….

황매산의 지리

태고적 천지가 만들어질 때 한라산 백록의 근본이 무극이며,
무극의 모든 이치가 한라산 백록 속에 있으며,
백두산 천지가 태극이지만 한라산 백록지리의 모든 원리와 이치를
알지 못하면 황매산 무극 지리의 이치를 바로 세울 수가 없는 이치이며,
모든 만물의 근본이 태극(양)과 무극(음)의 이치 속에
태극만 가지고서는 존재할 수 없는 이치이며,
무극만 가지고도 존재할 수 없는 이치이기에
무극의 모든 운행원리와 지리와 이치가
황매산 삼산의 이치 속에 모두 있으며,

무극이란 사람이 살아가는 데 필요한 모든 존재가 무극이며,
대우주 속에 무극이 아닌 것이 단 한 가지도 없으며,
사람이 살아가는 집, 물, 공기, 산천초목, 동식물, 의복 속의
단추 하나하나 무늬 하나하나, 자동차, 사람이 살아가는 데
필요한 모든 사물이 무극이며,
사람이 살아가는 데 필요한 모든 글, 사람이 갖추어야 할
모든 예, 사람에게 이로움을 주는 모든 글, 컴퓨터, 세탁기,
휴대폰 등등등 이러한 모든 만물이 모두 모두 무극이며,
너도 무극 나도 무극 세상 사이에 존재하는 모든 이치가
무극 아닌 것이 단 한 가지도 없으며,
사람이 숨을 쉬는 이치도 무극이며,
무극의 모든 이치가 태극이며,

태극의 모든 이치가 무극이며,
태극은 무극이요 무극은 태극이라
세상 사이에 존재하는 모든 이치가 태극 아닌 것이 없으며,
세상 사이에 존재하는 모든 이치가 무극 아닌 것이 없으니

이러한 모든 이치 속에 무극의 지리가 만들어지는 이치이며,
무극지리의 중심 핵 또한 봉황이며,
봉황이 청룡과 백호를 이루는 근본이
무극 또한 태극과 마찬가지이며,
황매산 무극의 모든 이치가
봉황이 청룡과 백호를 이루는 형국 속에 백호판이 훌륭한 판이며,
태극의 모든 형국은 좌청룡판에 맞추지만
무극판의 모든 형국은 우백호판에 맞추는 이치이며,
황매산 무극판의 모든 이치를 깨우치질 못하면
황매산 무극지리를 헛터 잡지 못할 것이며,

세상 사이에 존재하는 모든 종교판이 사라지는 판이
황매산 무극의 시작판이며,
황매산 무극의 주인은 내가 최고가 아니며 권력이 최고가 아니며,
만백성을 이롭게 하는 도덕이 최고이며,
바르지 못한 모든 이치를 바로 세우는 근본이 도덕이며,
이것이 바른 이치와 바른 도로서
무극의 운행원리와 지리와 이치를 깨우쳐야
황매산 무극을 헛터 잡을 수가 있는 이치이며,
황매산 무극의 주인은 만백성이 황매산 무극의 주인이며,

이것이 바른 이치의 미래판의 시작이며,
계룡산(봉) 태극의 주인 역시 만백성이며,
황매산(황) 무극의 주인 역시 만백성이니
알 수 없는 미래판이며,

이것이 태극과 무극 대한민국을 봉황체로 만드는 근본이며,
이것이 태극기 속의 모든 이치와 지리이며,
대한민국을 태극기판으로 만드는 이치가 미래판이며,
나라를 바로세우지 못할진대
어찌 남한과 북한과의 통일을 이야기할 것이며,
미래판의 모든 이치는 세계를 향한 판이며,
이 모든 것이 봉황, 태극기, 도덕판 속에서 이루어지며,
무극 지리의 근본은
한라산(백록), 황매산, 무극, 음, 황, 지, 덕, 곤이니

언젠가는 누군가가
이런 이치로…….

계룡산의 지리

대우주의 모든 이치와 원리가 음, 양의 이치 속에서
태양의 모든 기로서 만들어질 때
대한민국 지리 중심의 핵이 음, 양의 이치로 만들어져 있으며,

이러한 관계 속에서 양이란 태극을 뜻하는 이치이지만
이러한 모든 관계의 핵심이 천지 속에 있으며,
천이 양이며 천이 태극이며 지가 음이며 지가 무극이며,

이러함 속에서 백두산 천지가 만들어져
대한민국의 모든 판이 천지, 음양, 태극과 무극으로 이루어진
지리의 핵심판이 대한민국이며,
지리란 묘한 이치이기도 하지만
명당 발복이란 이치로 눈에 보이지 않는 기로서
이루어지는 모든 원리를 누군가가 헛터 잡아야만
대한민국 지리 중심의 핵을 바르게 세울 수 있는 이치이기도 하며,

풍수지리의 운행원리를 바르게 파악할 수 있어야만 할 것이며,
누가 어떤 작용으로 흥하게도 하고 망하게도 하는
운행의 모든 원리와 이치를 파악하지 못하면
계룡산 지리를 헛터 잡을 수가 없을 것이며,
모든 만물을 운행하는 태극(양)과 무극(음)의
운행원리와 이치를 알지 못하면
계룡산 지리를 헛터 잡을 수가 없을 것이며,
세상 사이에 존재하는 모든 신들의
운행원리와 이치를 알지 못하면
계룡산 지리를 헛터 잡을 수가 없을 것이며,
봉황의 존재와 태양신 봉황의 운행원리와 이치를 알지 못하면
계룡산 지리를 헛터 잡을 수가 없을 것이며,
세상 사이에 존재하는 신과 사람과의 운행원리와 이치를 알지 못하면

계룡산 지리를 헛터 잡을 수가 없을 것이며,

세상 사이에 사람이 존재하는 모든 이치가
태극(양)과 무극(음)이 아니면 존재할 수 없는 이치이지만
사람이 살아가는 모든 근본이 태극과 무극이며,
태극이 도이며 무극이 덕이니 도덕이 사람의 근본이며
도덕이 바르지 못하면 계룡산 지리를
헛터 잡을 수가 없을 것이며,
이렇게 하여 대우주와 세상을 운행하는
모든 원리와 이치를 알지 못하면
계룡산 지리를 헛터 잡을 수가 없을 것이며,
계룡산 지리의 핵심은 백두산(천지) 계룡산, 태극, 양, 봉, 천, 도, 건
이러한 이치 속에서 만들어진 지리의 중심 핵은 봉황판이며,

사람이 봉황을 헛터 잡을 수가 있어야
계룡산 지리를 헛터 잡을 수가 있는 이치이며,
계룡산이란 삼산의 이치로
봉황이 청룡과 백호를 이루는 원칙이 확실한 지리이며,
계룡산 지리 중심의 핵은 봉황이며,
황적봉과 장군봉 사이에 모든 판이 있으며,
봉황이 청룡과 백호를 이루지만
천황봉에서 장군봉으로 이어진 좌청룡의 지리란
만백성을 위하여 만들어 놓은 지리이며,
신격화하는 모든 신의 판이 사라지는 판이 좌청룡판이며,
좌청룡판의 주인은 만백성이며 만백성을 위한 지리이며,

권력과 권위가 사라지는 판이 좌청룡판이며,
봉황과 청룡 사이에서 이루어질 모든 운행원리와 이치를 알지 못하면
계룡산 태극의 지리를 풀 수가 없을 것이며,
계룡산 태극의 모든 지리의 이치와 운행원리를 알지 못하면
정확한 계룡산 태극판을 만들 수 없는 이치이며,

사람이 바른 이치와 바른 도로서
계룡산 지리를 헛터 잡은 이치이며,
이러한 모든 계룡산 태극지리의 근본은
태극기 속에 모든 형국과 판이 이루어져 있으며,
태극기의 지리 속에 모든 계룡산 지리의 이치가 있으며,
이 모든 것이 봉황과 태극과 무극의 지리이니
이 모든 것의 근본이 도덕이며,
만백성이 계룡산의 주인이며,
만백성이 태극의 주인이니
이 모든 이치가 대한민국의 근본이며 지리이며 이치이니

언젠가는 누군가가
이런 이치로…….